Contenido

Para Susan, Matthew y Alena
Por todo lo que ustedes me
han enseñado sobre la familia

Agradecimientos

Cada vez que tomo un libro en mis manos salto a la página de agradecimientos sólo para ver si hay algún nombre que reconozca; algo así como los créditos al final de una película: ¿y quién fue el luminotécnico? (e igual de importante, ¿*qué* hace un luminotécnico?).

Entonces, los lectores que se detengan en esta página, recuerden que aunque es posible que no reconozcan los nombres que aparecen a continuación, ellos jugaron un papel importante en la construcción de este libro.

En orden de aparición, quiero agradecer a:

Alan Rinzler, Editor Ejecutivo de Jossey-Bass, quien se me acercó luego de una presentación en la Conferencia Anual de Coalition for Marriage, Educación para Familias y Parejas, y me dijo que quería ser mi editor. Alan dirigió el equipo de *Los secretos de los hombres felizmente casados* y *Los secretos de las mujeres felizmente casadas* en Jossey-Bass, y ahora hizo lo mismo con *Los 8 principios de las familias felices*.

Susan Haltzman, mi esposa, quien escuchó mis interminables discursos sobre el tema y me observó inútilmente, pero con amor, mientras me dedicaba a mi investigación y a la redacción de este libro.

Theresa Foy DeGeronimo, quien mantuvo el enfoque de mi texto y cuya pasión por la vitalidad de la vida de familia se refleja en cada página de este libro.

Mary Codd de Growing Minds, Inc., quien continuamente le dio forma a mi página web www.DrScott.com para cumplir con mis necesidades de investigación y mercadeo.

Betty Galligan de Newberry PR, por ayudarme a promover mi trabajo.

Christian Stephens, Presidente y Director Ejecutivo de NRI Community Services, Nancy Paul, Directora Ejecutiva de SSTAR y Pat Emsellem, Directora de Operaciones de SSTAR, por apoyar mi esfuerzo.

Jeannie Kim, Editor en Jefe de *Redbook*, por creer en mi mensaje, y a todos los lectores de *Redbook* por darme información tan valiosa.

Sheena Berg de Blended-Families.com, por ayudarme a propagar la encuesta de familias felices, lo que atrajo un sinnúmero de contribuciones. El capítulo sobre familias compuestas es resultado de su esfuerzo.

Diane Sollee, Fundadora y Directora de Coalition for Marriage, Educación para familias y parejas (CMFCE, por sus siglas en inglés) y Editora de www.smartmarriages.com, por apoyar mi misión y por motivar a sus lectores a participar en la encuesta de familias felices.

Christopher Cartier, quien incansable y animadamente colaboró con la recolección de los datos de la encuesta.

Mi padre, Jay; mis suegros, Walter y Jane; y mis hermanos, Jonathan, Mark y Jennifer, por su apoyo e interés en mi trabajo.

Los empleados de Jossey-Bass/Wiley, incluida Carol Hartland, Nana Twumasi, Jennifer Wenzel, Michele Jones y Debra Hunter, quienes me ayudaron a hacer este libro realidad.

Mis clientes, quienes nunca dejaron de enseñarme y quienes compartieron sus historias conmigo.

Los muchos individuos que tomaron tiempo de sus agendas para contarme sobre sus familias a través de la encuesta de familias felices. Muchos de los comentarios que recibí fueron verdaderas joyas, pero sólo unos cuantos pudieron incluirse en el libro. Me gustaría agradecer a todos los que participaron. Me ayudaron a apreciar a mi familia como nunca antes lo había hecho.

Introducción

Son alrededor de las 11:30 de la noche y mi esposa Susan y yo estamos despiertos esperando escuchar a nuestra hija de diecisiete años parquear el auto frente a la casa. Habíamos planeado una noche tranquila; después de todo, Alena nos había llamado para contarnos que iba a quedarse a dormir en casa de una amiga. Antes que se hiciera más de noche tratamos de llamarla a su celular pero no contestó. Luego de más o menos cinco llamadas a diferentes casas, y de manejar nuestro auto por el vecindario, finalmente la hallamos en la casa de otra amiga en la siguiente población.

Cuando Alena finalmente contestó el teléfono le dijimos que ¡volviera a casa al instante! Intentó oponerse débilmente y luego estuvo de acuerdo en volver a casa. Así que, a tal punto estábamos preparados para hablar con ella sobre lo que pasó y sobre lo que planeábamos hacer.

¿Es este el retrato de una familia feliz? Con la definición general, los Haltzman debemos serlo. Vivimos en una pequeña población a las afueras de la ciudad que en el 2.005 fue elegida por la revista *Money* como una de las diez mejores poblaciones para vivir en los Estados Unidos. Yo gano un sueldo razonable y nuestra casa es de una construcción sólida. He estado casado con mi esposa por veintiún años, tengo dos hijos sanos y bien educados y poseo como mascota un conejo que está entrenado para ir a una pequeña esquina de su caja. (Lo intentamos con un perro una vez pero no funcionó. Esa es otra historia).

Entonces, si los Haltzman encajamos en un perfil perfecto de familia feliz, ¿por qué nos estamos sintiendo tan infelices en este momento?

Ese es el interrogante que me hago al empezar a escribir este libro. ¿Qué hace que una familia sea feliz? ¿Es el vivir en una buena casa? ¿Es tener mucho dinero? ¿Es ser cariñosos, estar conectados, confiar y dar confianza desde que nacemos hasta que morimos? ¿Acaso un hogar feliz debe estar libre de conflictos? ¿O puede éste incluir enfrentamientos y periodos de descontento?

No son preguntas fáciles de responder para ninguno de nosotros.

LOS INGREDIENTES ESENCIALES DE LAS FAMILIAS

Mientras intento razonar con estas preguntas me encuentro estancado en un punto: antes de lograr responder cualquier interrogante sobre las familias felices, debo primero reconsiderar mi definición de *familia*.

Tengo una esposa y dos hijos, así que cualquiera sobre la faz de la tierra estaría de acuerdo en que hago parte de una familia. Pero la mía no es el único tipo de familia en este planeta. Apenas la semana pasada una cliente llegó a mi consultorio expresando una satisfacción real con el hecho de que yo hubiese escrito el libro titulado *Los secretos de las mujeres felizmente casadas*, pero estaba un poco consternada porque el libro se enfocara únicamente en las relaciones de las mujeres con los hombres. Después de todo, ella había estado legalmente casada con una mujer por casi dos años y ha estado intentando quedar embarazada con un donante de esperma. Se preguntaba cuándo estaba yo planeando escribir un libro sobre ella.

Por la misma época entrevisté a un cliente que ahora es padre de familia, quien reflexionó sobre su experiencia de haber sido criado por sus abuelos. Él acostumbra enviar una carta a su abuela para celebrar el Día de la Madre. Aún llama a su madre de vez en cuando pero no siente ninguna conexión especial con ella. Él y sus abuelos eran una familia.

Si queda alguna duda de que la definición de familia está cambiando constantemente, esta respuesta llegó a mi casa a finales del verano de 2.007 cuando fui invitado a la universidad de mi hijo al principio de su primer año. En años anteriores este evento especial de fin de semana para enterarme del progreso de mi hijo se llamaba "Fin de semana para padres". Mi invitación de fin de semana, sin embargo, llegó con la siguiente información:

La universidad lo invita a su fin de semana anual de la asociación de familias, anteriormente conocido como fin de semana para padres

Mi teoría sobre este cambio en la redacción es: no va a funcionar que en esta época asumamos que una familia consiste en dos padres biológicos. ¿Le gustaría ver una estadística para apoyar esta posición? Según Los *Estudios económicos de hogares* realizado en el 2004 por La Oficina de Censo de los Estados Unidos, sólo el 61% de los niños son educados desde el nacimiento hasta los 18 años en un hogar que cuenta con ambos padres biológicos.[1]

Lo que nos indica dicha estadística es que si como sociedad no abrimos los ojos a las nuevas maneras de definir a la familia, perderemos una oportunidad real de hacer que nuestras familias y nuestras sociedades sean más fuertes. A lo largo de estas páginas usted verá que los principios de las familias felices son aplicables a todas las formas, estilo y tamaños de familias ¡y ciertamente a usted!

Este libro explorará las muchas maneras en las que los seres humanos (y ocasionalmente las mascotas) se reúnen para formar una familia. Pero tenga en cuenta que este tema es sobre familias felices, no perfectas. Cuando le cuento que estuvimos despiertos hasta después de la medianoche hablando con mi hija sobre la importancia de dejarnos saber a dónde va, usted comprende que tenemos problemas potenciales. Todos los tienen. Ninguna familia es perfecta.

LLEGAR AL CORAZÓN DE LAS FAMILIAS REALES

Mientras mi esposa y yo enfrentábamos nuestros propios problemas familiares volví a preguntarme sobre esta idea de la familia feliz. Tuve el presentimiento por mucho tiempo de que hay una diferencia en los niveles de felicidad de las familias que se unen en tiempos en los que hay problemas para fortalecer a cada uno de sus miembros, así como existen familias que son tan rígidas que sus miembros no saben de un día para otro a dónde se dirigen.

Aunque soy un médico practicante, también soy investigador, por eso cuando tengo un presentimiento sobre algo, el siguiente paso es empezar a investigar para descubrir lo que es cierto. Quería ir más allá de la experiencia que tengo en mi consultorio y ofrecer algo más concreto sobre las familias para compartirlo con usted, algo que estuviese apoyado por los datos recogidos de todos los tipos de familias a lo largo y ancho del país. Entonces creé una encuesta sobre familias felices en línea que me ayudara a reunir números concretos e historias reales que fundamentaran las perspectivas que he recogido de cientos de miembros de familias durante años.

La encuesta fue publicitada en varias páginas web, incluida la mía: DrScott.com y otros mercados en internet; además fue mencionada en la revista *Redbook*. Distribuí circulares a terapistas de mi comunidad, en conferencias y lancé mi encuesta en varias estaciones de radio de los Estados Unidos y Canadá. La noticia se difundió rápidamente, y entre el 1 de febrero y el 5 de diciembre de 2.008, 1.266 miembros de familias habían completado el formato.

Luego tamicé montañas de datos y usé información provista por los participantes para obtener una comprensión más clara de los mecanismos detrás de escena de las familias. Debido a que los participantes optaron por responder a mi encuesta por su cuenta, los resultados no se consideran pruebas estadísticas. (Sin embargo, cuando me fue posible, comparé mi información con datos publicados y en casi cada caso las estadísticas resultado de mi encuesta coincidieron con los porcentajes nacionales). Incluso los resultados me han dado una mirada abierta y honesta al interior de las familias actuales.

COMPARTIR PRINCIPIOS REALES

Los siquiatras son instruidos para que se apeguen a un código de confidencialidad. Cuando invito gente a mi consultorio me doy cuenta de que comparten conmigo experiencias, visiones y eventos que nunca han compartido con nadie más. Es la naturaleza del proceso terapéutico que cuando una persona tiene un lugar para discutir su mundo interior, esa persona logra un nuevo y mejor entendimiento de sí misma.

Durante mis años de investigación en internet he descubierto el mismo fenómeno. Estaba intrigado por cómo aquellos que participaron en mi encuesta de familias felices compartían de manera tan voluntaria sus principios de familia bajo el velo del anonimato en internet. ¡Incluso el 2% de quienes consideraron "guardar los secretos familiares" como una prioridad primordial contestaron la encuesta!

Al tener la oportunidad de "hablar" en línea sobre sus vidas, sus pensamientos y sus pasiones, los individuos compartieron libremente detalles sobre sus familias, información sobre los roles asumidos en el hogar, desde quién tiene la iniciativa en el sexo (los hombres: 83% de las veces) hasta quién compra principalmente libros sobre el manejo de las relaciones (las mujeres: el 65% de las veces).

Más allá de este tipo de información general, las personas también suministraron de manera voluntaria experiencias y visiones muy personales que habían recogido con los años acerca de sus vivencias como miembros de sus familias, las cuales de otra manera no hubieran revelado, sobre sí mismos en una conversación general. Algunos reconocieron ser "extremadamente infelices" en su vida familiar y explicaron con exactitud lo que hacía falta en sus relaciones. Otros escribieron sobre el doloroso impacto de los eventos desoladores en la familia. Todos los que respondieron abrieron su mundo interno y compartieron sus principios con la esperanza de que los lectores de este libro sacaran partido de los beneficios.

Los resultados finales de esta encuesta me han mostrado que no hay un único camino de un solo tamaño que lleve a la felicidad familiar. No hay una máquina hace-familias que pique, corte, ponga en cubos y en julianas el camino a la felicidad. Pero hay algunos aspectos fundamentales que hacen que usted obtenga más de lo que quiere de su vida. Aquellos que definieron a sus familias como felices tendían a estar de acuerdo en que este estado no viene de la persona con más dinero en el vecindario ni de la que tiene más trofeos en su mesa, sino de la aplicación de ciertos principios y comportamientos que les dan un sentido de identidad y compromiso compartidos.

UNA INVITACIÓN

Espero que al terminar esta lectura usted tenga una comprensión interna de cómo los principios de otras familias van a ayudarle a la suya. Leerá historias de otros que han tenido que trabajar duro para establecer valores familiares identificables, hacer un compromiso a largo plazo e irrompible con su pareja, apoyarse mutuamente en tiempos difíciles, esperar y aceptar que los niños lo cambian todo, trabajar para encontrar la unidad y un terreno común cuando crean una familia compuesta, aprender cómo pelear de manera justa, recuperarse cuando la vida se vuelve difícil, tomar tiempo para relajarse, disfrutar y respirar.

Le invito a compartir los principios que le darán el tipo de vida familiar que siempre ha soñado.

Capítulo 1

¿Qué es la familia?

Cada mañana en muchos hogares a lo largo y ancho de los Estados Unidos, los relojes de alarma suenan sobre las mesitas de noche, las duchas se llenan de vapor y las cafeteras despiden el aroma fresco del café producido en otra parte del mundo. A medida que transcurre el día, las puertas de los hogares se abren y se cierran, al igual que las rendijas de la casilla de correo; la pila de platos se acumula lentamente en el fregadero esperando a ser lavada y guardada en los gabinetes de la cocina. A medida que la noche llega a su fin, las luces se encienden y se apagan, los canales de televisión cambian, los computadores suenan y finalmente, las alarmas del reloj despertador se preparan para sonar a la mañana siguiente.

Mientras que todos los eventos de la vida diaria pasan de forma rutinaria desde que sale el sol hasta que se esconde en las casas y apartamentos de todo el país, son las personas que viven en ellos, los miembros de las familias, los que hacen que esos cuartos se conviertan en un hogar para quienes los habitan. Todos sabemos lo que queremos decir cuando hablamos sobre la familia, sin embargo el significado de lo que muchos decimos no es el mismo. ¿Qué es exactamente la familia? La respuesta a esta pregunta es mi primer desafío. Y he aprendido que no es tan fácil definir esta palabra como pensé al comienzo.

Durante mis años como siquiatra he evaluado a cientos de individuos y he pasado horas interminables entrevistando a cientos de miembros de familias. Ahora, usted pensaría que ya lo tengo todo resuelto. Bien, en realidad… no. Al menos no de forma tan simple. Durante el transcurso de mi experiencia clínica, una verdad evidente emerge: no hay dos familias iguales. Y ciertamente no hay dos familias que funcionen de la misma manera. Hay algo igualmente aterrador e inspirador en ese hallazgo. Aterrador porque eso significa que, como siquiatra e investigador del comportamiento humano, no es posible aplicar un estándar o conjunto de fórmulas para trabajar con las muchas familias que vienen a pedir mi ayuda. Inspirador porque demuestra la diversidad y la gama de experiencias, culturas y estilos que definen la unicidad de la palabra familia.

LA FAMILIA A TRAVÉS DE LOS AÑOS

El Tercer Diccionario Internacional Nuevo de Webster tiene 27 definiciones para el término familia.[1] La definición "grupo de personas de ascendencia común" es una definición tan clara y aceptable como cualquiera otra, supongo. Pero en su artículo "*Family* versus *Familia: Historical Definitions of the Family*", Rachael Hughes nos recuerda que "nuestro uso moderno de la palabra familia como unidad de familiares es relativamente nuevo". Ella explica que la palabra se desarrolló a partir del latín *familia*, que significa "hogar", el cual incluía a todos: los amigos, los parientes, los sirvientes y los esclavos, que vivían en ese domicilio.[2]

Esto es interesante. Significa que hubo un tiempo en el que dicha palabra no aplicaba a familiares políticos que vivieran en su propio hogar en otra ciudad a dos días de camino en carreta. O incluso a ese amado hermano que vivía a tan sólo dos casas de la propia. Investigué un poco más y descubrí que fue sólo hasta los siglos XVII y XVIII que la familia empezó a connotar lo íntimo de lo que ahora llamamos núcleo familiar.

Antes de seguir con la discusión sobre familias *felices* en el Capítulo 2, pienso que hay algo que debemos aprender sobre nuestras familias a través de una mirada histórica a la unidad familiar.

EVOLUCIÓN DE LA FAMILIA

Una breve visión general de la vida familiar a través de los años deja claro que una definición de familia no aplica a todas ellas. Podríamos empezar en El Jardín del Edén con Adán y Eva y sus hijos Caín y Abel como nuestra primera familia y encontrar mentiras, traición y asesinato (un comienzo empedrado hacía la unidad y la felicidad). En épocas prehistóricas la así llamada unidad familiar existía meramente con propósitos de supervivencia; durante sus cortas y salvajes vidas los hombres eran cazadores y guerreros que pasaban la mayor parte de su tiempo lejos de casa, y las mujeres se encargaban de tener niños y morían jóvenes.

SECRETOS TOMADOS DE LA INVESTIGACIÓN

Palabras de moda sobre familia

Estos términos populares relacionados con la familia fueron introducidos en nuestro lenguaje sólo durante los últimos 200 años o algo más:[3]

- 1796: en vía de familia (embarazada)
- 1809: círculo familiar
- 1856: hombre de familia (el que se dedica a su esposa e hijos)
- 1966: valores familiares

Dando un salto al Medioevo, vemos que en las familias de clase alta el matrimonio era un acuerdo estratégico para promocionar fines militares, económicos o políticos. Y luego durante la Revolución Industrial, las fábricas mantenían a los padres, madres, e incluso a los niños, fuera de sus hogares bajo la promesa de estabilidad económica. La evolución de la sociedad y de la civilización ha cambiado de manera rutinaria el propósito, la estructura y la definición de la familia.

De plano admito que no soy un historiador sino un loquero. Pero me parece que navegar por la historia de la formación de las familias es esencial para tener un buen entendimiento de por qué y cómo éstas funcionan. Mi búsqueda a través de libros de Historia hace que un hecho sea evidentemente claro: las familias se adaptan y se definen por la cultura que las rodea. El significado de familia y el comportamiento esperado dentro de ella están íntimamente relacionados con su contexto histórico.

Esta evolución de la imagen de la familia continúa aún hoy en día. Muchas personas desafían la noción de que la familia está compuesta por un esposo y una esposa con hijos biológicos y tal vez un abuelo o dos. Aunque esta imagen ciertamente encaja en la definición del Diccionario Merriam-Webster, la cual la describe como "un grupo de personas de ascendencia común", la familia del siglo XXI es eso y algo más. Se observa a nuestro alrededor una gran proliferación siempre en aumento de relaciones basadas en la sexualidad, en una cultura, una religión, una etnia, una ideología y otras variables cruciales que también son bastante evidentes en mi práctica clínica.

SECRETOS TOMADOS DE LA INVESTIGACIÓN

Las mujeres en la cultura china Mosou

Lo que algunas culturas conocen como el hogar patriarcal convencional no es tan convencional para otras. En la cultura Mosou del Himalaya en la China, por ejemplo, las mujeres se consideran como los líderes de la comunidad, reciben un estatus especial cuando cumplen 13 años de edad (así como su propia casa) y pueden escoger a sus compañeros sexuales como lo deseen. En esta cultura, cuando las mujeres dan a luz, el padre no tiene ninguna posesión de este hijo. A medida que ellas suben de estatus, les pasan ese poder a otras mujeres, incluido el poder para tener o rechazar a un hombre en su vida.

LA FAMILIA MODERNA

Las variaciones más recientes y obvias en la familia moderna de hoy en día han ocurrido en relación con el cambio en el papel de los géneros dentro de la familia. En muchas familias el hombre ya no es el jefe incuestionable de la tribu, ni él tampoco quiere asumir ya ese rol. Él y su compañera se dividen los roles en el hogar, ambos asumen mayor responsabilidad por el cuidado de la casa y de los hijos. También hoy en día tanto el hombre como la mujer que son cabeza de familia tienen la libertad de escoger la opción de trabajar fuera de casa para ganar un sueldo, dejar el cuidado de los niños a otras personas que pueden o no ser miembros de la familia o tener algo que ver con ella.

Además, no todas las familias están unidas por una ascendencia común. Pensemos en los padrastros e hijastros; los padres adoptivos y sus hijos; los padres que tienen, tanto hijos sin adoptar legalmente como sus propios hijos; las parejas de casados sin hijos; las parejas que no se han casado pero que viven en unión libre; las parejas infértiles con hijos resultados de donantes de óvulo y esperma; las parejas del mismo sexo; las parejas del mismo sexo y sus hijos adoptivos; hijos que no han sido adoptados legalmente o que son resultado de donantes de óvulo y esperma. ¡La lista es interminable!

SECRETOS TOMADOS DE LA INVESTIGACIÓN

La esposa no disponible de Commodore Perry

En nuestra sociedad, la monogamia entre compañeros comprometidos es considerada un elemento esencial de una familia feliz. Pero este no es el caso en todas las culturas. Las historias de las primeras expediciones al Polo Norte nos cuentan que cuando Commodore Perry llegó con su esposa para establecer un campamento en el Ártico, un jefe esquimal le comentó a Perry sobre lo atractiva que era la señora Perry. Más tarde, Perry se sorprendió al darse cuenta de que el jefe se había sentido insultado cuando Perry le agradeció por el cumplido y continuó con su trabajo. Resultó ser que en la cultura esquimal, si alguien le hace un cumplido al esposo sobre su esposa, se supone que tiene que ofrecérsela a quien le hizo el cumplido para tener relaciones sexuales.[4]

¿Por qué sospecho que esta curiosa idea nunca será popular en la cultura occidental del siglo XXI?

Esta visión extensa de la familia empieza a parecerse a la versión anterior al siglo XVII en la que "todos viven en el mismo hogar" independientemente de la relación biológica. Es decir, ¡una vez más me enfrento al dilema de definir a la familia antes de estar listo para seguir con el Capítulo 2!

¿QUÉ NO ES UNA FAMILIA?

Mientras escribía *Los secretos de los hombres felizmente casados* y *Los secretos de las mujeres felizmente casadas*, hice mi mejor esfuerzo por incluir lo que consideraba era una visión representativa de las parejas de casados. Hice un esfuerzo por incluir historias de mis pacientes que no necesariamente fueran blancos o pertenecieran a las clases media o alta, sino que fueran representativas de todos los estilos de vida en Estados Unidos. Me di unas palmaditas de felicitación en la espalda convencido de tener una visión amplia del mundo. Sin embargo, a medida que pasaba más tiempo hablándoles a mis clientes, teniendo reuniones con estudiantes de programas de Siquiatría en Nueva Inglaterra y viajando alrededor del país dando conferencias, empecé a tener un sentimiento incómodo.

Aunque pensaba que había tomado un enfoque incluyente para discutir la manera de tener un matrimonio feliz, era claro que había más aspectos relacionados con los diversos tipos de "familia" que los que me había dado cuenta. Ciertamente, puedo decir sin dudarlo que muchísimas personas experimentaron problemas en sus relaciones muy parecidos a aquellos sobre los que yo he escrito. Hay esposos y esposas que se casaron de manera formal y buscaron y encontraron formas de equilibrar su vida familiar y su vida laboral. Algunos aún luchan con el cuidado de los niños, otros tienen que manejar a los familiares políticos, los asuntos del sexo, del dinero... todas las cosas sobre las que ya había escrito.

Pero generalmente las personas se me acercaban y me preguntaban por qué no escribía algo distinto al cliché convencional de la versión de familia de los dibujos animados. A continuación, mencionaré algunas de las preguntas que recogí mientras viajaba por el país:

"¿Por qué no escribe un libro sobre familias que no encajen en el modelo tradicional?"

"¿Por qué no escribe un libro sobre familias que incluyan al padrastro?"

"¿Por qué no escribe alguna vez libros para personas que simplemente viven juntas?"

"¿Por qué cuando escribe un libro para mujeres felizmente casadas asume que están casadas con hombres?"

"¿Acaso mi esposo y yo no podemos ser considerados una familia a pesar de no tener hijos?"

"Puede que yo esté criando a mis hijos solo ¿pero acaso no contamos como familia?"

Entre más hablaba con gente proveniente de todos los caminos de la vida, menos seguro estaba de cómo definir a una familia. Algo se hizo bien evidente: no era posible escribir un libro sobre familias felices enfocándome sólo en la versión de familia occidental típica y tradicional. Hacerlo así sería darle la espalda a las muchísimas variantes de la unidad que hoy en día llamamos familia.

Así que pensé que tal vez debía empezar a definir la familia a partir de lo que no es. Seguramente ahora ya es obvio que la familia no puede definirse estrictamente como la unidad compuesta por un padre biológico, una madre biológica y 2 ó 4 amorosos hijos que van a la iglesia en su auto el domingo en una mañana de primavera.

Eso. Por ahí comienzo.

A UN LADO, FAMILIA TRADICIONAL DE TELEVISIÓN

Reconocer que esta definición estereotipada ya no es válida es, supongo, una invitación a la crítica. Hay una preocupación en este país con relación a que la caída de la institución familiar representada por familias de televisión como las de las series de los años cincuenta, es el resultado directo de nuestra actitud tolerante con el divorcio, la custodia compartida de los hijos, la unión libre, los padres solteros, las parejas del mismo sexo y otras expresiones "atípicas" no tradicionales que se salen de las viejas convenciones.

Estos cambios en la estructura familiar ciertamente han ocasionado problemas sociales, económicos y personales. Pero como lo hemos demostrado con nuestra breve perspectiva histórica general, estos tipos de grandes cambios han ocurrido anteriormente, y una definición más amplia y más incluyente es simplemente el siguiente paso inevitable para la siempre cambiante unidad familiar. No podríamos haber esperado que el tiempo se detuviera o acogernos al modelo de familia de las series de los años cincuenta como la única estructura familiar legítima por siempre.

Así que, con la convicción de que quiero que este libro le sea útil a los individuos de todo tipo de familias, yo esperaba estar listo para pasar al Capítulo 2. Bueno... no fue tan pronto.

¿Cómo me dirijo a usted quien me lee? Si le hablo de "usted, su compañero/a y sus hijos", me tropiezo con el obstáculo más exigente de este libro. ¿Por qué, se preguntará usted, hablo de su "compañero/a" en lugar de su "esposo/a"? ¿Asumo que usted vive con alguien en lugar de estar casado? De hecho, ¿por qué empiezo por mencionar a un compañero/a? ¿Acaso no es factible que algunas familias estén compuestas sólo por un adulto? Es más, hay quien podría preguntarse por qué hablo de "sus hijos"; muchas familias no tienen hijos y otras indican que su gato o su perro son miembros auténticos de sus familias. Una cosa más (ya que estoy hablando de ello), ¿por qué empiezo por asumir que usted es cabeza de familia? ¿No pude haber escrito también refiriéndome a "su mamá, su papá y sus hermanos" para reconocer la muy real posibilidad de que los adultos jóvenes escojan leer un libro sobre el tema de la conformación de una familia feliz?

Mi propia encuesta en línea añadió más posibilidades (y más confusión). Cuando les pedía a quienes la contestaron que escogieran "un tipo de familia", les ofrecía las siguientes opciones:

1. Cónyuge (del sexo opuesto)

2. Compañero no casado (del sexo opuesto)

3. Compañero/a o esposo/esposa del mismo sexo

4. Hijo(s) biológico(s) del (la) esposo/a–compañero/a actual

5. Hijastro(s)

6. Hijo(s) no adoptados legalmente

7. Padre(s) u otros miembros de su familia

8. Mascotas

Pensé que esas categorías serían suficientes, pero sólo por si acaso, también ofrecía la opción de "otro" con la oportunidad de explicar. Cuando los resultados llegaron era claro que había dejado por fuera a muchos posibles tipos de familias. Respire profundo y considere estas "otras" opciones sugeridas por quienes dijeron que su familia estaba formada por ellos mismos y estos otros individuos que viven juntos en su casa:

- "La novia de mi hijo y su hija".

- "Mi prometido por nueve años".

- "Mi esposo divorciado que vive con mi hijo y conmigo".

- "Mi hermana que es adulta".

- "Mi hermana, mi cuñado y mis dos sobrinos".

- "Los hijos biológicos adultos de un/a esposo/a anterior".

- "La hija de mi compañero/a".

- "Mi compañero/a doméstico registrado".

- "Mi ex compañero/a del mismo sexo y su nieta".

- "Mi segundo esposo, sus dos hijos y mis dos hijos".

- "Mi compañero/a de universidad".

- "Mi hija y su novio de 23 años".

- "Mi esposo, mis tres hijos, los dos hijos de mi esposo y nuestros once nietos, ¡Oops! Casi me olvido del perro".

¡Está bien! La familia estadounidense ciertamente es incluyente, entonces querido lector ¿cuál de estas se acerca más a su tipo de familia?

LA FAMILIA DEL SIGLO XXI

Los padres adoptivos y sus hijos, las familias de padres solteros, las familias comunitarias, los padres que se han vuelto a casar, las familias adoptivas y otras por el estilo, son sólo el comienzo para redefinir a la familia del siglo XXI. El futuro promete más cambios como por ejemplo, parejas del mismo sexo que tienen el derecho a un matrimonio legal y las lesbianas que escogen embarazarse a través de inseminación artificial con un donante de esperma.

También las adopciones abiertas extienden a la familia para incluir la presencia tanto de padres biológicos como de padres adoptivos en la vida de los niños. Incluso algunos donantes de esperma y de óvulo y padres sustitutos tradicionales están hablando de roles activos en las vidas de sus hijos, añadiendo aún más posibilidades a esa definición esquiva de familia.

Las aparentes complicadas raíces familiares de unos conocidos míos no serán totalmente singulares en el futuro. Esta pareja tiene dos hijos concebidos a través de tecnología reproductiva artificial avanzada. En su caso, los óvulos de las esposa se mezclaron con óvulos de un donante y fueron fertilizados con una mezcla del esperma del esposo y esperma de un donante. Uno de los embriones resultantes fue implantado en una madre sustituta tradicional quien llevó al niño a término y se lo entregó a unos padres que pueden o no ser los padres biológicos. Esa ciertamente es una nueva definición de familia, y es totalmente legítima. ¡Estos amigos son absoluta y definitivamente una familia!

¿QUÉ TIPO DE FAMILIA ES USTED?

Si quisiera categorizar su tipo de familia, puede que encaje en uno de los siguientes (¡O puede que no!):

Familia nuclear: padres y uno o más hijos biológicos. Estos padres pueden estar casados, vivir en unión libre o ser homosexuales.

Familia de padre soltero: un padre y un hijo o hijos.

Familia extendida: una familia nuclear o de padre soltero que vive con parientes distintos a los de la familia nuclear, como los parientes políticos, los abuelos o los hermanos adultos.

Familia compuesta: una familia nuclear en la que uno o ambos compañeros tienen hijos de una relación anterior; también una familia nuclear que tiene un hijo adoptado no legalmente o un hijo adoptado en una adopción abierta.

Familia adoptiva: puede ser nuclear, de padres solteros, o compuesta. El hijo no tiene una relación biológica con los padres pero ha sido adoptado legalmente.

Familia de paso: puede ser nuclear, de padres solteros, o compuesta. Uno o más hijos no son biológicos o adoptados. El niño puede estar con la familia por un largo periodo de tiempo a través de un acuerdo con agencias especiales del gobierno.

Familia T.R.A: una unidad familiar en la que los hijos son el resultado de una tecnología reproductiva artificial que involucra el uso de donantes de esperma o de óvulos, o una madre sustituta tradicional.

Otros tipos de familia: cualquier grupo que no consista en padres e hijos; por ejemplo, una pareja de recién casados, parejas del mismo sexo o que viven en unión libre.

En mi investigación para este capítulo he navegado por lo que parecían toneladas de información sobre la familia, en busca de ese descriptor esquivo que veo que necesita aplicarse a los diversos paisajes familiares del siglo XXI.

Al continuar con los brazos vacíos decidí crear mi propia definición. Luego de mucho pensar y reflexionar, me siento muy cómodo definiendo a la familia como "dos o más personas comprometidas a compartir sus vidas juntas, las cuales están relacionadas ya sea por sangre, adopción, matrimonio o unión libre, decreto legal o devoción personal".

Eso deberá ser suficiente. Seguro, algunos de los temas que se discuten en los siguientes capítulos les interesarán exclusivamente a familias de parejas casadas, o sólo a familias con hijos, o con cónyuges del mismo sexo, o bueno... usted entiende. Pero, para mi sorpresa, lo que he descubierto al investigar los increíblemente diversos y eclécticos grupos de lo que se denomina la familia estadounidense, es que aquellos aspectos que hacen felices a los miembros de una familia son generalmente universales y verdaderos a pesar de cómo se definan las familias a sí mismas. No importa cuál sea la configuración de diversidad ni la identidad sexual, étnica o cultural, los ingredientes básicos de felicidad en la familia son generalmente los mismos, como se dará usted cuenta en el Capítulo 2.

Capítulo 2

¿Qué es la felicidad?

Casi a diario, un ensayo investigativo o un artículo llaman mi atención informando que el aumento en la productividad laboral, la mejora en la salud física, los matrimonios que duran más años y un sentido pleno de bienestar, se correlacionan con un factor: la felicidad.

Sea que usted haya leído estos estudios o no, estoy seguro que estará de acuerdo en que en cualquier caso es mejor estar satisfecho que sentirse miserable. Pero el buscar la felicidad y el hallarla no siempre van de la mano. Ciertamente es posible que al leer este libro y al aplicar las lecciones aprendidas de otras familias felices, usted sea capaz de aumentar su propia felicidad. Pero antes que hablemos del "cómo", démosle un vistazo al "qué".

HECHOS SOBRE LA FELICIDAD

Yo creo que todos los seres humanos tienen el potencial de desarrollar un núcleo de felicidad sólido y duradero. Algunos pasan su vida meditando, leyendo libros de autoayuda, o consumiendo drogas, con el fin de encontrar un momento de felicidad, pero al hacerlo, pierden el objetivo.

La felicidad no es el destino final. Es el proceso, el viaje, la consecuencia de una vida bien llevada.

Sólo usted define exactamente lo que es la felicidad para usted y su familia. Y sólo usted lo sabrá cuando la sienta. Yo, junto con otros amigos que han compartido sus visiones sobre la felicidad familiar en este libro, sólo ofrecemos guía y consejos basados en nuestras propias experiencias, que esperamos le ayuden a encontrar el camino hacia su propia felicidad.

Los principios de las familias felices

<u>Ame a las personas que están con usted</u>

¡Adoro mi vida! ¡La felicidad consiste en amar a los que te rodean y amarlos bien, de la misma forma en la que quieres que te amen! ¡Claro, yo soy como los demás cuando se trata de dinero y de cosas por el estilo, siempre quiero más; pero cuando se trata de lo que verdaderamente importa en este mundo, el amor, me siento millonaria en cuanto llega!

—*Roxanna, 32 años de edad, ocho de casada, dos hijos (su esposo adoptó a uno de sus hijos)*

Entonces comencemos por revisar algunos hechos de los investigadores de la felicidad, los cuales miran más allá de las cirugías plásticas, las casas lujosas y una gran cantidad de dinero para buscar la fuente de la felicidad. La investigación se enfoca en cosas concretas específicas que de hecho nutren la felicidad interna a largo plazo. Esa lista incluye lo siguiente:[1]

La religión. El involucrarse con una fe mejora los lazos sociales y comunitarios, lo que conduce a mayor felicidad.

El sentido del humor. La gente con una perspectiva optimista que demuestra alegría a los demás es menos propensa a dejarse abatir por sucesos negativos.

El tiempo libre. Las actividades que combinan la socialización, la actividad física y la necesidad de tener algún nivel de habilidad, han demostrado llevar a la felicidad.

Habilidades sociales. La amistad trae alegría y oportunidades de cooperación, de ser confidente, y risas.

Ser cooperativo. La gente que disfruta llevársela bien con otras personas reporta mayores niveles de felicidad.

Hacer voluntariado. La escritora Kathleen McGowan de la revista *Psychology Today* informa que "en un estudio, el trabajo voluntario y las obras de caridad generaron más alegría que cualquier otra actividad, excepto bailar. El sentido de logro, la conexión social y la oportunidad de hacer algo significativo, son lo que hacen que este tipo de actividades sea tan divertido".

Los principios de las familias felices

La felicidad está justo en el medio

Algunas personas nunca llegan a ser felices a menos que las condiciones sean lo que ellas consideran absolutamente perfectas. El trabajo, la casa, el dinero en el banco, una cintura bien marcada, evitar el hecho de estarse quedando calvo, el mejor colegio para los niños, lo que sea. Tienen que tener todo esto para ser completamente felices. Creen que algún día cuando todo esto ocurra encontrarán la felicidad. Y siempre están desilusionados, ya sea que lo obtengan o no, ya que la lista de requerimientos sigue haciéndose más larga.

Otras personas logran encontrar un poco de alegría aquí y allá, la suficiente como para mantenerse felices. Aprecian y se deleitan con cada uno de esos momentos que otros ignorarían. Y siempre están sonriendo como idiotas aunque el resto de nosotros no logre ver la razón para sonreír.

Hago un esfuerzo por no ser de los del primer tipo y desearía ser de los del segundo. Pero con todas las exigencias de la vida, me siento feliz de estar justo en el medio.

—*Charles, 49 años de edad y 28 de casado*

No es casualidad que todas estas puertas a la felicidad fueran mencionadas por muchos de los que respondieron mi encuesta de familias felices en línea. Seguramente hay algo profundo y consistente en ello. Según el Dr. Martin E.P. Seligman, fundador de la Sicología Positiva y una de las autoridades mundiales en felicidad, esto se debe a que cada uno de los siguientes elementos promueve las características humanas que se relacionan con la felicidad: el desinterés, la gratitud, la esperanza, el entusiasmo y la habilidad para amar y ser amado.[2]

PRINCIPIOS TOMADOS DE LA INVESTIGACIÓN

La felicidad está en dar

El dinero puede no tener la capacidad de comprar felicidad, pero el hecho de dar ayuda a subir su ánimo. Los sujetos de investigación recibieron dinero. A la mitad se le pidió que lo guardaran, mientras que a la otra mitad se le pidió que se lo dieran a un amigo o a una obra de caridad. Luego, en la noche, cuando los investigadores les preguntaron sobre qué tan felices estaban en general, los que dieron el dinero se sintieron significativamente más felices. No es el recibir el dinero sino cómo se gasta, lo que afecta qué tan bien nos sentimos.[3]

Cuando abrimos todas estas puertas, experimentamos los tres factores que Seligman cree que deben estar presentes para ser felices:

1. Una vida placentera llena de deleite, alegría y buenos momentos. Para la mayoría de nosotros es fácil pensar en los elementos que conforman una vida placentera, y eso es, como las abuelas solían decir, no necesariamente lo que se compra con dinero. De hecho, el dinero en sí no mejora el nivel de felicidad. La investigación demuestra que si se es extremadamente pobre, el dinero ayuda a mejorar el sentido de bienestar, pero toda vez que un individuo o familia sale de la pobreza, las grandes cantidades de dinero no hacen nada por aumentar la felicidad de dicho individuo o familia.[4]

Cuando les pido a las familias que piensen en sucesos placenteros ocurridos en sus vidas, generalmente recuerdan momentos de unión, como cuando se fue la luz y jugaron cartas a la luz de una vela, o cuando acamparon con la familia y entre todos le dieron vuelta al bote. De acuerdo con un amigo mío muy cercano, incluso aquellas noches en la bañera pueden crear momentos familiares muy especiales. Usted podría pensar que este es un buen ejemplo de dinero que compra felicidad, pero mi amigo Russell insiste en que no es la bañera en sí lo que ama. "Cuando me siento afuera con mis hijos o mi esposa, no hay televisión ni teléfono. Es una gran oportunidad para ponernos al día sin distracciones". (Por supuesto, los chorros de agua caliente que alivian mis adoloridos músculos también son muy buenos).

El placer en la vida se puede encontrar en muchas actividades, desde cantar hasta jugar videojuegos juntos. El divertirse es un elemento importante para la verdadera felicidad, pero no el único.

PRINCIPIOS TOMADOS DE LA INVESTIGACIÓN

La felicidad es relativa

En 1974 el economista Richard Easterlin publicó un estudio que se conoció como La paradoja Easterlin. Él descubrió que tener más dinero (ingreso absoluto) no necesariamente conducía a un mayor nivel de satisfacción en la vida. En cambio, ponía las metas de felicidad en un nivel un poco más alto. Observó que el ingreso relativo (qué tanto se gana en comparación a otras personas), por el contrario, tenía una correlación directa con los niveles de satisfacción.[5]

Digamos que usted obtiene un aumento de sueldo repentino y compra una casa más grande y un mejor auto, pero luego descubre que su hermana o hermano o amigo o vecino o colega (realmente no importa quién sea) tuvo un aumento de sueldo y adquirió una casa más grande y un mejor auto. En esta circunstancia relativa usted tiende a sentirse *menos* feliz que antes de recibir su aumento. ¡Hasta ahí le llegó la felicidad que da el dinero!

2. Una vida de compromiso en la que usted se entrega a una pasión o actividad. ¿Acaso el tiempo no vuela cuando usted lo invierte haciendo algo que le encanta? Las personas que dejan que sus actividades los absorban tienden a ser más felices que aquellos que permanecen desconectados y desinteresados. Las familias que encuentran un interés común parecen conectarse, comprometerse más con el otro en la búsqueda de su diversión.

En todo caso, encontrar una manera de estar con su familia y de hacer actividades en las que se sienta involucrado puede llegar a ser un desafío porque es posible que lo que a usted le encanta hacer sea verdaderamente aburrido para su clan. Por ejemplo: a mi esposa y a mi hijo les encanta ir de compras; mi hija y yo somos de los que nos gusta "ir por lo que estamos buscando, comprarlo y salir de la tienda". Está claro que ir al centro comercial juntos es una potencial fuente de infelicidad. Para solucionar el problema, mi esposa y mi hijo van a un almacén de cadena mientras que yo visito la tienda de Apple y mi hija se encuentra con una amiga en un restaurante para comerse una de esas galletas con chips de chocolate recién horneadas. De esta manera, cada uno de nosotros está involucrado y cuando volvemos a reunirnos más tarde en el parqueadero, el coeficiente de felicidad de nuestra familia es mucho más alto que el promedio (¡Hasta que llega el cobro de la tarjeta de crédito!).

Piense en las veces en las que volvió de la tienda de fotografía con cientos de fotos de sus vacaciones familiares. Cuando se sienta en la mesa del comedor y se pone a recordar, eso es estar involucrado y es una de las maneras en las que construye felicidad como familia.

Los principios de las familias felices

Hablar, dormir y jugar juntos

He estado divorciada y viuda, he sido madre soltera por más de 16 años y ahora llevo 8 años felizmente casada con mi tercer esposo. Sé que puedo sobrevivir y prosperar sola... lo he hecho. Pero Richard mejora mi vida tanto con sus visiones, generosidad y consideración. Hay respeto y un gran sentido de gustar del otro que lo traspasa todo. Compartimos la habilidad para hacernos reír mutuamente, así como para estar de mal genio por cierta cantidad de tiempo. Y gracias a Dios tenemos la sabiduría de cultivar esta relación "escapándonos" cada 3 ó 4 meses a pequeños hoteles de pueblo en donde podemos hablar, dormir y jugar juntos.

La felicidad como persona es realmente una extensión de esta profunda satisfacción emocional de ser la esposa de Richard. Trato de nutrir todas mis relaciones, como madre de 4 hijos, como hija de unos padres mayores, hermana de 4 hermanos y amiga de una variedad de mujeres que he conocido en todas las etapas de mi vida. Todos ellos enriquecen mi vida y me brindan su entendimiento y fuerza de muchas maneras.

No pienso en la felicidad como una constante o como una garantía. Richard y yo hemos luchado con todo tipo de problemas. Pero es el conocimiento de que, a pesar de mis falencias y fallas, él está conmigo "por toda la vida" lo que a fin de cuentas me hace sentir a salvo y en paz. Tal vez esa sea una mejor manera de decirlo... no tengo la felicidad constante de un cuento de hadas pero sí la satisfacción general de estar en una amistad de por vida.

—Janet, 54 años de edad y ocho de casada

3. Una vida significativa. Puede no tener muchos momentos de euforia o muchas inmersiones de felicidad, pero esta clase de vida está llena de propósitos.

¡Ah! ¡Si tan sólo sentarse en la bañera, absortos en los recuerdos de ese viaje a la costa, fuera todo lo que se necesitara para alcanzar la felicidad! Aunque la ciencia de la Sicología Positiva dice que los primeros dos factores son necesarios, está tercera pata de la silla de la felicidad verdadera, hallar sentido a sus acciones, es fundamental.

¿Están sus acciones enfocadas en el aquí y el ahora? ¿Es capaz de pensar en el bien común cuando se relaciona con el mundo? En las páginas de este libro leerá sobre la familia Gemma, quienes iniciaron una campaña nacional contra el cáncer de mama después de la muerte de su madre; conocerá a Sarah y a Bill, cuyos hijos donaron instrumentos a la fundación La Obra de Mr. Holland; y leerá sobre Jan y su esposo, quienes, durante años han ofrecido su casa como hogar de paso a niños necesitados. Un hilo común teje estas historias: estas personas están viviendo con sentido, con sus ojos puestos en hacer cosas que hagan la diferencia, no sólo en ellos, sino en el mundo como un todo.

Muchas familias no tienen los recursos para desarrollar una obra social o para ofrecer su casa como hogar de paso para niños necesitados, pero todas las familias pueden hacer cosas que dejen un impacto duradero en el mundo. Llevar a la familia por un día a recoger basura de la playa (generalmente en el Día de la Tierra) o buscar en la alacena elementos que contribuyan a los Boy Scouts cuando recogen comida para los necesitados, son sólo dos ejemplos de actividades divertidas que, debido a su contribución al bien común, conducen a la felicidad.

PRINCIPIOS TOMADOS DE LA INVESTIGACIÓN

Fuente de alegría

La felicidad se esconde en los lugares más interesantes. El Dr. Nansook Park, coautor de libros con el Dr. Seligman, nos dice que expresar nuestra gratitud a otra persona puede, de hecho, hacernos más felices. A continuación la manera de hacerlo: el Dr. Park dice que "la gratitud levanta la moral de la persona que la recibe. Esa persona trata de ser mejor y su relación con quien le ha dado ánimo se vuelve más fuerte y ambos se sienten más felices". [6]

LA FELICIDAD QUE NO VARÍA

El mensaje de todo esto es que cuando los sicólogos hablan sobre felicidad, no se refieren a ese sentimiento embriagador que experimentamos cuando nos ganamos una cantidad de dinero con un billete de lotería; tampoco se trata de la satisfacción que experimentamos cuando nuestro equipo llega de primero, ni incluso a la excitante emoción de deslizarse por la montaña. Ellos definen la felicidad como *un sentimiento de profunda satisfacción*. Este libro se basa en esa definición.

Sí, las familias felices tienen sus momentos de emoción, de satisfacción, de alegría, pero también tendrán momentos de rabia, de tristeza y desespero. El factor que indica los buenos tiempos y que aún define a una familia como feliz en los malos tiempos es ese sentimiento de profunda satisfacción que trasciende los placeres y dolores momentáneos. No es variable en función del tamaño de la casa o de la calidad de la recepción del cable ni del costo de las vacaciones.

En cambio, la satisfacción es algo que crece con el tiempo, que se fortalece a partir de los esfuerzos y de las decisiones del día a día y planta sus raíces de tal forma que le dan al diario vivir un sentido y un propósito, sin un deseo consciente por posee la felicidad. Esta visión de la felicidad me recuerda las creencias de John Stuart Mill, un filósofo inglés del siglo XIX, quien solía decir: "Pregúntate a ti mismo si eres feliz y dejarás de serlo. La única posibilidad es intentar, no la felicidad, sino el fin externo de la misma, como propósito de vida".[7]

En este libro le ayudaremos a crear el hábito de centrarse en la más importante de estas fuerzas "externas", su familia, con el aprendizaje de los principios de otras familias felices.

Al formar de manera proactiva la vida de familia que usted desea, esa vida puede llegar a ser suya. Siga leyendo.

Principio 1

Las familias felices...
permanecen unidas

"¡Mira mamá, ahí dice que es gratis para menores de doce años! No se darán cuenta que tengo trece. ¡Diles que tengo doce y te ahorrarás mi entrada!" Interesante observación. Como adolescente, Jared ya sabe cómo funciona el sistema. Pero aún más interesante es ver cómo va a responder su madre. Lo que ella hace en esta situación es enseñarle mucho sobre sus valores familiares, *si es que* la familia los ha identificado y está de acuerdo en practicarlos.

Es muy fácil para mí sentarme en el computador y hacer teorías sobre la respuesta adecuada a la propuesta de Jared. Pero cuando nos enfrentamos con situaciones de la vida real, estos tipos de decisiones no son tan evidentes. He tomado viajes de una semana con mi familia a *resorts* con todo incluido en los que la diferencia en costo entre llevar a un hijo de doce años, opuesto a llevar uno de trece, es de cientos de dólares. ¿Qué haría *usted*?

Ciertamente, es muy raro el miembro de una familia que dijera en voz alta "bien pensado Jared porque es más importante para nuestra familia ahorrar dinero que ser honestos, definitivamente debemos mentir sobre tu edad para ahorrar unos cuantos dólares". Es más probable que su mamá diga "¡Jared! No te hemos enseñado a decir mentiras... Pero, esto es muy costoso, así que...".

A menos que la familia haya pensado sobre sus valores y haya acordado tomar decisiones familiares basadas estrictamente en esas consideraciones, es difícil saber cómo reaccionar cuando surge de repente una situación como esta. Es poco probable que en ese escenario muchas mamás, papás, hermanos, hermanas, abuelas y abuelos, estén de acuerdo en sacrificar sus supuestos estándares de honestidad y su dinero de bolsillo sin ponerse a pensar en lo que su acción dice de los valores que en últimas son defendidos por cada familia.

Una contradicción entre lo que dice la familia sobre sus creencias y lo que hace a diario, tiene la posibilidad de causar una fricción que desgaste la felicidad. Por el contrario, las familias que mantienen una clara visión de lo que importa y viven esos valores de manera constante son más fuertes con el tiempo. Pero, como lo pueden atestiguar los padres de Jared y los Haltzman, cuando salen de vacaciones, algunas veces vivir bajo los preceptos en los que creemos no es tan simple como parece.

DEFINICIÓN DE LOS VALORES FAMILIARES

Seguro, todos creemos en los valores familiares y lo sabemos como unidad, nuestra familia tiene una identidad única basada en nuestros valores. ¿Pero, alguna vez se ha detenido a pensar sobre la manera en que esos valores se escogen y se desarrollan? Sí, usted tiene una opción al respecto: se pueden moldear de manera activa con un esfuerzo consciente, o se pueden engendrar de manera pasiva de manera desordenada. Yo creo que los miembros de una familia tienden a ser más felices si hacen un esfuerzo consciente por saber quiénes son, qué valoran y por qué lo valoran.

Los principios de las familias felices

No se trata de las "cosas"

Hacer dinero y tener "cosas" parece ser el fin de todo hoy en día. Pero a menos que estés verdaderamente conectado con tu compañero/a y tu familia, todas las cosas del mundo puestas juntas no lograrán una buena familia.

—*Elaine, 67 años de edad y 40 de casada*

Los valores son únicos y personales

Desafortunadamente, la expresión *valores familiares* ha tomado una connotación política en tanto que los conservadores moralistas hondean la bandera de los valores familiares, y los liberales temen que el término sea aplicable a todo con la intención de condenar a cualquier familia que no esté conformada por un esposo, una esposa y 2 a 4 niños detrás de una cerca de estacas pintada de blanco. Pero el verdadero sentido y valor de conocer qué defiende su familia no tiene nada que ver con la política y todo que ver con usted y su unidad familiar única, cualquiera sea su forma, o configuración. Muchas personas han expresado que sus gatos y perros son miembros de sus familias, y, si esa es la situación, su sistema de valores tiene que ver mucho con eso también.

Su familia, no el presidente, no el congreso, no sus vecinos, no su jefe, nadie más sino usted es el que decide cuáles con sus valores. Y una vez que usted toma esas decisiones de manera consciente, sus valores son su guía para construir una familia feliz y resistente. Ellos le ayudarán a tomar decisiones con respecto a todo, desde el colegio al cual enviar a sus hijos hasta tomar la decisión de comprar un auto nuevo, a dónde (sí o no) irá de vacaciones o si irá a la iglesia. Inclusive, si empleará o no contabilidad creativa para hacer su declaración de impuestos o decidir no decirle al dependiente si le dio cambio extra.

Su visión única le permite tomar decisiones de vida que contribuyan a la felicidad de su familia independientemente de lo que sus vecinos de al lado estén haciendo. Esta es la razón principal por la que las familias son tan diferentes: valoramos distintas cosas. Si por ejemplo, una familia cree que su prioridad es pasar el tiempo libre juntos en familia, su estilo de vida puede confundir a la familia que le da mayor valor a la seguridad económica, la cual se pregunta: "No entiendo cómo los McCarthy se gastan tanto dinero en vacaciones cuando tienen dos hijos que van a necesitar plata para la universidad en dos años".

Gastar el dinero en cosas que la familia considera como mayor prioridad no está bien ni mal: es una expresión de los valores familiares. Y a fin de cuentas las familias necesitan aceptar las opciones que toman basadas en esos valores. Cuando ambos padres acuerdan de manera consciente que el tiempo en familia juntos en la educación de sus hijos es más importante que ahorrar dinero para el alto costo de universidades sumamente exclusivas, estarán cómodos con aceptar que sus hijos asistirán a universidades que puedan pagar o solicitarán préstamos para hacer que sus hijos vayan a universidades más caras. Y todos acuerdan atenerse a las consecuencias de esa decisión.

Todos los miembros de la familia McCarthy están felices porque el Equipo Ejecutivo de Padres McCarthy ha estado de acuerdo en el valor de las vacaciones familiares. Los hijos saben cómo es el proceso y esa es la belleza de los valores familiares.

Definición de sus valores

El primerísimo "secreto" de una familia feliz no consiste en decirle cuáles deben ser sus valores familiares. Consiste en compartir con ella lo que algunas otras familias felices han dicho que les han funcionado a ellas, y que posiblemente le sirvan de ejemplo a cada familia para ayudarle a priorizar sus propios valores familiares. Se trata de hacerles pensar sobre lo que los unió como familia, ya fuese el matrimonio, la adopción, o esa noche hace diez años en la que él o ella necesitaban un lugar para quedarse y terminaron encontrando el amor de su vida. Queremos ayudarle a cada familia a develar los valores núcleo que le ayudarán a mantenerse unida y a definir su identidad familiar.

Sería falso decir que un sistema de valores es tan bueno como otro. Si usted decidiera comprarse unos zapatos de marca en lugar de la silla del auto para su bebé, sería muy difícil para mí decir "¡Eso está bien!" ¿Quién soy yo para juzgar? Esa elección sería peligrosa y representaría un potencial abuso. Pero aparte de juzgar, saber lo que usted valora sinceramente va a ayudarle a decidir cómo tomará decisiones para mantener a su familia segura y feliz (¡incluso si prefiriera tener los zapatos de marca!).

La palabra "valor" está siendo difundida por estos días en todas las formas. En el supermercado o en comerciales, "valor" se usa para expresar que el producto o servicio vale más que lo que usted de hecho está pagando por él. Comprar una docena de donas por unos cuantos centavos sería un buen valor; comprar una docena de granos de arena por el mismo precio no tendría valor. De la misma forma, cuando una lección o una joya tienen valor, significa que valen su precio, aunque, a diferencia de la forma en la que el supermercado usa la palabra, no necesariamente significa que usted la compró a buen precio. Cuando alguien valora a un amigo o a un maestro, está apreciando las cualidades de esa persona.

Cuando se trata de la identidad de su familia, los *valores*, se refieren a un sistema perdurable de creencias que sirve para dirigir el curso de sus elecciones de vida. Comprar donas, por ejemplo, incluso a buen precio, no sería considerado un valor familiar dominante (a menos que usted sea Homero Simpson), pero el proveer a su familia de comida segura y saludable sí lo sería. Muchos veganos y vegetarianos toman cientos de decisiones de manera rutinaria a diario basándose en un sistema de creencias, que para algunos es una influencia predominante de cómo dirigen sus vidas.

Si usted piensa en los valores de esta manera, se dará cuenta que no están fugándose ni dependen de la situación; ellos se mantienen y se aplican en una amplia gama de actividades y situaciones. Tener un televisor de pantalla plana no es un valor. Escoger apoyar a la televisión pública y ver programas educativos en familia lo es. Ir al torneo de fútbol juntos no es un valor. Estar al lado de sus hijos cuando obtienen logros deportivos y académicos sí lo es. ¿Quiere ver cómo funciona?

Valores conflictivos

Ver los valores de esta manera da ganas de soltar un suspiro de tranquilidad y pensar "¡Eso es fácil! ¡Sí, qué más quisiera!" Verá, el problema con los valores es que unos y otros están en conflicto permanente. Por ejemplo, si yo le preguntará "¿Valora el tiempo con su familia?", usted probablemente diría "¡Claro!" Si luego le preguntará "¿Usted valora la seguridad económica que acompaña al progreso en el trabajo?", la mayoría diría "Sí". Entonces ¿qué pasa cuando su jefe lo invita a una reunión de ventas el fin de semana, pero su hija tiene un torneo de natación? ¿O cuando sus padres tienen su picnic familiar anual en la misma fecha en que su compañía tiene el "día familiar" y se espera que usted, su esposo e hijos estén allá? Dos valores importantes, pero uno le gana al otro.

Hace varios años, la revista *Time* me entrevistó para un artículo titulado "Estrés y superpapá", basado en parte en la investigación hecha por *Spike TV*, que decía:[1]

"Cuando se les pidió a los hombres que escogieran cómo medir el éxito, sólo el 3% dijo que a través de su trabajo, mientras que el 31% dijo que lo hacía a través de su fe en Dios, el 26% a través de ser la mejor persona posible, el 22% a través de su red de familiares y amigos, y el 17% a través del balance entre su hogar y el trabajo".

¿Muy convincente evidencia de que los hombres parecen tener sus valores claros, cierto? Pero el artículo sigue y señala algunas realidades bastante preocupantes:

"…Sin embargo, a pesar de tener las mejores intenciones, los hombres no están necesariamente restringiendo sus horas de trabajo. Casi el 68% de los hombres trabaja 40 horas a la semana, y el 62% trabaja los fines de semana. Y los hombres con hijos trabajan más horas que los hombres que no los tienen: el 60% de este grupo trabaja entre 41 y 59 horas a las semana mientras que sólo el 49% de los hombres sin hijos llega a trabajar todas esas horas".

Comprometerse con una actividad que resulta en la satisfacción de un valor generalmente significa el sacrificio de otro valor. Esto es particularmente cierto cuando los miembros de una familia no están de acuerdo en su elección de valores. Después de todo, cada uno de nosotros viene de una familia que tiene sus propios valores (que posiblemente queramos mantener o contra los que quisiéramos rebelarnos), y luego cuando formamos nuestra propia familia con otra persona debemos encontrar una manera de unificar el sistema de valores de ambas partes. No siempre es fácil.

Tomemos como ejemplo la situación de Tatiana. Ella es una abogada trabajadora que es sensible y educada y en general una buena esposa con Zach, a quien conoció en el trabajo en las oficinas de su empresa en Dallas; ella trabajaba en contratación, él trabajaba en avalúos de propiedades. Luego de un romance apasionado, decidieron unirse en matrimonio. Tatiana me dijo: "Yo pensaba que compartíamos los mismos valores. Hablamos sobre hijos, política, estilo de vida. ¡Éramos el uno para el otro!"

Poco tiempo después de la boda ella fue a visitar a la familia de su esposo en una zona rural. Ella dijo: "Fue de lo más extraño. Lo único que querían hacer era sentarse en la sala a ver televisión. Nunca salían, nunca hablaban sobre ningún acontecimiento mundial. Sólo se sentaban juntos a mirar la pantalla del televisor". Luego de pasar una buena parte de un fin de semana festivo viendo televisión en silencio, Tatiana decidió salir a caminar. Ella invitó a los familiares de su esposo y a su esposo a unírsele. Ellos parecían confundidos (¿por qué querría salir a caminar?), pero según Tatiana, era eso o morir de aburrimiento porque ¡Tatiana es el tipo de persona que realmente disfruta las emociones nuevas, las aventuras y el aire fresco!

Tatiana estaba aprendiendo que el valor de la familia de Zach era el estar juntos en casa, lo que le pareció atractivo cuando Zach quería quedarse en casa con ella en su apartamento en lugar de salir. Pero ella se dio cuenta que eso era lo que él *siempre* quería hacer. Por lo tanto, cuando ella y Zach formen su propia familia, tendrán que enfrentar este choque de valores (y todos los otros choques que inevitablemente vendrán con estos) y crear su propio conjunto de reajustes, compromisos y sacrificios que cumplan con las necesidades de ambos. Cuando lleguen los hijos, si así lo deciden, aprenderán a repensar sus valores nuevamente. Este es un proceso constante que nunca termina realmente.

Como lo ha leído en este capítulo, le pediré que considere lo que realmente cuenta en su vida. La posibilidad es que haya toda una lista de aquello sobre lo que dirá: "Sí, eso es importante". Una vez que defina todo lo que le importa, vaya al siguiente paso y piense en cómo priorizarlo para usted y los otros miembros de su familia.

ENCUESTA DE LAS FAMILIAS FELICES

Para crear mi "Encuesta de las familias felices" en línea, identifiqué veinte valores específicos que muchos expertos creen que reúnen las necesidades y deseos básicos humanos. Se les pidió a los encuestados que pusieran sólo tres de los siguientes valores como primero, segundo, y tercero en importancia. Ellos también tuvieron la opción de contestar "otro" y aportar otros valores importantes.

A continuación verá esa misma lista de los veinte valores. Por favor indique cuáles cree que son los tres valores más importantes para su familia.

	Primero en importancia	Segundo en importancia	Tercero en importancia
Seguridad económica	✓		✓
Salud	✓		
Guardar secretos de familia			
Educación formal			
Crecimiento personal y emocional			
Aprendizaje			
Apariencia personal			
Serenidad			
Comodidad en el hogar			
Generosidad			
Justicia			
Amigos			
Elegancia			
Contribución a la sociedad			
Realización espiritual		✓	
Trabajo o empleo			
Diversidad			
Fama			
Posesiones materiales			

Quizás quiera añadir otros valores dentro de sus tres valores más importantes. Varios encuestados añadieron sus propios valores entre los que se encontraban los siguientes:

Autorrespeto	Seguridad
Sinceridad	Hacer contribuciones a la sociedad
Amor	Tiempo en familia ✓
Integridad	Fidelidad/lealtad
Compromiso	Diversión
Apertura	

¡Así que siéntase libre de individualizar!

¡LOS RESULTADOS POR FAVOR!

Bueno. Ahora deje sus respuestas a un lado por un momento mientras miramos la manera en la que quienes participaron en la encuesta evaluaron estos valores.

Ciertamente, los resultados de este tipo de exploración varían entre una y otra familia. Cuando revisé los datos de todas las encuestas completas, virtualmente no hubo dos encuestados que evaluaran tres de estos veinte valores de manera idéntica. Sin embargo, hubo algunos puntos en común. Por ejemplo, casi la mitad de todos los encuestados ubicó a "Crecimiento personal" en su rango de 3, y sólo seis personas calificaron el valor "Elegancia". Cuando se les solicitaba a los encuestados priorizar los valores de la familia, los siguientes cinco recibieron la mayoría de los votos (hay acceso a la encuesta completa en el Apéndice). La lista que aparece a continuación muestra el orden en el que generalmente fueron evaluados:

1. Crecimiento personal y emocional

2. Comodidad en el hogar

3. Salud

4.   Realización espiritual

5.   Seguridad económica

Para evaluar los valores dados cada uno de los encuestados debía preguntarse a sí mismo sobre cómo se estructuraba la familia alrededor de las creencias, las tradiciones y los principios éticos y los ideales. Todos necesitamos hacer esto para identificar los valores sobre los que queremos construir nuestras familias. Entonces dediquémosles un momento a estas cinco categorías para ver cómo encajan como valores familiares.

Crecimiento personal y emocional

En su libro *Sin duda usted bromea, señor Feynman*, el físico Richard P. Feynman escribe sobre su niñez. El señor Feynman comenta sobre su vida en Rockaway, en el Estado de Nueva York, y de cómo vivía fascinado con los aparatos electrónicos. Él cuenta que tomaba los radios para desbaratarlos y volverlos a armar. Después de sólo unos pocos años de jugar con ellos, Richard llegó a ser famoso por arreglar radios y de hecho obtuvo un pequeño ingreso para su casa en la época de La Depresión en los Estados Unidos.[2] En ninguna parte de su libro se menciona lo que debía haber sido para su familia el tener equipos electrónicos regados por toda la casa noche y día. Tal vez a ellos les gustaba el desorden; tal vez no. Pero me atrevo a adivinar que valoraban la curiosidad inquisitiva que lo llevó a su crecimiento intelectual y personal, sin olvidarnos claro, de unos cuantos dólares de demás que llegaron en un momento en el que realmente se necesitaba el dinero. No tengo duda de que el aprecio que su familia le daba a su necesidad de cacharrear y reparar le significó un ambiente provechoso para su crecimiento mental que, en últimas, lo ayudó a desarrollar la bomba atómica y a recibir el Premio Nobel de Física en 1965.

Sin embargo, como lo vimos en el capítulo anterior, algunas veces los valores entran en conflicto. Al escoger los que pusimos en nuestra lista, en ocasiones tuvimos que dejar a otros valores de lado. Por ejemplo, si una familia le da más importancia al valor del orden y la limpieza que al del crecimiento personal, es poco probable que sus miembros sean incentivados a tener una mente inquisitiva que haga desorden con varias partes electrónicas recogidas por todo el barrio.

Considere la historia titulada *Hacia rutas salvajes*, en la que el periodista Jon Krackauer narra la última aventura del estudiante universitario Chris Mc Candless (que fue más tarde llevada al cine por el director Sean Penn). Con pasión y decidido propósito, McCandless buscó liberarse de los estorbos de la vida moderna para vivir fuera de la tierra. Su frase es "el centro del espíritu del hombre viene de nuevas experiencias." No creo que esté revelando mucho de la trama si les digo que casi dos años después de su búsqueda, su congelado y consumido cuerpo fue descubierto en un bus abandonado en los bosques de Alaska. Si su familia valoraba la exploración y el crecimiento, habríamos visto que su pena se hubiera reducido por un entendimiento de lo que impulsó a Chris a emprender su búsqueda. Pero si la seguridad personal hubiera sido un valor más importante para su familia, la pena por la muerte de su hijo habría sido insoportable. Los valores forman nuestra visión de la vida y del amor.

Comodidad en el hogar

Las formas en las que es probable lograr la comodidad en el hogar varían de una casa a la otra. Pero generalmente este valor pone a la vida en el hogar por delante de cosas como los viajes, socializar e incluso el crecimiento personal. Este es un valor que ayuda a tomar la decisión de embellecer su patio o jardín, de añadir un cuarto, de redecorar, para centrarse en estar cómodo en casa.

Marsha y Seth pusieron la comodidad en casa en el primer puesto de su lista. He aquí el por qué: Marsha tiene un exitoso puesto en la banca de inversión de Providence, Estado de Rhode Island. Aunque a ella y a su esposo Seth les gustaría ser padres después de doce años de matrimonio, no han podido concebir.

Al ser una familia sin hijos sus valores van a ser diferentes de alguna forma a los valores de otras familias. Ninguno de ellos le da prioridad a unas largas y exóticas vacaciones; ellos van a la sinagoga durante las celebraciones importantes, pero la religión no es el centro de sus vidas. Entonces, ¿qué valora esta pareja?

Este es un tema del que ellos han hablado durante años, y como amos de casa innatos, han acordado en invertir tiempo y dinero en una casa cálida que es su lugar de retiro del mundo. "Pero", dice Seth, "nunca se sintió del todo perfecta hasta recientemente cuando le dimos un toque final para hacer de nuestra casa nuestro castillo". Ahora que Marsha se ha vuelto socia de la firma para la que trabaja, ella logró costearse su sueño: en el sótano de su casa estilo victoriano, ella y Seth han construido un teatro en casa completo con asientos reclinables, sonido envolvente, y, por supuesto, una pantalla gigante. (Puede que esté exagerando con el tamaño de la pantalla, pero es *enorme*). Marsha y Seth invitan a sus amigos a su sótano y se sientan juntos a ver nuevas películas. Marsha se ilumina cuando habla del centro de entretenimiento en su sótano y de cómo Seth se divirtió escogiendo la pantalla especial y el proyector de última generación. Tomando prestada una frase de la película *Jerry McGuire*, Marsha dice "¡Nos complementa!"

Y bien, ¿por qué no?

Salud

Para algunas personas, la salud es una preocupación predominante, y este hecho afecta la manera cómo la familia maneja muchos aspectos de su vida familiar.

Logan es un buen ejemplo del hombre que pone su salud y la salud de su familia en el primer lugar de su lista de prioridades. Logan no es millonario. Debido a una depresión crónica recibe pagos del seguro social, y él, su esposa y su hijo de dos años reciben dinero del Estado, así como estampillas. Viven en un pequeño apartamento. No tienen servicio de televisión por cable ni teléfonos celulares lujosos y se ponen suéteres para cubrirse del frío de Nueva Inglaterra en lugar de gastar mucho dinero en calefacción.

Pero cuando se trata de la salud de su familia, Logan no escatima en gastos. Él y su esposa van a supermercados de altísima calidad en los que compran alimentos orgánicos puros a precios que generalmente doblan los precios de una tienda convencional. Logan dice: "Yo sé que no tenemos muchísimo dinero pero me doy cuenta de que la salud de mi hijo y de mi esposa es balanceada. Comprar comida saludable es la mejor inversión que conozco."

Los vecinos suelen sorprenderse al ver a Logan usar sus estampillas de comida para comprar alimentos orgánicos carísimos, pero lo que _ellos_ piensen no le importa. Logan pone a la salud en el primer lugar de su lista de valores familiares y desea sacrificar otras áreas para serle fiel a esa decisión.

Claro, usted dirá, todos valoramos nuestra salud. Cuando le preguntan a una pareja que está esperando un bebé sobre el género que quieren, ya sabe la respuesta: "No importa siempre que el bebé venga sano". En todo caso, aunque la salud es una condición de vida deseada, no todo el mundo la pone en los primeros lugares de su lista familiar como Logan. Si lo hiciesen, seguramente harían un esfuerzo por siempre promover hábitos saludables, lo que descartaría criar a sus hijos con salchichas baratas, fáciles de servir, llenas de nitrato y barras de caramelo cubiertas de azúcar. Esta es una opción familiar personal que todos debemos enfrentar.

Analicemos el debate del casco de bicicleta por ejemplo. Si usted tiene hijos mayores de cinco años que montan en bicicleta, usted ha tenido este debate. En nuestra casa valoramos nuestra salud e insistimos en que nuestros hijos usaran cascos. (¡No, no cuando estaban por ahí sentados dentro de la casa, pero cuando montaban en bicicleta!). Una vez llegaron a la edad de doce años, sus amigos tenían permiso de montar sus bicicletas sin casco. Nuestros hijos también querían hacerlo así que estábamos estancados. Si hubiéramos valorado más su salud que el hecho de que encajaran en su grupo de amigos, entonces les habríamos prohibido salir sin protección en la cabeza. Pero si le hubiéramos dado prioridad a socializar y hacer conexiones, nos habríamos arriesgado y les habríamos permitido salir sin protección. Pedirles que montaran en bicicleta con protección no fue una decisión fácil, pero fue mucho más fácil para nosotros porque ya habíamos decidido que la salud era un valor prioritario para nosotros.

Una vez tomada la decisión, yo no iba a ceder. (De hecho trabajé una vez con un neurólogo quien no siguió practicando la Medicina debido a una lesión en su cabeza resultado de haber montado en bicicleta en una ocasión ¡sin casco!). Tengo que añadir que nuestros hijos adolescentes no tenían exactamente el mismo conjunto de valores que nosotros sus padres, así que se negaron del todo a montar en bicicleta una vez que se encontraron con esta regla familiar tomada por el Equipo Ejecutivo de Padres.

Realización espiritual

Muchas familias creen en Dios o en un Poder Superior. Muchas familias van a la iglesia. Pero eso no significa que consideren la realización espiritual como algo prioritario. La realización espiritual no se trata sólo de lo que usted hace; se trata de cómo usted y los miembros de su familia ven el mundo.

Craig, por ejemplo, es un tipo cuya vida refleja sus creencias espirituales. El es un consejero matrimonial cuyo énfasis está en cómo entender el efecto de los valores en las relaciones. Llegué a conocer a Chris y a su esposa Susan porque compartí un *stand* con ellos en la Conferencia Nacional para el Matrimonio. (¡A propósito, la conferencia se llama Matrimonios Felices y si alguna vez tiene la oportunidad de ir, hágalo!). Ellos practican la fe Baha´i, y su fe en verdad pasó una prueba cuando, justo dos semanas después de haber estado sentados con nosotros en nuestra mesa, a Craig le diagnosticaron un tumor maligno.

Cuando le envié a Craig un correo electrónico, simplemente le dije: "Qué terrible experiencia la que has venido enfrentando, estoy seguro de que te ha servido de gran fortaleza." A lo que él respondió: "Gracias Scott…ha sido más un viaje espiritual que una terrible experiencia".

Craig no tuvo que pensar en esa idea. Su espiritualidad conduce su visión del mundo, incluso su visión de su enfermedad y el impacto que ésta tiene en él.

Incluso sin que exista una religión organizada detrás de sus creencias y valores, muchas personas le dan una mayor prioridad a su realización espiritual. Ben es una de esas personas. Ben es un paciente mío con el que trabajé durante un periodo de tiempo cuando pasó de tener un trabajo de negocios a ser un amo de casa. Este hombre de cuarenta años creció en un hogar judío de clase media en un suburbio de Nueva Inglaterra, así que yo estaba sorprendido de saber que después de terminar la universidad, fue a Europa y pasó tres años aprendiendo meditación trascendental. Luego siguió con la enseñanza de la disciplina a cientos de hombres y mujeres jóvenes a principios de los años 70 antes de volver al mundo de los negocios en Estados Unidos.

Era tanto su deseo de encontrar su núcleo, al punto que se decidió a dejar su trabajo corporativo y volver a casa para darle toda su atención a los quehaceres domésticos. Me puse a pensar cómo debió haber sido hacer ese cambio de alejarse de la sociedad en un esfuerzo por estar más en sintonía con su propio ser espiritual. Ben me dijo que el tener claridad sobre lo que valoraba le hizo fácil dejar una vida que no apoyaba aquello que él veía como sus prioridades de vida.

Muchos de nosotros reconocemos la espiritualidad como el componente central de nuestras familias. Varios de mis encuestados en línea dejaron eso muy claro y ofrecieron sus perspectivas:

"La fe es una base importante y ojalá los padres enseñen a través de su ejemplo que una fe fuerte mejorará la vida entera".

"Dios escribió el libro original de las reglas de las familias. Si aplicamos juiciosamente Sus principios tanto proactiva como reactivamente, tendremos éxito".

"La religión es muy importante en mi familia. Inclusive si no todos nos llevamos bien, todos tenemos la misma base en nuestra fe".

"La fe ayuda a todo lo demás a ponerse en su lugar, no importa cuántos problemas haya".

Si la espiritualidad (cualquiera sea su significado para usted) es una de sus prioridades, es ciertamente un valor que tiene el poder de guiar las decisiones de su familia y de plantar las bases de su identidad familiar.

Seguridad económica

Mis abuelos vivieron durante el periodo de La Depresión así que mis padres fueron educados para hacer todo lo que estuviera en su poder por asegurarse de que la familia saliera a flote económicamente. Mi padre fue a la Universidad Lehigh con media beca, vivió en casa de sus padres y en las tardes y fines de semana manejaba un carro de helados. Cuando se casó, se unió a la Fuerza Aérea y generalmente estaba lejos de casa. En raras ocasiones cuando él y mi madre salían a comer, iban a un restaurante llamado *All You Can Eat* el cual daba la opción de comer todo lo que el cliente quisiera. Ellos iban con el bolso de mi madre forrado con papel aluminio en su interior para que ella pudiera llevarse unas cuantas presas de pollo frito para el almuerzo del día siguiente. Después de dejar la Fuerza Aérea, mi padre trabajó muchas horas administrando su propia tienda de pinturas y papel de colgadura. Después de muchos años, logró tener un total de tres tiendas en tres ciudades diferentes. Mi madre empezó su propia escuela de danzas, y, como mi padre, tuvo tres sucursales en su comunidad.

No tengo duda de que mis padres lograron salir adelante, criar a una familia y permanecer juntos gracias a sus valores compartidos. Aunque nunca les he preguntado directamente "mamá, papá, al principio de su vida juntos, ¿cuál era su valor principal?", estoy seguro de que mi padre no vivió en su casa paterna durante la universidad sólo porque valoraba los fuertes lazos familiares (aunque amaba muchísimo a su familia); no creo que mis padres se llevaran el pollo en el bolso de mi madre porque valoraran el robo (Pensarían ellos *¿se llama en realidad robar* si pagamos por todo lo que pudiéramos comer?*); no creo que mi padre haya pasado tiempo lejos de su familia porque valoraba la independencia; no creo que haya trabajado tan duro porque deseaba comprar ropa elegante y autos rápidos.

PRINCIPIOS TOMADOS DE LA INVESTIGACIÓN

El precio de la seguridad económica

Es muy rara la persona que no piense que la seguridad económica es importante para una familia. De los 1.266 participantes en mi encuesta sobre las familias felices, el 30% puso a la seguridad económica dentro de sus tres valores principales. Pero, si me permiten hacer un apunte, valorar la seguridad financiera tiene un precio. Los científicos sociales han descubierto un fenómeno curioso. Con el nacimiento de un hijo, los hombres trabajan más horas que antes de ser padres: el 13% de horas si es una niña y el 30% más si es un niño.[3] Podríamos tener la hipótesis de que este esfuerzo extra es simplemente un intento de parte del hombre de salir más de su casa, pero yo sé, y usted también sabe, que ese no es el caso. Aquí hay un gran ejemplo de cómo la búsqueda de la seguridad financiera entra en conflicto con el valor del tiempo en familia. Estos nuevos padres seguramente quieren pasar tiempo con sus familias, pero se sienten llamados a pasar tiempo fuera de sus casas para ver por sus familias económicamente.

Es claro para mí que mi padre y mi madre valoraban la seguridad económica y que dedicaron sus primeros veinte años de vida a establecer ese valor para su familia. Su plan funcionó y yo crecí en esa familia, nunca más vi a mi mamá forrar su bolso con papel aluminio (aunque mi abuela continúa tomando unos cuantos sobres de azúcar cuando vamos a cualquier restaurante).

ESTABLEZCA SUS VALORES

Me resulta interesante examinar lo que los encuestados *no* valoran. Aquí hay algunas cifras del total de 1.266 encuestados.

15: número de encuestados que ponen a las **posesiones materiales** dentro de sus tres valores principales.

9: número de encuestados que ponen a la **fama** dentro de sus tres valores principales.

6: número de encuestados que ponen a la **elegancia** dentro de sus tres valores principales.

19: número de encuestados que ponen a la **apariencia personal** dentro de sus tres valores principales.

La mayoría dijo que cosas como la salud, la seguridad, la cercanía y la espiritualidad, eran más importantes que la fama y las posesiones materiales. Si esos resultados son representativos de muchas familias, entonces ¿cuál es la razón por la que tantas gastan su tiempo y dinero en la búsqueda de cosas de bajo valor, incluso cuando éstas se roban la energía y el esfuerzo de los valores familiares más altos? Y luego de invertir tiempo y dinero incalculables en la búsqueda de esas cosas menos importantes, ¿por qué las familias dejan que éstas causen una desproporcionada cantidad de molestias familiares e incluso destrucción?

¿Será porque están dando respuestas que consideran socialmente aceptadas y les harán verse bien ante quien sea que esté haciendo la encuesta? Tal vez. Trato de pensar en ese factor cuando interpreto este tipo de respuestas. Pero más bien pienso que es porque las familias que discuten sobre estas cosas "sin importancia" aún no se han sentado a identificarlas como categorías de baja prioridad en el gran esquema de sus valores.

Tiempo de determinar sus valores familiares

Es tiempo de involucrar a su familia en la escogencia de los valores sobre los cuales construirá la felicidad familiar. Para empezar, reúna a todos los miembros que tengan la suficiente edad para entender la importancia de tener valores. Generalmente, una vez los niños están en edad escolar se encuentran listos para participar en este ejercicio (aunque se ponen algo inquietos después que han transcurrido horas). Comparta con ellos la lista de la encuesta y déjeles saber sus tres valores más importantes. Luego pídales a todos responder su propia lista y crear la de ellos con sus tres valores principales. No empiece un debate o censure sus elecciones en ese momento; sólo anote las ideas que relacione con la lista de la encuesta o con sus propios sentimientos o creencias. Recuerde que en esta discusión no hay nada bueno o malo;

cada miembro de su familia debe sentirse cómodo expresando lo que le importa más personalmente (incluso cuando un adolescente diga que su valor principal es tener todo su cuerpo cubierto de tatuajes).

Luego de esta fase espontánea, es hora de tomar decisiones sobre esos valores que la familia en conjunto siente que son los más importantes. Como verán, en los hogares con hijos esto requiere que los padres equilibren las necesidades de los adultos (como ganar suficiente dinero para pagar la renta) con las valores de la generación más joven (como viajar por el mundo juntos en una casa rodante). A final de cuentas, estos valores más importantes se convertirán en parte de la misión de la empresa familiar y se usarán en la toma de importantes decisiones familiares.

Sus valores podrían, por ejemplo, apoyar su decisión de agrandar su casa y privarse de unas vacaciones en familia si la comodidad en casa es más importante que los viajes. O, como en el caso de los McCarthy que analizamos en el capítulo anterior, tiene sentido el que prefieran un tiempo de vacaciones a educación en una universidad costosa para sus hijos porque ellos han decidido que es más importante viajar y el tiempo en familia juntos que la educación. Estos tipos de decisiones serán fáciles de tomar sin pelear o angustiarse cuando usted tenga la misión de su empresa familiar para apoyar su decisión final, así que escoja sus valores cuidadosamente.

Tener un máximo de cinco categorías en la lista es generalmente una buena idea; es difícil recordar cuando hay más categorías y más aspectos en los cuales enfocarse. Va a ser difícil porque a medida que avancen se verán diciendo "¡Eso es importante!" y "Eso también lo necesitamos". Ustedes han diseñado su propio menú y hay muchas entradas y platos de donde escoger. Pero no resulta práctico elegir todo lo que está en el menú, y por el bien de su familia, no es bueno tener todos los valores en acción al mismo tiempo. Esto no quiere decir que si el crecimiento espiritual está en el sexto lugar de su lista, no sea un valor familiar. Claro que lo es, pero su papel en guiar la dirección de la felicidad familiar no es tan poderoso como el de los valores que lo anteceden.

Negociar con el desacuerdo

Escoger sus valores principales se vuelve enredado cuando los miembros de la familia no se ponen de acuerdo sobre lo que es más importante. Al escoger los tres valores principales de su familia una encuestada expresó que "es difícil responder porque los valores de mi esposo son totalmente opuestos a los míos".

Otro encuestado expresó: "Estos definitivamente no son MIS tres valores principales, pero son los que la mayoría de mi familia cree que son". No se preocupe si eso pasa; es natural. Identificar y resolver estas diferencias le ayudará a evitar una potencial fuente de problemas en el camino. Puede estar preocupado porque sus hijos se salten los procedimientos y se pongan de acuerdo para votar por un viaje a Disneylandia en lugar de ir a la escuela secundaria. Pero recuerde, usted es un miembro privilegiado del Equipo de Gestión Ejecutivo y usted hace las reglas de este procedimiento. Más adelante discutiremos las maneras de abordar las discusiones para asegurarse de que todos están satisfechos y que la razón prevalece.

Con frecuencia las familias no se dan cuenta de que sí están de acuerdo en muchas áreas porque tienden a enfocarse en las diferencias (hablaremos más sobre este tema en la Principio 5). Sin embargo, en realidad están de acuerdo en la idea general y los desacuerdos tienen que ver con los detalles. Por ejemplo, no podríamos estar de acuerdo en cuánto gastarnos en el sofá nuevo, pero estamos de acuerdo en que no queremos quedar endeudados. O a lo mejor no estemos de acuerdo en qué tipo de perro queremos, pero sí estamos de acuerdo en que queremos una mascota. O tal vez no estemos de acuerdo en el estilo de casa que queremos comprar, pero sí estamos de acuerdo en que vivir en el campo es preferible a vivir en la gran ciudad.

Así que cuando empiece la discusión sobre la escogencia de los valores importantes no asuma "¡que no nos ponemos de acuerdo en *nada*!" Con seguridad eso no tiene sentido. Probablemente hay muchos puntos de acuerdo mutuo en cosas rutinarias que les dan una base común para encontrar los puntos de acuerdo en asuntos de valor.

La matriz de los valores familiares

Quiero presentarles una herramienta muy poderosa que usé con mis pacientes; es una manera de ayudar a hallarle sentido a las muchas necesidades que su familia ha definido. Se llama "La matriz de los valores familiares". Le mostraré cómo diseñar la matriz para su familia y usar los resultados para ayudar a abrir la discusión y escoger tres de los cinco valores que mejor definen a su grupo familiar.

Para comenzar, tome las listas que ha hecho cada uno de los miembros familiares y pídale a cada persona que revele las tres categorías más importantes que ha escogido. No hay debate o discusión en este punto. El objetivo es hacer una lluvia de ideas. De hecho, durante este proceso, le sugiero establecer las siguientes reglas como base:

1. Separe un tiempo en familia para esta importante discusión.

2. Trate a todos los miembros de la familia con respeto.

3. Esté abierto a hablar desde todos los puntos de vista.

4. Use la discusión como una oportunidad para aprender, no para juzgar.

Ahora que todos estamos de acuerdo en participar en un juego limpio y de divertirnos mientras lo hacemos, echemos un vistazo a cómo funciona y se usa la lista. Tomemos, por ejemplo, a la familia Wray, conformada por dos padres y una hija. Así está conformada la lista de ellos:

Basjana (mamá):   Generosidad
                         Crecimiento espiritual
                         Educación

Jay (papá):   Educación
                         Comodidad en el hogar
                         Estabilidad económica

Kristin (13 años de edad):   Amigos
                         Comodidad en el hogar
                         Viajar

Notará que tanto Jay como Kristin nombraron la comodidad en el hogar, y tanto Basjana como Jay dijeron educación. Hay bastante oportunidad de que esta coincidencia en los valores ocurra también en su familia. Estos valores compartidos ganan más peso más adelante.

Ahora es momento de ver cómo se hacen coincidir estos valores. Esto no quiere decir que las opciones de una persona sean mejores que las de otra, pero identificar los valores *familiares* requiere un esfuerzo por dar y recibir de las creencias personales con el fin de producir una lista con tres de cinco valores que todos los miembros de la familia aprueben para guiar las decisiones familiares. Aunque los valores restantes siguen siendo importantes, ocasionalmente tendrán que tomar los últimos lugares si entran en conflicto con los que tienen mayor prioridad.

Escriba cada unos de los valores generados por la lista en el borde superior de una hoja en blanco. Cuando el valor haya sido escogido más de una vez, escríbalo sólo una vez, pero anote cuántas veces fue elegido. En el caso de los Wray, la primera línea de su matriz se vería así:

La matriz de valores familiares de los Wray

Generosidad	Viajes	Educación (2)	Crecimiento espiritual	Comodidad en casa (2)	Amigos	Seguridad Económica

Generosidad

Viajes

Educación (2)

Crecimiento espiritual

Comodidad en casa (2)

Amigos

Seguridad Económica

Ahora tómense un pequeño descanso, preparen algo de té, jueguen cartas o salgan a caminar.

¿Se terminó el descanso?

Bueno, ahora vayamos al paso siguiente para completar la matriz, es decir, llenar los espacios con la respuesta a la siguiente pregunta: ¿qué tan compatible es cada categoría en el eje X de la tabla con la categoría en el eje Y?

Para los valores que se complementan entre sí (por ejemplo, la generosidad ayuda al crecimiento espiritual, y viceversa), ponga un signo más en ese espacio (+); para los valores que se oponen (por ejemplo, la seguridad económica pierde terreno cuando usted "viaja" de vacaciones), llene el espacio con un signo menos (-). Seguramente algunas cosas no se complementen o se opongan claramente, pero si usted es creativo y lo piensa un poco, va a encontrar vínculos positivos y negativos. Si es una combinación de ambos, simplemente ponga 0. Este paso, creará, espero, muchas discusiones provechosas sobre cada una de las categorías.

Antes de sacar el total, mire las categorías que tienen números. (Para la familia Wray tanto la educación como la comodidad en casa tuvieron números 2). Cuando éstos complementan otro valor (por ejemplo, la educación y los viajes son complementarios), ese espacio de la matriz tendrá dos signos más.

Ahora que la familia tiene una gran tabla con muchos signos más y menos, es hora de sumar los resultados y decidir cuál de tantos valores prevalecerá.

Sume el número de signos más de cada columna y réstele el total de signos menos. No se preocupe si algún valor obtiene puntos negativos. Ya usted decidió que son importantes; ahora sólo está observando qué tan compatibles son con otros aspectos que usted valora.

Cuando los Wray hicieron la suma total de sus números se dieron cuenta que sus valores más importantes son la educación (puntaje neto de 6), el crecimiento espiritual (puntaje neto de 5) y los amigos (puntaje neto de 4). La segunda tabla muestra la matriz completa de los Wray (Véase página XX).

La matriz de valores familiares de los Wray - Completa

	Generosidad	Viajes	Educación (2)	Crecimiento espiritual	Comodidad en casa (2)	Amigos	Seguridad Económica
Generosidad	N/A	-	0	+	-	+	-
Viajes		N/A	++	+	-	0	-
Educación (2)	++		N/A	++	0	0	++
Crecimiento espiritual	+	++		N/A	0	+	0
Comodidad en casa (2)	-		0	0	N/A	++	-
Amigos	0	0		+	++	N/A	0
Seguridad Económica	-	++	0	-		0	N/A
Total + y -	-2	0	+6	+5	-1	+4	-1

Las escogencias de los valores más importantes por parte de todos los miembros familiares ahora van a usarse para resolver muchos debates y determinar hacia dónde va dirigida la familia. Digamos que a Jay le gustaría unirse al equipo de softball masculino que juega todas las semanas a la misma hora en que se celebra el servicio religioso de su familia. Bastará una mirada a la declaración de valores familiares y él sabrá que debe encontrar un equipo que juegue en otro momento de la semana. El crecimiento espiritual está primero. O si Kristin y Basjana quisiesen tomar vacaciones en Europa, pero tienen que tomar dinero del fondo de ahorro para la universidad de Kristin para cubrir el viaje, verán muy rápidamente cómo éste no es compatible con lo que la familia valora.

A primera vista estos resultados aparentan ser problemáticos ya que nadie quiere olvidarse de la seguridad económica (que en el caso de los Wray no está dentro de las tres categorías más importantes), o de cualquier otro valor. Pero lo bueno de este sistema es que ninguno de los tres valores principales está *en contra* de la estabilidad financiera, y, de hecho, ¡ a largo plazo apoya la educación!

Este mismo método de matriz puede ser usado por cualquier familia, de cualquier denominación, con los miembros votantes que contribuyan con valores importantes para la matriz. Se dará cuenta que este ejercicio funciona particularmente bien con el hogar de los Wray porque hay más padres que hijos en esta casa. Incluso un padre soltero de miembros de familia muy jóvenes que no pueden votar, puede usar esta tabla para visualizar la manera en que los valores escogidos afectarán a unos y a otros. En el caso de las familias en las que hay más niños que adultos, usted corre el riesgo de que la votación esté terriblemente sesgada hacia ¡"muchos caramelos"! En estos casos, la matriz se puede alterar con la adición de peso extra a unos de los valores de los adultos o pidiéndoles a los niños que escojan dentro de los tres valores aportados por sus padres usando la misma matriz para ellos mismos. Recuerde que como parte del Equipo Ejecutivo de Padres usted es el que hace las reglas, pero también trate de recordar que éstas deben ser claras antes de comenzar, no después que sus hijos hayan escogido valores que usted no quiere que estén en la lista.

PRINCIPIOS TOMADOS DE LA INVESTIGACIÓN

Escrúpulos no es sólo un juego

Hay un juego en el mercado que se llama Escrúpulos, el cual le ayudará a escoger algunas de estas preguntas sobre los valores. Al jugarlo, habrá preguntas del tipo "¿Qué harías si…?", que le van a ayudar a descubrir a través del juego lo que realmente cuenta. Recuerdo que una vez me salió la pregunta "¿Posarías desnudo para una revista por diez mil dólares?" Resultó ser que yo valoraba más la modestia que el dinero, pero todos los que estaban jugando conmigo aseveraron que yo lo habría hecho ¡si me hubiesen ofrecido más dinero!

LA MISIÓN DE LA FAMILIA

Ahora que ya ha establecido una escala de valores familiares usted tiene una preciosa llave que guiará sus decisiones, sus acciones, sus creencias y principios familiares. Esta importante información no debería permanecer en un pedazo de papel. Convierta el resultado de su duro trabajo en un documento familiar, en la misión de la familia, para mostrarlo orgullosamente en algún lugar de su casa.

Podría escoger hacerlo en una caligrafía elegante dentro de un elaborado marco, o tal vez preferiría escribirlo a mano y usar un imán para ponerlo en su refrigerador. El punto es que esta lista debería permanecer visible para todos los miembros de la familia en un lugar al que tengan fácil acceso cuando se deban tomar decisiones.

La familia Wray decidió usar su computador para crear un diploma formal que ahora está colgado en su cocina frente a la mesa y que les recuerda a diario lo que ellos valoran. Lo he reproducido a continuación para darle una idea de cómo se vería, de tal manera que usted haga algo similar.

LA MISIÓN DE LA FAMILIA WRAY

Nosotros, los miembros de la familia Wray, tenemos ciertos valores en alta estima sobre los que hemos estado de acuerdo para guiar nuestras acciones y nuestras decisiones familiares. Seguimos estos valores para unirnos a medida que avanzamos al futuro y construimos nuestra familia sobre los fundamentos que nos servirán de base en tiempos de alegría y en tiempos de conflicto.

Entre muchos otros, hemos escogido estos tres valores principales:

- El crecimiento espiritual
- La educación
- Los amigos

Firmado el 1° de junio de 20_____

Jay Wray: _____

Basjana Wray: _____

Kristin Wray: _____

VALORES QUE CAMBIAN

Como pasa con la misión de una empresa, será importante revisar y ajustar sus valores prioritarios a medida que su familia crece, se vuelve mayor y cambia. Los valores que guían a una pareja que viven juntos son propensos de cambiar cuando se casan y vuelven a cambiar cuando tienen hijos, luego cuando esos hijos van a la escuela, y así sucesivamente a lo largo de la vida de la familia. Se dará cuenta que le sugerí escribir su misión en una hoja de papel, no que lo hiciera sobre una roca. Mantenga sus valores y metas lo suficientemente flexibles como para moverse dentro de la lista ordenada, pero lo suficientemente firmes como para ser la guía de su familia. Recuerde que de vez en cuando necesitará volver a la mesa de dibujo.

Tomemos a Mike como ejemplo. Luego de graduarse de la universidad, Mike se fue a vivir con su prometida, Sasha, y obtuvo un empleo en el altamente competitivo mundo de las finanzas de Wall Street, con planes de hacerse millonario para cuando tuviera treinta años. Trabajar muchas horas al día, obtener clientes, cenar con ellos tarde en la noche y pasar fines de semana en el campo de golf, eran todos eventos que encajaban en sus planes de éxito económico. Unos cuantos años después, luego de la boda y de su hijo recién nacido, Mike sintió la necesidad de trabajar más duro para ver por su familia. Valoró su habilidad para comprarles una casa y hacerlos sentir seguros en el plano económico. Más tarde, luego de dos hijos más, Mike aceptó un ascenso que incluía viajar, y pasaba más tiempo fuera de casa. Claro, él quería enseñarles a sus hijos a lanzar la bola, pero el entrenador hacía eso por él. Mike, de su parte, actuó con la creencia de que la seguridad económica era una prioridad para su familia. Y tal vez los valores de Mike también incluían algo de orgullo, ego, competencia y otras características personales.

Con el tiempo, el hueco en las entrañas de Mike (que dos medicamentos contra la úlcera intentaron esconder) y las persistentes quejas de Sasha, le hicieron ver que sus valores estaban cambiando. La felicidad de su creciente familia estaba en juego. Si los miembros de su familia dejan que la vida los empuje en direcciones que no coincidan con sus prioridades cambiantes, simplemente no encontrarán la felicidad.

Cuando un capitán se embarca con rumbo a Islas Caimán, pero decide en cambio irse a Hawái, un cambio de curso es necesario. De la misma forma, Mike y Sasha necesitaban hacer un cambio de curso; necesitaban detenerse y hablar sobre lo que ellos valoran y sobre cómo podrían vivir esos valores de la mejor manera.

Luego de una larga conversación telefónica estuvieron de acuerdo en que el tiempo en familia era ahora más valioso para ellos que su deseo de vivir como millonarios. Antes que se terminara ese año, Mike aceptó un empleo regular en el banco local y salía de trabajar a las 4:30 p.m. para entrenar a los distintos equipos deportivos de sus hijos; también pasaba los fines de semana haciendo diligencias y arreglos en su casa, así como ayudando a Sasha a llevar y recoger a sus hijos de sus distintas actividades.

Incluso después que se hicieran estos acuerdos, fue necesario afinarlos. Los gastos de la casa debían reajustarse, e incluso así, no fue fácil lograrlo. Ambos estuvieron de acuerdo en que Mike usaría algunas de sus habilidades para hacer consultorías financieras como independiente, pero que este trabajo tomaría menos de diez horas a la semana.

Hoy, veinte años después, Mike confiesa que él aún desea ser multimillonario y que a veces se sorprende de haber dejado esa carrera por el bienestar. "Pero", dice él, "hice esa elección con el apoyo de mi esposa y sé que eso nos ha hecho millonarios de muchas otras maneras. Definitivamente les ha dado una mejor vida a mis hijos y ellos siempre han sido mi prioridad. No me arrepiento de haber hecho ese cambio en mi carrera. Además, sólo pospuse ese sueño, ¡todavía puedo llegar a ser millonario!"

¿Qué pasó con los hombres y mujeres con los que trabajaba Mike y que decidieron no dejar sus carreras? ¿Son infelices? ¿Acaso sus familias sufren? Bueno, eso depende de sus valores familiares. Hay algunas familias que deciden que la riqueza personal es más importante para ellos y que vale la pena el sacrificio del tiempo en familia. En esos casos, es probable que también encontremos una familia feliz. La clave es saber cuáles son los valores de su familia y tomar decisiones basándose en ese conocimiento.

Hay muchos elementos para hacer a una familia feliz. Los valores compartidos, cualesquiera que sean, crean un vínculo importante y poderoso que ayuda a la familia a permanecer unida. Cuando se construye sobre capas de compromiso y comunicación, como usted lo verá en el Principio 2, ¡usted tiene los componentes de un grandioso pegamento familiar!

Principio 2

Las familias felices...
se comprometen
y comunican

Probablemente hay un momento en la vida de cada niño en que sueña con ser un jugador profesional de béisbol. Para mí, ese sueño duró alrededor de una semana, y la razón fue simple: ¡era pésimo jugándolo!

Sin embargo, como todos los amigos de mi infancia, me dirigí al campo de entrenamiento local todas las tardes para practicar; tocaba bases y atrapaba bolas, las tiraba alrededor de las bases y me posicionaba para batear. Aunque nunca llegué más allá de las Ligas Menores, puse especial atención a las instrucciones que me daban los entrenadores. Ahora, tras haber colgado mi guante hace tiempo y haber guardado mi bola de béisbol, hay una lección que todavía recuerdo: "terminar lo que empezamos".

Si usted nunca ha tenido la oportunidad de tomar clases de béisbol (o de tenis, o de bolos, da igual), he aquí el *quid* del asunto: cuando usted batea y hace contacto con la bola, no debería parar su movimiento en el momento en el que se hace contacto; a medida que la bola sale impulsada por el choque con el bate, usted debe continuar el movimiento llevando su brazo hasta el hombro opuesto en un arco continuo.

Antes que revise la cubierta de este libro para ver si accidentalmente escogió uno titulado *Las cosas que aprendí mientras jugaba béisbol*,

siga conmigo. Esta lección sí tiene que ver con los principios de las familias felices.

La física nos dice que la trayectoria de la bola impulsada por el bate está determinada por el arco completo del movimiento del brazo. Para nosotros, los jugadores no profesionales, esto simplemente significa que si detenemos el movimiento del brazo al momento de hacer contacto, la bola cae al suelo porque no tiene el poder del golpe para impulsarse (esa es la razón por la que un batazo corto no la sacará del cuadro). En todo caso es el completar el movimiento lo que le dará dirección y poder a la bola en cuanto deja el contacto con el bate.

Esto, finalmente, nos lleva a las relaciones. Encontrar a alguien y enamorarse son, indiscutiblemente, bases importantes para establecer una nueva familia, pero la dirección y el poder de su relación están determinados por lo que usted hace en cuanto ha hecho ese contacto, luego de que se ha comprometido con otra persona para fundar una familia. En ese punto, la forma de darle a su relación el poder suficiente para dejar el cuadro es batear con toda la fuerza que tiene y terminar el movimiento con el compromiso sincero de estar juntos.

Realmente no es un secreto que todas las familias felices trabajen duro para seguir siendo felices, pero eso significa que ¡los padres en una familia trabajan duro para permanecer juntos! Este factor de unidad fue reconocido por muchos de los encuestados en mi "Encuesta de las familias felices". Cuando se les preguntaba sobre el factor que ellos creían que era más importante para mantener a una familia feliz, la resistencia ocupó el primer lugar, pero más del 26% dijo que crecer en una familia con un padre y una madre biológicos era de vital importancia. Está claro que muchas familias le da dan gran prioridad al beneficio de hacer que los padres e hijos permanezcan unidos.

¿Quiere formar una familia feliz? Asuma un compromiso con su compañero a largo plazo y niéguese absolutamente a renunciar.

Los principios de las familias felices

Compromiso a largo plazo

Creo que mis cuatro hijos están felices y seguros porque saben que sus padres se aman y están comprometidos y siguen reanudando su compromiso a largo plazo. En esta cultura de matrimonios exprés, mis dos hijos mayores (de 8 y 7 años de edad) han visto a sus amigos sortear las tormentas de los divorcios de sus padres. De repente empezaron a sentirse aterrorizados porque los comentarios airados que hacíamos con mi esposo podrían querer decir que un divorcio era inminente. Estoy tan agradecida de que mis hijos nos hayan dejado saber sus preocupaciones en lugar de ocultar sus miedos; hemos podido asegurarles que para nosotros el divorcio no es una opción. Cuando nos casamos, prometimos ante Dios que estaríamos juntos hasta que muriéramos; esta es una promesa que también le hemos reiterado a nuestros hijos. También ha sido bueno para ellos ver que, aunque los padres de sus amigos se han divorciado, estos padres todavía aman enteramente a sus hijos.

—*Jennifer, 33 años de edad, 11 de casada*

¿QUÉ SIGNIFICA EXACTAMENTE "COMPROMETERSE"?

Cuando dos personas deciden formar una familia, hacen un compromiso: *Te escojo a ti para ser mi compañero de vida.* En muchas investigaciones sobre familias felices, ese compromiso se asume para estar en un matrimonio y por una buena razón. Los estudios muestran que las personas que están casadas son, en promedio, más felices que las personas solteras, separadas, divorciadas o que cohabitan.[1]

Sin embargo, sé que hay muchas familias que incluyen parejas que no están casadas. Hay un conjunto de razones legales, médicas, económicas y personales que conllevan a una pareja comprometida a unirse fuera de los vínculos del matrimonio para formar una familia. Pero también hay razones sociales por las que las personas escogen no casarse. Y cuando hablo que esas parejas veo claramente que la clave para su felicidad y su longevidad está en su compromiso sincero de tener una vida juntos a pesar de su estatus matrimonial sin legalizar.

Las muchas caras de las parejas

Peter y Jim han estado juntos por treinta años y han disfrutado de la comodidad y el placer de tener una gran familia que incluye a la hija y a la nieta de Peter (y por supuesto, su perro Marcus). Su relación pasó hace ya algún tiempo por esa fase romántica y ya han sorteado los altibajos de la edad madura. No tengo dudas de que pasarán el resto de su vida juntos a pesar del hecho de que el estado de Nueva York no les permitirá casarse. Ellos son una pareja comprometida.

Bella y Simón son dos médicos sin hijos que decidieron mudarse a New Hampshire y comprar una casa, pero que decidieron no casarse porque sus impuestos aumentarían demasiado. Ellos también son muy comprometidos y se ven como una pareja de casados, aunque no lo estén legalmente.

Peter y Jim, Bella y Simón, son buenos ejemplos de cómo el compromiso, tan vital para la felicidad de una pareja, no es exclusivo de ningún tipo de relación. Ciertamente, las parejas que componen la familia estadounidense son un grupo variado. Usted, por ejemplo, si está en una relación de pareja, posiblemente esté casado con hijos biológicos o adoptados (¡o ambos!); o casado con hijastros o hijos de acogida; también puede que usted no esté casado pero que viva en unión libre con hijos biológicos o hijastros; o ser homosexual con hijos adoptados o hijastros.

¡Vaya! Y puede que haya dejado por fuera más variantes de estas combinaciones. Pero el asunto es este: cualquiera que sea su estatus como pareja, si usted espera construir una familia feliz, la mejor manera de hacerlo es mediante un compromiso a largo plazo con su compañero.

¿Temeroso de comprometerse?

Hago énfasis en este punto sobre el compromiso a largo plazo porque sé que hay muchas familias compuestas por parejas que no están casadas y que escogen no estarlo porque (consciente o inconscientemente) le temen a hacer un compromiso a largo plazo. Éstas son las parejas que, en numerosos casos viven juntas y que luego se separan dejando tras de sí a hijos infelices y confusos. Durante mi experiencia como terapeuta he visto el mismo patrón una y otra vez: aquellos que tienen el derecho y la oportunidad de casarse pero que en cambio escogen "jugar a la casita", tienen dificultades al establecer los lazos de una familia feliz con el paso del tiempo.

De vez en cuando conozco a parejas que se abstienen de hacer un compromiso formal asegurando que realmente no necesitan una hoja de papel o una ceremonia de compromiso (en el caso de las parejas homosexuales) para decirles a los demás lo que ellos ya saben. Otras parejas se resisten a formalizar una relación porque creen que al casarse aumentará el riesgo de separarse. El no estar "estancados" los forzará a ser mejor el uno con el otro, piensan ellos. Es probable, pero no según los resultados de la investigación.

Según las estadísticas, la decisión de casarse o no, tiene un impacto en la duración de la relación. Los últimos hallazgos del Centro Nacional de Estadísticas en Salud dice que las posibilidades de que un matrimonio termine después de cinco años es del 20%, mientras que, a su vez, las posibilidades de que se termine una relación de una pareja viviendo en unión libre son de un sorprendente 49%. Luego de diez años, esa tasa de separación aumenta en un 33% para el primer matrimonio en comparación con un 62% para las uniones libres.[2]

Si usted vive en unión libre con su compañero aunque se podría casar si lo quisiera, entonces, por el bien de su familia, de todo corazón lo ánimo a que se case.

Pero sea que usted se case o no, o sea que legal o económicamente se pueda o no casar, si usted y su pareja están comprometidos mutuamente, ese compromiso formará las bases de su familia, así como también el cimiento de la felicidad de su familia.

COMPROMISO A TRAVÉS DE LOS AÑOS

Cuando escogemos comprometer nuestro amor y felicidad con otra persona de por vida, necesitamos recordar que esta promesa se extiende incluso hacia el futuro cuando esa emoción de los primeros años empieza a desvanecerse. En caso de que esté leyendo este libro y se encuentre en esa etapa temprana, no quiero ser el primero en darle la noticia, pero ese sentimiento de "¡Dios mío, no puedo vivir otro minuto sin esa persona en mi vida!" no se queda con usted para siempre. La pérdida de ese sentirse en las nubes le pasa a todas las parejas, pero eso no es razón para entrar en pánico o sobresaltarse.

El amor no es una entidad constante; crece, cambia, tiene altos y bajos durante la vida de la relación. Aquellos de nosotros que sabemos y aceptamos este hecho somos más propensos a mantenernos en pie durante los tiempos difíciles y ser recompensados con algo más poderoso que la emoción de un nuevo amor.

El comienzo

Cuando dos individuos que se atraen, se conocen y enamoran, están llenos de una mezcla de neuroquímicos que causan un apego vertiginoso, incluso obsesivo al otro. En este periodo de amor, llamado la fase del romance, cada uno de los tórtolos presta una atención selectiva a las cualidades que son atrayentes.

Además, el romance les ayuda a permanecer ciegos ante las faltas de su amante. Para hacer ver esta situación un poco mejor, este flujo de químicos cerebrales en realidad hace que cada compañero quiera dar más, sea más atento y energético. Como resultado, cuando los individuos se enamoran por primera vez, se comportan de maneras en las que se resaltan sus mejores cualidades, y a su vez ellos ven cualidades positivas en sus compañeros que probablemente no existan.

¿Recuerda esos días? Usted no podía esperar un minuto para estar ante su amado otra vez. A decir verdad, usted podía quedársele mirando toda la tarde y volver a hacerlo a la mañana siguiente. Usted se hallaba sonriendo en el trabajo mientras su mente vagaba por los pensamientos de lo que ustedes dos estarían haciendo esa noche. El amor era emocionante, lo consumía todo y era simplemente divertido.

La especie humana le debe su existencia a esta etapa romántica. Al principio de la relación, los circuitos neurales del cerebro retienen información que de otra manera lo haría a usted consciente de que el objeto de su afecto tiende a ser algo perezoso, o con frecuencia olvida fechas importantes, o que realmente debería poner más cuidado a su apariencia física. En cambio, un flujo de dopamina "para sentirse bien", que proviene del cerebro, alimenta esos sentimientos de éxtasis dándole el tiempo necesario para crear lazos con su compañero para asegurar la supervivencia de la raza humana. Bastante ingenioso en realidad. Pero también algo decepcionante: esta etapa temprana de la emoción pasa justo en el momento en el que muchas parejas ya han tenido relaciones sexuales y están a punto de agrandar su familia.

El punto medio

Sería ideal que el "atontamiento" y el comportamiento atento duraran por toda la vida de la relación. Pero no es así. A medida que se desvanecen esos recuerdos de los días libres, sin inhibiciones y sin límites del romance, las parejas empiezan a establecer una vida familiar rutinaria. A menos que hayan tomado un curso sobre el matrimonio, muy rara vez se preguntan por sus expectativas; parecen haber hecho tan buen trabajo siendo felices mientras salían como novios que se imaginaron que seguirían siendo felices. ¿Es esto correcto? Bueno, no siempre.

Los principios de las familias felices

Es un compromiso de por vida

Cuando nos casamos decidimos que yo me encargaría de educar a nuestros cuatro hijos y mi esposo se encargaría de asegurar la economía de la familia. Hemos tomado decisiones conscientes para manejar nuestros gastos así que jamás tendré que volver a trabajar en tanto nuestros hijos estén en casa. Aunque en el plano profesional es a veces difícil para mí (tengo una Maestría en Educación), yo sé que es la mejor decisión para nuestros hijos. El darte cuenta de que has hecho un compromiso de por vida te ayuda a no preocuparte por las pequeñas cosas que podrían agrandarse. En el gran esquema, siempre vamos a estar juntos así que de alguna u otra manera las cosas funcionan por sí mismas.

—Keli, 35 años de edad y 4 de casada

Las circunstancias empiezan a cambiar de forma sutil. Unos cuantos niños llorosos, una decepción profesional, cuentas atrasadas, una tubería rota o un reencuentro con compañeros del colegio que enciende una vieja pasión, y de repente esto de la familia empieza a ser un lastre. Y además de la decepción en caída, los químicos cerebrales que mantenían al amor romántico ciego están desapareciendo.

Varios estudios demuestran que el amor romántico de hecho se desvanece con el tiempo. Pero probablemente usted no necesitaba de un estudio para saberlo. A medida que se pierde el brillo, las parejas pasan a una fase de transición; si ellos no están preparados para dicha fase, ésta puede llegar a amenazar el futuro mismo de la relación. En esta fase salen a flote muchos conflictos (leeremos más sobre este tema en el Principio 6).

Las personas que tienen la impresión errada de que tener discusiones es evidencia de haber escogido al compañero incorrecto pueden empezar a considerar la separación o el divorcio una vez que se llega a esta fase. De hecho, la tasa más alta de divorcio ocurre en el primer año de matrimonio; la segunda tasa más alta se da en el segundo año; la tercera tasa más alta se da en el tercer año.[3] En mi experiencia, las matrimonios que siguen juntos por muchas décadas de felicidad y los que terminan durante el primer año no son del todo de tipos diferentes; es sólo que los que están aún casados se mantuvieron unidos en los tiempos difíciles, decidieron seguir en el juego y han alcanzado ese punto en el que aprendieron a querer estar casados con su pareja.

Una vez se termina la fase romántica, las parejas desarrollan un vínculo más profundo y que crece más lentamente. Esta disminución de la intensidad prepara a dos individuos para que se amen a largo plazo y refuercen ese sentido de compañía duradera. Es el tipo de unión que hace que se liberen otra clase de químicos como la vasopresina y la oxitocina (hormonas que están involucradas en la creación de lazos afectivos) para crear sentimientos de apego y satisfacción.

Esto es lo que pasa a diario con la taza de café de cada mañana, a través de años de entendimiento de las necesidades y caprichos, y después de que usted ha aprendido a terminar las frases de su pareja. Este tipo de amor es duradero y si se acepta y atesora, éste será el pegamento de su compromiso.

Si no puede enfrentar la decepción de perder esos intensos sentimientos románticos y se niega a dejar la imagen idealizada de su pareja, entonces es probable que tropiece cuando sea hora de pasar a la siguiente fase.

Por ejemplo, Harold vino a mí totalmente desconcertado y decepcionado luego de ocho años de su cuarto matrimonio. Él empezó todos sus matrimonios anteriores (ninguno de los cuales duró por más de cuatro años) como este, sintiendo una increíble pasión por sus novias. Él era extrovertido, energético y rebosante de energía emocional y sexual.

Sin embargo, en cada caso empezó a sentir que las vibraciones mágicas del comienzo de la relación se desvanecían. En sus primeros tres matrimonios, concluyó que de alguna manera el matrimonio tenía un desperfecto y que debía haber otra persona en el mundo que le ayudara a recuperar ese sentimiento. En su último matrimonio, el más largo, había experimentado esa emoción inicial de sentimientos positivos. Pero, ¡Oh! sorpresa, una vez más se desvanecía. Ahora, por elección propia, apenas sí tenía relaciones sexuales con su esposa y perdió todo sentido de conexión emocional con ella. En nuestra primera sesión concluyó que tal vez él sólo es el tipo de persona "que no debería estar casada".

Aunque la experiencia de Harold de ir de la euforia al desespero cuatro veces es algo extrema, yo no diría que él no debería estar casado.

Más bien diría que él simplemente no entiende cómo funciona el amor así que está constantemente decepcionado de sus expectativas irreales.

Harold podría aprender mucho de una conversación que tuve con una mujer de donde vivo que claramente entiende las facetas cambiantes del amor. Margaret ha estado casada con Jake por diez años, siendo éste el segundo matrimonio para él. Ella me dijo que su secreto para que su familia se mantuviera fuerte, segura y feliz, era sentirse agradecida por el tipo de amor profundo y maduro que Jake le ha dado. Parece ser que a la corta edad de veinticinco años, Jake le pidió matrimonio a Margaret y le pidió incluir en su vida a los dos hijos de su matrimonio anterior. Margaret afirma: "Yo me enamoro de Jake una y otra vez, cada vez que él se olvida de sí mismo para ser un buen padre para mis hijos".

Margaret me dijo que solía preocuparle el que Jake cambiara de opinión cuando la diversión de ser una pareja enamorada empezará a desvanecerse debido al trabajo que implica llevar un hogar con dos niños temperamentales.

"Pero", dice ella, "con los años, él me ha probado que su amor por todos nosotros va más allá de ese tipo de sentimiento emocionante de un nuevo amor. Nuestra familia está cada día más unida y yo pienso que el compromiso de Jake con nosotros es la razón de que sea así. Ya no me preocupa que se canse de nosotros, todos nos hemos convertido en parte del otro".

Ese es el pegamento del que estaba hablando.

Si ha llegado a ese punto medio con su pareja, aquí está el secreto que le evitará el tipo de decepción que inunda a gente como Harold: vuelva a empezar en sus expectativas. Si sus días de noviazgo estuvieron llenos de fuegos pirotécnicos como en fiestas patrias, espere que sus años de edad madura sean más como el día después de las fiestas. Nunca pensó mucho en el día después de las fiestas, ¿cierto? ¡Pero pasa tan seguido como el día de fiestas!

El pensar que usted está en una fase "ordinaria" de su relación amorosa podría parecerle deprimente, pero incluso el día después de la fiesta puede ser divertido, si usted hace un esfuerzo consciente por traer la emoción de los primeros días de vuelta. Este es el hallazgo de Arthur Aron, un profesor de Sicología Social de la Universidad Estatal de Nueva York en Stony Brook.[4] En un inteligente experimento, su grupo de investigación comparó a dos grupos de parejas casadas. Las parejas del primer grupo sólo debían caminar de un lado para otro dentro de una habitación. Las parejas del segundo grupo también debían ir de un lado a otro de la habitación, pero gateando, con sus muñecas y tobillos amarrados y ¡empujando una bola!

Luego del experimento, las parejas debían responder preguntas sobre el nivel de conexión y amor que sintieron hacia su pareja. Las parejas que habían hecho las tareas más complicadas juntos, se sintieron más unidas a su compañero que lo que sintieron las parejas que estaban en el otro grupo. Los investigadores llegaron a la hipótesis de que las parejas que llevan largo tiempo juntas pueden traer de nuevo la chispa de la relación reemplazando lo familiar y predecible por algo nuevo y excitante.

No es necesario que consiga sogas y cadenas para reconectarse con su pareja (aunque puede si lo desea). Algunas cosas tan simples como ir a cenar a un nuevo restaurante o un viaje de un día a algún lugar que ninguno de los dos haya visitado antes, pueden liberar dopamina para encender un sentido renovado de felicidad.

Las investigaciones sobre felicidad demuestran que la actitud es importante. Usted dicta su propio nivel de felicidad y tiene un significativo nivel de control sobre la cantidad de veces en las que se siente alegre hoy, y sobre cuántas veces hace sentir alegre a su pareja.

Así que ¿qué puede hacer –no mañana– para elevar el nivel de felicidad de su relación, ahora en esta etapa media? Aunque ambos estén cansados, extenuados y no tan enamorados como cuando eran novios, ustedes todavía pueden capturar un poco de esa vieja alegría.

Entonces, ¿tiene algunos planes en mente? Tal vez volver a alguna actividad que solían hacer al principio de su relación que sería nueva si la retomarán. A lo mejor a usted le gustaba sorprender a su pareja con flores, o una nota o un regalo para celebrar ninguna cosa en particular. Seguramente usted disfrutaría de hacer una comida favorita que no ha hecho en años porque a sus niños no les gusta. O quizá deslizaba una mano sobre las piernas de su pareja cuando estaban sentados a la mesa en un banquete. O qué tal iniciar algo totalmente nuevo que incremente su nivel de satisfacción. ¿Una visita al casino más cercano?, ¿a un parque de diversiones quizás?, ¿a esquiar?, ¿a un museo de arte?, ¿al circo? O simplemente salir a caminar por un parque nuevo en donde quiera comprarle un perro caliente a un hombre que está con su carrito en una esquina. Éstas son las cosas que todavía puede hacer, no importa qué tan complicada se haya vuelto su vida.

Tener un claro entendimiento de las maneras en las que cambia el amor, en las que crece y se renueva con el tiempo, le ayudará a maximizar su amor, su seguridad, la fuerza y felicidad que le da a su vida familiar, si usted hace el esfuerzo de mantener esa chispa viva.

Y al final...

Mark Twain dijo una vez que "el amor parece el más rápido de los crecimientos, pero es el más lento. Ninguno hombre o mujer saben a ciencia cierta lo que es el amor perfecto hasta que han estado casados por un cuarto de siglo".

Hay algo en este consejo de Twain para todos nosotros. Por eso es que cuando leo las estadísticas de divorcio me angustia pensar que muchas parejas nunca experimentarán el profundo, espiritual y armónico amor de una relación a largo plazo porque se retiraron muy temprano.

Recuerde el lema de Paul Masson: "¿No venderemos el vino antes de que sea su tiempo?" Los enófilos alrededor del mundo saben que la calidad del vino cambia con los años y que los vinos más apetecidos son los que se han añejado con el tiempo y han perdido los afilados bordes de la juventud. Si sólo pudiéramos disfrutar y saborear de la misma manera los cambios que ocurren en nuestra relación personal con nuestra pareja a través del tiempo. Aunque distinto a los primeros días de enamoramiento, pasión y fuegos pirotécnicos, el amor duradero nos da un vínculo que tiene profundidad, comodidad y profunda satisfacción. ¡Usted puede embriagarse en ese tipo de relación!

Los principios de las familias felices

La importancia del respeto, el amor y la pasión

Yo creo que el factor más importante para tener una familia feliz es el "marco", en otras palabras, los padres. Usted y su pareja necesitan estar verdaderamente comprometidos. Su matrimonio debe ser fuerte y saludable. Creo que mi familia no sería tan maravillosa si mi esposo y yo no tratáramos a nuestra unión con el respeto, el amor y la pasión que hemos aportado a cada día. Nuestros cinco hijos no pueden más que recibir los beneficios.

—*Samantha, 40 años de edad y 14 de casada*

Si usted tiene la suerte suficiente de conocer una pareja en esta etapa de su relación, es posible aprender mucho a partir de la manera cómo interactúan entre ellos, casi como si fueran una sola persona. Pero sea cuidadoso al aceptar sus consejos sobre la manera de construir una relación que dure por mucho tiempo. Ocurre un fenómeno interesante en cuanto las parejas que alcanzan la fase madura de su amor, ¡se olvidan de la fase media! Esa es la razón por la que las parejas jóvenes se engañan al pensar que su matrimonio es imperfecto cuando tienen una discusión, muchos familiares mayores y amigos dirán que ese tipo de desacuerdos nunca se presentaron entre ellos y sus parejas. ¡Eso no tiene sentido!

Casi todas las parejas tienen conflictos que puedan llegar a destruir una relación. Los individuos que se separan de sus parejas recuerdan cada detalle de esos conflictos, pero los que permanecen juntos permiten que esas memorias se desvanezcan con el tiempo porque siempre tienen nuevas experiencias compartidas por venir y nuevos recuerdos felices que suavizarán los bordes duros.

Estas parejas no sólo han tenido más tiempo para saborear las historias de su pasado sino que también parecen haber tenido más años para formar recuerdos más felices y más saludables en el futuro que aquellos que permanecen solteros o divorciados. Un estudio reciente que analizó las tasas de mortalidad encontró que es 58% más probable que las personas que no estaban casadas murieran durante el tiempo que duró el estudio que quienes sí lo estaban.[5] Una razón fuerte para sustentar esta diferencia parece ser que los cambios en el estilo de vida que indefectiblemente se presentan después de casarse (menos noches fuera bebiendo y fumando con los amigos, por ejemplo) bajan las tasas de enfermedades cardiovasculares, cáncer y enfermedades respiratorias. Otros estudios han demostrado que las personas casadas tienen tasas más bajas de todos los tipos de enfermedades mentales y de suicidio.[6] Esta fase tardía de amor es buena para el cuerpo y el alma –para aquellos que son lo suficientemente pacientes para esperar por ella.

Aunque los años tardíos en una relación larga son ciertamente más fáciles que los años del medio, no soy tan tonto como para afirmar que son totalmente libres de conflicto. Las personas no permanecen en esta zona de confort durante toda la duración de su unión. En muchas relaciones hay baches en el camino.

Sin embargo, a medida que la relación madura, estos tiempos de dificultad tienden a ser menos fuertes y perjudiciales y pasan más rápido que los disgustos de los primeros días. Las raíces concretas de devoción, lealtad y compromiso de una familia feliz han sido regadas, se han establecido y han estado a prueba. Ahora son bastante resistentes.

LA COMUNICACIÓN:
EL SECRETO MEJOR GUARDADO DE LAS PAREJAS

Dado que el estar unidos como pareja es importante para la calidad de una familia feliz, ciertamente vale la pena aprender algunas técnicas y estrategias que ayudan a la pareja a estarlo. He escrito dos libros enteros sobre este tema. Pero en éste, con sólo un capítulo dedicado exclusivamente a la relación de pareja, me he tenido que preguntar a mí mismo: *si tuviera que escoger la estrategia número uno para construir una relación fuerte que sobresaliera, ¿cuál sería?* La respuesta no tenía que venir de lo más recóndito de mi mente, vino de mi encuesta.

Cuando les pregunté a las parejas sobre los factores que importaban más en las familias, ofrecí varias opciones pero también dejé espacio para que la gente escribiera sus propias respuestas. De entre las respuestas aportadas, la más común fue la *comunicación*. O, en palabras de Dikendra, de 45 años: "La comunicación, la comunicación, la comunicación y, claro, la comunicación. Ah, no olvidemos lo más importante: la comunicación". ¿Cree usted que ella estaba intentando decir algo? Claro, muchos de los adultos que respondieron la encuesta describían la comunicación en general dentro de la familia. Estoy de acuerdo con eso. Pero si como pareja no se aprenden buenas estrategias de comunicación, va a ser difícil enseñárselas a sus hijos.

¿Qué es la comunicación exactamente?

Tal vez esté pensando que *si tanta gente escribió "la comunicación", ¿por qué no era esta una de las opciones de la encuesta?* Es simplemente porque la comunicación tiene muchas definiciones distintas, y escribir la simple palabra "comunicación" en una encuesta de opción múltiple podría haber resultado en conclusiones confusas. Muchas personas piensan que "hablar con el otro" significa comunicación, y sí es así. ¿Pero cómo es posible que cuando le digo a mi esposa "¡Claro, me gustaría ir al centro comercial contigo querida!" ella se moleste conmigo? Porque ella sabe que en realidad no quiero ir al centro comercial y ella lo capta en mi tono de voz. Así que supongo que el tono de voz es otra forma de comunicación. Las palabras habladas, el tono verbal y los mensajes escritos, todos son maneras de comunicarse.

De hecho, la forma de comunicación que tiene mayor impacto es lo que decimos sin usar una sola palabra.

Comunicación con palabras

Primero vi ejemplos de "discurso no verbal entre parejas" cuando era joven y miraba el programa de televisión titulado *Mutual of Omaha's Wild Kingdom*. Sí, los que conocen el show sabrán que soy algo viejo, pero me gusta pensar que mi avanzada edad pone las cosas en perspectiva. En todo caso, en este programa de los años 60 el presentador mostraba cada semana una nueva especie animal cuyos miembros tenían maneras fascinantes de relacionarse. Generalmente eran actos como hundir sus narices en alguna cavidad del cuerpo, pero dependiendo del animal, podría incluir chocar sus cabezas, mostrar un plumaje colorido, o hurgar en el pelo del otro para buscar bichos. No había duda alguna en mi mente de que estos animales se conectaban a través de sus acciones de una manera mucho más directa e íntima de lo que lo harían si poseyeran el don de la palabra.

Esto me lleva de los animales a los humanos. Los humanos se distinguen de los animales porque su principal modo de conexión se hace a través de interacciones verbales: correos electrónicos, llamadas telefónicas, cartas, canciones y conversaciones profundas que se extienden toda la noche. Y son la única especie que dedica su discurso a la palabra escrita. Así que es natural pensar que comunicación = palabras. Pero no es necesariamente así. Créanle a un tipo como yo que vive de pedirles a las parejas que hablen sobre sus relaciones: sólo porque alguien se siente incómodo usando palabras para expresar sentimientos y necesidades, incluso alegría y aprecio, no quiere decir que ese alguien no se esté comunicando.

Aunque es factible que los hombres y las mujeres no muestren sus sentimientos con un choque de cabezas o mostrando su colorido plumaje, es seguro que sí comunican sentimientos profundos a través de sus acciones en lugar de sus palabras. ¿Cómo? Tomaré prestada una línea de Elizabeth Barrett Browning para contar algunas formas en las que lo hacen:

1. Se toman de las manos

2. Dan masajes en la espalda y en el cuello

3. Se miran desde los lados opuestos de una misma habitación

4. Lloran en los brazos de su pareja

5. Dejan que su pareja llore en sus brazos

6. Compran regalos o envían tarjetas

7. Sacan una araña de la sala mientras el otro se para en el sofá en pánico (¡el otro puede ser él o ella!)

8. Dan su abrigo o chaqueta a su compañero para que se caliente

9. Tienen lista una taza de chocolate caliente cuando su compañero viene de quitar la nieve de la acera.

Necesitamos usar más estos atractivos ejemplos de lenguaje no verbal y estar pendientes de los momentos en que los usen nuestros compañeros. Pero la comunicación no verbal no siempre es el lenguaje del amor. Fruncir el ceño ante los comportamientos sociales inapropiados de su pareja, esperar impacientemente en la puerta mientras su compañero escoge el atuendo adecuado para salir a comer una noche cualquiera y mirar hacia otro lado cuando él o ella intentan llamar su atención, son también todas formas de comunicación.

Estoy seguro de que usted ya sabe que estas formas negativas de comunicación son mucho menos beneficiosas para la salud de su relación que las formas positivas. De hecho, pueden ser directamente destructivas, incluso para su salud física. Los investigadores han encontrado que "las interacciones matrimoniales negativas", incluidas las expresiones no verbales como poner los ojos en blanco, llevan a la disminución de la función inmune. De hecho, James Coan, un neurocientífico de la Universidad de Virginia concluye que "la frecuencia con la que alguien ponga los ojos en blanco puede predecir qué tan a menudo necesita ver al médico".[7]

· El Dr. John Gottman ha usado su "laboratorio del amor" para evaluar de manera cuantitativa lo que pasa en el matrimonio y encontró que las parejas se envían "señales" mutuamente todo el tiempo (verbales y no verbales) –hasta cien veces durante una comida. La señal va desde cualquier declaración verbal como "¡Que tierno eres!" a "¿Cuándo vino el jardinero?" Y puede ser una declaración no verbal como un suspiro, una mirada cabizbaja o las cejas levantadas. Para ponerlo de manera sencilla, una señal es un esfuerzo por llevar a la otra persona a conectarse. Es el primer paso de la comunicación.

La forma en la que una persona responda a una señal es una manera de determinar la calidad de la relación. Los esposos de relaciones estables ignoran el 19% de las señales de sus esposas; los esposos que están por divorciarse las ignoran el 82% de las veces. Las mujeres tienden a ser mejores en cuanto a responder a las señales ignorando sólo el 14% si piensan seguir casadas y el 50% si están por divorciarse.[8]

Así que para fortalecer su vida familiar hoy, enfóquese en sus patrones de comunicación no verbal con su compañero. Lleve la cuenta de cuántas señales positivas envía *versus* cuántas negativas. Asumiendo que usted le está apuntando a la tasa ideal 5 a 1 de gestos positivos (sonreír, reír, chocar cinco o "chocar cabezas", y asentir) a negativos (ignorar, mirar con desdén, poner los ojos en blanco, expresión vidriosa en los ojos), el resultado tabulado de un día le dará una buena idea de en dónde se encuentra en cuanto a comunicación se trata –ya sea que se siente o no a tener esas largas y profundas conversaciones.

La diferencia de género

Este es el siglo XXI –época en la que los estudios científicos, biológicos y genéticos dejan bien claro que los hombres y las mujeres no piensan, actúan ni sienten de la misma manera. En cierto nivel, muchas parejas felices saben esto. Observar su estilo de comunicación como hombre o mujer es un buen punto de arranque para evaluar sus fortalezas y debilidades para comunicarse.

Claro está que en esta discusión sobre las diferencias de género en cuanto a comunicación estoy hablando de generalidades amplias. Ciertamente, ningún hombre o mujer en particular encajarán dentro de una categoría exacta. He tratado a muchas mujeres a las que les gusta meterse debajo del capó del auto de su esposo y cambiar el aceite; he tratado hombres que pueden pasar horas escogiendo productos para el cuidado de la piel, para pesar de sus esposas. Pero, sin embargo, hay algunas observaciones sobre las diferencias generales de género en cuanto a estilos de comunicación que vale la pena considerar.

Por ejemplo, una pareja que había estado trabajando duro en su relación vino a mi consultorio para discutir una falla en su comunicación. Cindy era una brillante mujer de negocios que trabajaba fuera del país enseñándoles a otros a establecer servicios sociales para niños. Sin embargo, en cada sesión se lamentaba de que su relación personal seguía estancándose. ¿Por qué?

Bien... Cindy estaba muy segura de que se debía a que "Phil y yo nunca tenemos charlas significativas. No logro que él exteriorice lo que siente".

Cuando se trata de fortalecer las habilidades de comunicación entre parejas heterosexuales como Cindy y Phil, generalmente ayuda una pequeña lección de biología, ya que muchos problemas de comunicación de los que veo en mi trabajo nacen de las diferencias de género a nivel genético. Admito que se me ha acusado antes de perpetuar los estereotipos al decir que a las mujeres les gusta hablar y a los hombres no. Pero póngame atención. Esta afirmación no está basada solamente en mis observaciones personales (¡aunque tengo un montón de esas archivadas!). Las habilidades superiores de las mujeres para comunicarse han sido demostradas científicamente a través de estudios del cerebro femenino y masculino. Saber estas diferencias y respetarlas suele tener un impacto tan fuerte en una relación que yo las ubico en el primer lugar de la lista de todo lo que las parejas pueden hacer para asegurar una relación feliz.

Para ayudar a Cindy a entenderlo, sostuve en mi mano un cerebro de plástico que está en mi escritorio y le señalé todas las regiones interconectadas de este fascinante órgano. Lo que le expliqué sobre la renuencia de Phil a tener largas conversaciones también le ayudará a usted a construir un puente de comunicación más fuerte con su pareja.

Mientras lo señalaba en mi pequeño cerebro modelo, le conté a Cindy que el lado derecho del cerebro controla la expresión e interpretación de las emociones. Y en el lado izquierdo del cerebro tenemos los controles del pensamiento matemático, lógico, y verbalmente preciso. Luego le mostré cómo las fibras conectivas, también llamadas cuerpo calloso, dirigen el tráfico entre los dos hemisferios del cerebro.

Debo admitir que hasta este punto he dado una explicación poco interesante. Pero aquí es en donde empieza lo atrayente. Los estudios muestran que las mujeres tienen un cuerpo calloso cerebral más grande que el de los hombres. Los científicos creen que el "puente cerebral" superior de las mujeres resulta en una comunicación más eficiente de la información emocional, permitiendo que la parte verbal del cerebro (izquierda) tenga un acceso rápido al cerebro emocional (derecho). A Cindy pareció gustarle esta explicación de desarrollo de lenguaje superior en las mujeres de la especie.

Luego me dirigí a mi tablero e hice ilustraciones detalladas de las vías cerebrales, y describí cómo las mujeres tienen más materia gris –las células cerebrales que dirigen toda la información nerviosa a través del cerebelo. Le mostré cómo la materia gris de las mujeres tiene más conexiones entre las células, lo que sugiere la habilidad para realizar varias tareas al mismo tiempo, cosa que los hombres no pueden hacer. Lo comparé con la gran cantidad de materia blanca que tiene el cerebro masculino, lo que le ayuda a los hombres a actuar más rápido, pero generalmente en una dirección a la vez.

Con el uso de esta información médica le expliqué en detalle a Cindy cómo, con toda probabilidad, el cerebro de Phil procesaba su petición de un tipo particular de comunicación de manera diferente a su cerebro femenino. Su forma de hacerlo no es incorrecta, sólo diferente. En otras palabras, hablar no es necesariamente la mejor forma de comunicación para Phil. De hecho, el que Cindy muestre tanto interés en que eso suceda puede interferir con la paz y la armonía.

Acoja las diferencias

Entonces, ¿cómo es que el saber esto le puede ayudar a Cindy? –¿o a usted?

Bueno, espero que usted y su pareja usen este conocimiento a diario en formas que demuestren comprensión y respeto por el otro basado en sus diferencias. Y ese es el núcleo de la razón por la cual escojo hablar sobre habilidades de comunicación específicas para cada género. Las diferencias de género son un buen ejemplo de uno de los muchos instantes en los que necesitamos aceptar a nuestra pareja con todos sus defectos y reconocer que algunas veces lo que parece simple terquedad puede en realidad ser justo el resultado de los rasgos de las conexiones neurológicas. Sinceramente creo que las parejas más felices que conozco son las que aceptan y acogen las diferencias entre ellos y trabajan para cerrar la brecha que causan estas diferencias.

El consejo que luego le di a Cindy también podría serle de utilidad a usted: cuando le hable a su pareja masculina, use frases más cortas y asegúrese de expresar su punto sin rodeos. Una vez mientras hacía una presentación, una mujer del público compartió una frase que debía tener en cuenta en su trabajo como enfermera quirúrgica. Cuando ella intentaba describir un problema al cirujano, él le respondía con brusquedad: "¡Al grano!" Según esta mujer, ella usa el mismo enfoque con su esposo.

Si usted quiere una conversación íntima, es posible tenerla. Pero debe hacer unas cuantas cosas para asegurarse de que suceda en la forma en la que usted quiere que pase. Dado que él se dispondrá para entrar y tratar de "arreglar" su problema, empiece diciéndole a su compañero qué es lo que espera: "Sólo me gustaría que escucharas lo que está en mi mente y que no trates de jugar a ser el abogado del diablo –solamente apóyame sin importar lo que vaya a decir; ser escuchada y no corregida es importante para mí".

Los principios de las familias felices

Se trata de escuchar simplemente

El factor más importante para tener una familia feliz es tener la habilidad de escuchar, no dar consejos, sólo saber que la versión de una mujer sobre una historia puede tomar entre diez y quince minutos para ir al grano, y no asumir que sólo porque un hombre la puede contar en cinco segundos, una mujer lo hará igual.

—*Donel, 35 años de edad, diez de casado*

Este tipo de preámbulo a una conversación hará que su objetivo esté claro y le ayude a direccionar su atención y reducir sus sentimientos de impotencia. Algunas mujeres logran hablar de manera íntima con sus parejas cuando salen a caminar porque evitan la incomodidad que él llegue a sentir al hacer contacto visual por largos periodos de tiempo. Servir la comida mientras le habla a su compañero le ayuda a usted a mantener su atención en la conversación al tiempo que compromete los centros del cerebro orientados a la acción –también le garantiza que él se quede en el mismo lugar.

Además creo que los hombres deben tener estrategias para tener habilidades para la escucha activa, ya que las mujeres son más propensas a equiparar a la comunicación verbal con quien demuestre que le importa. He animado a Phil a hacer algunos cambios en la manera en la que se comunica con Cindy que creo le ayudan a cualquier hombre a conectarse mejor con su compañera:

1.   Durante una conversación, intente mantenerse en un mismo lugar (eso significa estar presente en la habitación mental y físicamente).

2.   Absténgase de interrumpir a su compañera con recomendaciones o soluciones.

3.   De vez en cuando, exprese de manera verbal que sí está escuchando: "¿En serio?" "¿Cómo así?"

4.   Trate de hacer contacto visual.

5.   Si no sabe lo que su pareja espera de esta conversación, ¡pregunte! Decir simplemente "¿Cómo puedo ser un buen escucha?" le ayudará a preparar el camino para una excelente comunicación.

Sí, los hombres y las mujeres a menudo hablan y escuchan como si fueran dos especies totalmente diferentes. Pero al reconocer las diferencias y acoger la oportunidad de aprender una "nueva lengua" usted y su pareja pronto se entenderán mejor, y esa es una llave dorada para la felicidad.

El factor de la homosexualidad

Los investigadores apenas comienzan a ver cómo los papeles de género afectan la comunicación entre parejas del mismo sexo. Aunque todavía no hay resultados concluyentes, los estudios conducidos hasta el momento han dado útiles observaciones sobre la dinámica familiar de los homosexuales.

Aunque todavía hay mucho por aprender sobre la manera en la que las parejas de homosexuales y lesbianas maximizan sus habilidades de interrelación como pareja, parece ser que las tasas de satisfacción en parejas heterosexuales y homosexuales son generalmente las mismas. Algunos profesionales creen que la experiencia social de salir del closet en una sociedad sesgada les da a homosexuales y lesbianas una fuerte base sobre la cual construir una conexión mutua. Porque ellos han roto el molde de lo que "debería" ocurrir en las relaciones, no están atados a las limitaciones de la sociedad.

También tienen una mejor comunicación con su compañero que el que tendrían las parejas heterosexuales. Como nos lo recuerda Esther Rothblum, profesora de estudios de la mujer en la Universidad Estatal de San Diego: "Con las parejas heterosexuales, realmente hay que traducir lo que dice su compañero porque crecieron en mundos diferentes, fueron socializados de maneras distintas. Es ahí en donde las parejas del mismo sexo tienen una ventaja".[9]

Los investigadores han encontrado que los papeles de los géneros son menos relevantes en estas relaciones y que la mayoría de parejas tiende a gravitar hacia lo que ellos sienten de forma natural, en lugar de adherirse a las convenciones sociales. De ahí, los miembros de la pareja deciden la manera en la que compartirán las responsabilidades y puede que estén más motivados que las parejas heterosexuales al compromiso mutuo como una manera de plantar un lugar firme en una cultura dominada por valores heterosexuales.[10]

Evolucionar como familia requiere respeto por las diferencias entre los individuos, no en obligarlos a ser iguales. Cerrar la brecha entre los distintos estilos de comunicación permite que los individuos formen lazos íntimos mutuos. Esto puede llevar a una señal de asentimiento o a un guiño (o en el caso de mi esposa, una patada por debajo de la mesa) que sólo los compañeros de vida entienden. Le llevará a esa envidiada magia que las parejas más viejas logran cuando sólo dicen la mitad de sus frases pero saben lo que quieren decir.

Para construir su vida de familia feliz, trabaje primero en la relación con su pareja. Al poner ese tipo de preocupación mutua en su lugar, aprenderán a apoyarse de una mejor manera en tiempos de necesidad aprendiendo a recargar su peso en el otro.

Principio 3

Las familias felices...
se apoyan

La multitud grita; se ponen de pie aplaudiendo y manifestando palabras de aliento; demuestran su orgullo y lanzan deseos de buena suerte al equipo local. Gritan de alegría ante el éxito; mantienen la esperanza cuando se enfrentan al fracaso. Les dan a los miembros del equipo fuerza mental y emocional y el deseo de querer seguir cuando la suerte no parece estar de su lado.

No, no es el Súper Tazón. Ésta es una familia que está rodeada de amigos en los que pueden apoyarse; que quieren que tenga éxito; que están ahí en momentos de necesidad, de triunfo, en tiempos de duda. Quienes apoyan son las personas de la familia extendida, de un círculo de amigos, de la comunidad, de la iglesia, mezquita, templo o sinagoga.

Las familias felices saben que la habilidad para apoyarse en otros es vital para la salud y el bienestar de todos los miembros de la familia. Al apoyarnos en los demás –familia extendida, amigos, relaciones con la comunidad y miembros de nuestra congregación– nos volvemos más fuertes.

EN BUSCA DE APOYO

Compadézcase de la pobre tortuga marina bebé. Durante el verano, las tortugas marinas "embarazadas" pueblan las playas de Tórtola, entierran sus huevos en la arena y vuelven a retozar en el mar. Alrededor de ocho semanas después, pequeñas tortuguitas rompen el cascarón, y si tienen suerte, ven unos cuantos huevos alrededor de ellas, en varias etapas de incubación, antes de salir corriendo hacia el agua. Si no tienen suerte, estarán avistando la garganta de una garza azul alistándose para una comida de tortuga. Lo que esta tortuga bebé no verá sin embargo es a su mamá tortuga (o a su papá si es el caso). No hay papás por ningún lado. Y a medida que la cría se encamine a empezar su vida en el océano, es literalmente comer o ser comido, hundirse o nadar. Y las tortugas marinas no son las únicas especies que dejan a sus crías solas durante sus primeros días.

Nosotros los humanos (y todos los mamíferos) estamos diseñados para funcionar de manera diferente. Cada niño que llega al mundo, indefenso y dependiente, está conectado a un sistema de apoyo desde los primeros minutos de vida en adelante. Casi sin excepción, los bebés nacen con apoyo; en la comunidad humana, tal vez más que en cualquier otra especie que conozcamos, ese apego a los demás constituye una parte integral de una vida feliz.

APOYO DESDE EL INTERIOR DE LA FAMILIA

Sólo camine por los corredores de cualquier sala de maternidad en los Estados Unidos y se dará una idea de lo que quiero decir con el poder del apego familiar. En cualquier momento, habrá media docena de individuos, algunas veces en turnos, rondando la cama de la nueva madre. Ahí, en ese preciso momento, hay una fotografía para el futuro recuerdo de un niño humano feliz. Una madre y alrededor de ella otros adultos y niños que son parte de la vida del niño.

La familia inmediata es el grupo central que rodea al niño durante esos primeros días de vida –un grupo cuya configuración puede tomar muchas formas: generalmente un padre y una madre, pero en muchos casos una madre soltera y su pareja o su madre y hermana. En las parejas de lesbianas, una madre podría recibir el apoyo y el soporte de su novia o esposa. En el caso de las madres sustitutas o madres que dan en adopción a sus hijos, los padres adoptantes estarán cerca esperando tomar en sus manos el cuidado y la nutrición del bebé.

Todos rodean al recién nacido para enviar un mensaje (a pesar del hecho de que el niño no pueda entender la palabra hablada) que dice "Aquí estamos por ti".

Los principios de las familias felices

Las familias compuestas: un nuevo tipo de familiar

Definir a la "familia inmediata" ya no es tan fácil como ver coincidencias en el ADN. Las familias compuestas generalmente son buenos ejemplos de cómo los individuos que forman un hogar son en realidad una familia, con todos los privilegios y responsabilidades, sin importar si hay relación sanguínea, como lo ilustra esta historia enviada a mi encuesta de familias felices:

Mi esposo siempre ha querido tener una gran familia (que heredó con nuestro matrimonio). Su hijo adora el hecho de que cuando algo está mal en la casa, ya no es sólo él. Mi hijo ahora tiene un hermano adicional (seis meses menor) que es su mejor amigo. Y mis hijas ahora tienen una figura paterna sólida, fuerte y solidaria (su padre murió hace casi tres años). Tengo un esposo que es un compañero en nuestra relación, que, como padre soltero que tiene la custodia de su hijo, tiene experiencia con la cocina, el lavado de la ropa y la crianza.

—*Vicky, 49 años, un año de casada*

Desde el momento del nacimiento hasta el momento de la muerte, buscamos responder la pregunta "¿Quién es la familia que me rodea y cómo afecta la calidad de mi vida?"

Con el tiempo, mientras respondemos y volvemos a responder esa pregunta, llegamos a entender el código no escrito entre los miembros de la familia: *puede que no siempre me agrades, que no esté de acuerdo con las cosas que haces o las decisiones que tomes, pero siempre estaré ahí para ti cuando sea importante.*

Tomemos a Melinda como ejemplo. A los diecisiete años, era la mejor de su clase y esperaba ser la primera de su familia en ir a la universidad. Ella era una estudiante juiciosa que generalmente se quedaba en casa en las noches, pero luego conoció a un joven que la hizo sentir especial y le mostró lo divertido que era tener una vida social activa. Unos meses después de haber empezado la relación, se enteró que estaba embarazada. Cuando le pidió a su novio que la apoyara, su afecto empezó a desvanecer y pronto ella se enteró que no sólo la había embarazado a ella sino a otras dos mujeres al mismo tiempo.

Melinda se sintió desesperada. El hombre que ella creyó estaría ahí para ella, estaba ahora completamente fuera de su vida. Afortunadamente, su familia estaba ahí para recoger los pedazos. Su mamá, (quien tampoco se había casado a los dieciséis años cuando tuvo a su primer hijo) ahora lleva a Melinda a las citas médicas, le ayuda a prepararse para el nacimiento de su hijo y ha ofrecido su ayuda a Melinda con el cuidado del bebé cuando ella vuelva al colegio. ¡Las hermanas de Melinda se preparan con entusiasmo para ser tías!

Melinda está aprendiendo la importancia que tiene el apoyo de la familia.

Los principios de las familias felices
Volverse más unidos en momentos de tristeza

Hemos estado en el proceso de adopción por los dos últimos años y tuvimos una adopción doméstica en diciembre. Mi esposo y yo estuvimos durante el nacimiento del bebé y le escogimos el nombre. Habíamos tenido al bebé por cuatro días cuando su madre biológica cambió de parecer y se lo llevó.

Estábamos devastados. Lloraba mucho y casi no salía de mi habitación. Mi esposo tuvo que devolver todas las cosas que habíamos comprado para el bebé. Mi hija que estaba en la universidad vino a casa para estar con nosotros y llorar con nosotros. Nos llevó seis meses para empezar a salir adelante otra vez, pero lo hicimos en familia. Todavía hablamos del bebé en su cumpleaños y oramos por él. Vamos a seguir con nuestros planes de adopción, ya que esto nos ha hecho darnos cuenta de que acoger a otro hijo en nuestra familia simplemente se siente bien. La experiencia en realidad nos ha unido más porque nuestros hijos pudieron ver las emociones de sus padres al desnudo y qué tanto significa para nosotros el ser padres.

—Holly, 41 años, 24 años de casada, con dos hijos biológicos

Cuando la familia falla

Por supuesto no todas las familias se rigen por el credo "Estaré ahí para ti". De hecho, a menudo veo a mis pacientes muy afligidos por desacuerdos que han tenido con los miembros de su familia. Estos van desde peleas entre hermanos ("¡Mamá te quería más a ti!") hasta el abandono en tiempos de necesidad. Sarah, por ejemplo, es una mujer de cincuenta años de edad con una hermana y un hermano. Cuando la madre de Sarah se enfermó y la salud de su padre empezó a debilitarse, Sarah se mudó a su casa para cuidarlos.

Sarah sabía que no podía recurrir a la ayuda de su hermano porque su problema con las drogas hizo que se desconectara de la familia unos años antes. Así que esperaba que su hermana, una exitosa empresaria que dirigía un negocio ubicado a 50 kilómetros de la casa de sus padres, le ayudara. La respuesta de su hermana fue: "No puedo dejar solo mi negocio, ni siquiera por un día. *Tú no tienes trabajo en este momento así que no debería ser gran problema para ti cuidar a papá y a mamá*".

Así que eso fue lo que hizo Sarah. Luego, tres años después de la muerte de su madre, siguió al cuidado de su padre. Cuando su salud empeoró fue necesario internarlo en una residencia para ancianos; ella lo visitaba a diario. Su hermana venía a verlo una vez a la semana y según Sarah no le agradeció ni una sola vez por lo que había hecho. Ella no ofreció el apoyo que Sarah tanto necesitaba.

La experiencia de Melinda y la de Sarah son bastante opuestas gracias a la calidad de apoyo que ofrecen sus familias. Es obvio que cuando toda la familia se une alrededor de una causa familiar, todos se vuelven uno solo; se sienten más unidos y completos en cuanto a su participación en las funciones vitales de la familia como un todo. Este es uno de los grandes principios de las familias felices: el apoyo y el amor se extienden a todos los miembros de la familia. Y, como todas las cosas que vale la pena tener, este tipo de apoyo no siempre se da tan fácilmente. Algunas veces dar apoyo significa sacrificar el tiempo y las preferencias personales –lo que reduce los sentimientos de alegría momentánea, pero refuerza esa reserva de felicidad para todos a largo plazo.

Un principio de las familias felices es que se rigen por ese código de apoyo y de preocupación por el otro, incluso sacrificando la conveniencia y la comodidad personal.

APOYO DE LA FAMILIA EXTENDIDA

Cuando usted enseña el valor del apoyo familiar a sus niños, usted debe, hasta donde le sea posible, mostrarles lo que es este tipo de comportamiento, con su familia extendida –una tarea que no es siempre fácil. Algunos de mis lectores posiblemente vienen de familias que no son muy solidarias. Tal vez sus padres lo han decepcionado o no han cumplido con sus expectativas. Tal vez usted tiene hermanos como los de Sarah que no asumen su parte en las responsabilidades familiares, o de los que se ha alejado. En todo caso… ellos son su familia, y su pareja y sus hijos están observando la manera en la que usted interactúa con ellos.

¿Qué haría usted si su padre se enferma y necesita su ayuda o si su madre pasa por un mal momento y necesita ayuda económica? Usted puede ayudar a preparar el camino hacia la felicidad familiar al enseñar que los lazos familiares duran toda la vida y no se rompen –aunque ocasionalmente sean inconvenientes. Aunque no sea fácil, les mostrará a sus familiares consanguíneos, y a su pareja, y a sus hijos, la forma en la que esto se hace ayudando a sus propios padres sin quejarse.

De igual manera, si usted tiene un hermano o hermana que ni siquiera lo llamó cuando usted estaba en el hospital con un ataque de vesícula, ¿qué hará usted cuando ese hermano o hermana esté en cama enfermo? Exacto: usted le enviará una tarjeta de mejórate pronto y lo llamará por teléfono. El mensaje que usted les deja a sus seres queridos no es "amor con amor se paga", sino "la familia cuida de los suyos –sin importar las circunstancias".

Permanecer en contacto con su familia extendida es un elemento clave en la búsqueda de la felicidad familiar. De hecho, cuando en las entrevistas me preguntan por qué hoy en día las relaciones de las personas son tan frágiles y por qué las familias parecen ser mucho más vulnerables ahora que lo que lo eran anteriormente, con frecuencia señalo el estado cambiante de las familias estadounidenses.

Los principios de las familias felices
La seguridad y la comodidad del hogar

Yo creo que las personas deben tener un sentido de "hogar y familia", una base sólida, hoy más que nunca. Nuestra hija creció en la misma casa la mayor parte de su vida y todavía considera esa casa como su hogar –su seguridad y comodidad– aunque viva en otro Estado. Su esposo creció entre múltiples divorcios y múltiples casas. Cuando piensa en su hogar nunca siente esa comodidad y seguridad porque ninguno de los miembros de su familia ya no está en la misma familia, ni en la misma casa, ni incluso en la misma ciudad. Él no tiene el sentido de "hogar" que tiene nuestra hija. Él tiene ese sentimiento con nuestra familia pero le gustaría que eso pasara en su familia también.

—*Terrie, 53 años de edad, 36 de casada*

Cuando era pequeño, vivía a menos de un kilómetro y medio de unos abuelos y a quince minutos de los otros. Todos mis primos vivían en un radio de 16 kilómetros (¡y esos primos que vivían a quince minutos parecían vivir *realmente* muy lejos!). Si mi madre tenía algo que hacer, mi abuela estaba ahí para cuidarnos a mis hermanos y a mí. Si mi tío necesitaba que alguien se quedara con sus hijos cuando salía con su esposa a comer, mis primos se quedaban en nuestra casa. Esta dinámica familiar no es exclusiva de mi casa; muchas personas mayores de cuarenta años tuvieron una crianza similar.

Uno de los principios de muchas familias felices es que saben que tienen una familia extendida en la que pueden hallar apoyo cuando hace falta –no sólo para cuidar de sus hijos, sino también del alma y el corazón.

En el Principio 1, centrado en los valores familiares, le conté que quienes respondieron a la encuesta de familias felices sentían que en verdad esa "fuerza" y ese "tiempo de familia" eran primordiales. Pero incluso me sorprendió que el 55% de los encuestados que tenían hijos en casa escogieran la opción "vivir a una hora de los abuelos" como uno de sus cinco factores para "lograr una familia feliz".

Los principios de las familias felices

Podemos salir de ésta

El regalo más grande que puede recibir una familia es dar amor y confianza en el otro –obtener ayuda cuando se necesita y siempre estar del lado de su familia. Enseñar buenos valores y esperar que queramos vivir respetando esos valores. Nunca le des la espalda a tu familia sin importar lo que los otros digan. Cree siempre que con tu fuerza y con la ayuda de Dios, vamos a salir adelante juntos.

—*Jo-Ann, 58 años de edad, 39 de casada*

En el mundo cambiante de hoy, no todos podemos vivir al lado de nuestros padres, tías, tíos, primos y hermanos. Pero todos podemos hacer el esfuerzo requerido para mantenerlos cerca de nuestras vidas. El teléfono, las cámaras web, el internet y las fotos digitales nos permiten mantenernos en contacto, compartir nuestras vidas, y dar y recibir apoyo cuando se necesita.

Entonces, ya sea que usted se ofrezca a hacer las compras de su cuñada que acaba de tener un bebé, u organizar un grupo de apoyo en línea para que ella hable de sus alegrías o preocupaciones con sus familiares que la aman desde lejos, usted está asegurando el núcleo de la felicidad de su familia al conectar a aquellos a los que usted llama "familia".

Este esfuerzo por estar conectados con la familia es fácil para algunas personas que tienen unos lazos familiares fuertes sin importar qué tan lejos estén unos de otros. Pero también sé que conectarse con los familiares de la familia extendida puede ser difícil para aquellos que realmente no tienen fuertes lazos familiares. Así que se preguntará, ¿qué hay de los familiares con los que nunca tuve cercanía? ¿O con los que ya he perdido el contacto? ¿O de los que, de todas, formas, nunca me gustaron? ¿Debería tratar de restablecer una conexión familiar? Sí. Definitivamente debe estar en su lista de prioridades.

Renovación de las relaciones familiares

Yo aliento el esfuerzo de mantener los lazos familiares fuertes porque no hay una buena razón para no hacerlo. No nos cuesta nada enviar un carta diciendo "hola" a una vieja tía. Tomar el teléfono y llamar a un hermano el día de su cumpleaños no necesita de una gran inversión de tiempo. Ni siquiera extender su mano a un familiar alejado, que pueda o no escoger devolver el favor, exige compromiso emocional. Con esos esfuerzos, tenemos la posibilidad de recibir tanto de vuelta. Fortalecer una conexión con un familiar que comparte unos antecedentes de consanguinidad le adiciona una capa de comodidad a la vida que nada más la puede equiparar.

Eso es exactamente lo que le pasó a mi amiga Tammy, quien acaba de renovar su amistad con su primo perdido Cliff. Bueno, no exactamente un primo perdido porque ella sabía exactamente en donde vivía él, pero con sus ocupadas vidas y horarios, simplemente no habían estado en contacto por varios años.

"Por casualidad nos encontramos en un restaurante local", dice ella, y "luego de darnos un abrazo y preguntar cómo estábamos, nos despedimos con la frase poco prometedora de 'tenemos que reunirnos pronto'".

Yo he dicho esa frase y sé que esa buena intención generalmente en realidad no se convierte en un reencuentro. Pero Tammy dice que se sintió movida a seguir con esta promesa por el sentimiento de pérdida que experimentó al salir del restaurante esa noche.

"Cliff y yo habíamos sido cercanos de niños. Y yo había oído que ahora era artista pero nunca había visto ninguna de sus obras. Así que tomé el teléfono y le pedí que me llevara a ver sus trabajos. Creo que se sorprendió, pero estuvo de acuerdo en darme una tour por las galerías de Nueva York. El viaje fue divertido, pero la mejor parte de todo es sólo haber podido estar con esta persona que comparte mi historia familiar".

Con una obvia alegría, Tammy continuó contándome sobre el almuerzo que tomaron en un pequeño restaurante italiano en Greenwich Village, en donde ella y Cliff se sentaron a hablar por horas. "No puedo describir lo bien que se siente estar con alguien que sabe cosas sobre mis hermanos y yo y mis padres, que nadie más sabe. Es raro, pero hay algo increíblemente bueno en conectarse con la familia. No hay manera en que deje pasar otros diez años de ausencia entre nosotros".

EL APOYO DE AMIGOS Y VECINOS

Una familia solidaria es ciertamente una familia feliz. Pero en la mayoría de los casos, los miembros de una familia sólo son una fuente de apoyo. Es simplemente muy exigente. Consume mucho tiempo. Todos necesitamos amigos y vecinos para llenar esos vacíos de felicidad.

El valor de un sistema de apoyo más amplio se ve claramente en una historia enviada a mi sitio web por Pam. Ella dice:

"Mi madre sufrió un ataque al corazón que la llevó a Cuidados Intensivos dos semanas antes que naciera mi hija menor. Iba de un lado para otro tratando de estar al lado de mi madre en el hospital, cuidando a mi hijo de dos años, encargándome de mi casa así como yendo a citas con mi médico a quién le preocupaba un aumento en mi presión sanguínea. Mi esposo colaboró de la mejor manera posible, pero también tenía sus propias responsabilidades con su trabajo, que lo mantenían alejado de casa. Francamente, no creo haber podido salir adelante en esta situación sin la ayuda y el amor de nuestros amigos. Sin que se los pidiera, aparecieron con comidas hechas en sus casas, limpiaron mi casa, cuidaron a mi hija, nos hicieron recados y nos dieron sus abrazos y oraciones. Estas relaciones nos ayudaron a salir adelante durante ese tiempo".

No me cabe duda de que los amigos y vecinos de Pam hicieron toda la diferencia para ella y su esposo en ese tiempo de necesidad. Pero también creo que la razón por la que la familia de Pam recibió este tipo de apoyo es porque ella hizo el esfuerzo de construir y nutrir estas relaciones en los buenos tiempos. Seguramente sus lazos de amistad fueron reforzados mucho antes de que necesitaran una niñera de improviso.

Los beneficios de conectarse

Aún mientras escribo esto, me asombró pensando que se ha vuelto necesario animar a las familias a hacer conexiones de amistad. Anteriormente cuando una familia se mudaba a la vecindad, la vecina de al lado tocaba el timbre para ofrecer su amistad, información, y regalos de bienvenida. Una amiga mía cercana recuerda su primera noche en una casa nueva cuando tenía cinco años porque el recuerdo de los vecinos que llegaban a su casa con tarta de manzana, o cazuelas y palabras amables es todavía muy vívido. Todavía espero que haya rincones en los Estados Unidos en donde este tipo de bienvenida sea una rutina; esperemos que esta tradición renazca en nuestro país.

Una de las consecuencias desagradables del estilo de vida de las familias con dos salarios en la era digital es la tendencia a escoger el aislamiento y no la socialización. ¡Incluso la vecina de al lado ha dejado de hacer visitas personales y se ha dedicado a hacerlo en línea! No hay oportunidad de conocer a nuestros vecinos o de hacer amigos cuando muchos de nosotros trabajamos fuera de casa y cuando la puerta del garaje se abre automáticamente y no nos deja ver un alma.

Incluso nuestro tiempo libre crea desconexión cuando la televisión, los juegos de video y el internet nos mantienen adentro. ¡Hombre! ¡Si con un Wii puedo jugar golf, pescar o jugar bolos sin dar un paso fuera de mi casa!

Hay muchas razones económicas, sociológicas, tecnológicas y sicológicas para cerrar las persianas, pero las personas como Pam saben que hacer el esfuerzo por crear una red de apoyo fuera de la familia inmediata es vital si esperamos ampliar nuestras oportunidades de ser felices.

PRINCIPIOS TOMADOS DE LA INVESTIGACIÓN

Los amigos son buenos para usted

¿Quiere vivir por más tiempo? ¡Haga amigos! David Mahoney nos dice lo siguiente en su libro *La estrategia de la longevidad*: "Somos animales sociales. Y la sociabilidad ejerce un efecto positivo en la secreción de hormonas y en el diseño de… el sistema nervioso. Las personas que tienen poco contacto social y que dicen no sentir placer en compañía de otros mueren antes de tiempo.

Por ejemplo, la supervivencia de aquellos que han sufrido un ataque cardiaco o un cáncer se puede ver disminuida en aquellos que tienen pocos amigos."[1]

El autor Robert Putnam compila más investigación sobre este tema en su libro correctamente titulado *Bowling Alone: The Collapse and Revival of American Community* en el que afirma que "las personas que no se conectan socialmente tienen entre dos y tres veces más posibilidad de morir de cualquier causa en comparación con aquellos individuos que tienen fuertes lazos con su familia, amigos y su comunidad".[2]

Además de ser una red segura en tiempos difíciles, los buenos vecinos y amigos tienen también otros beneficios. Buscar a un grupo de amigos y conocidos variado le da una mayor perspectiva de la vida en general.

Salir de las paredes de su casa con otras personas que intentan construir sus propias familias felices le da la oportunidad de ver que sus batallas y desafíos no son únicos. Generalmente lo que parece insoportable (como la forma en que usted y sus hijos discuten constantemente sobre la cantidad de tiempo razonable para los videojuegos en un día) de repente se vuelve algo típico y por lo que no vale la pena pasar la noche en vela.

De hecho, hablar con otros padres sobre sus hijos o con otros esposos sobre sus matrimonios, o con otros profesionales sobre su trabajo, es una excelente terapia. Es muy confortante, e incluso energizante, experimentar ese momento de clarividencia en el que usted se da cuenta de que "¡Cielos! ¡No estoy loco después de todo!" o "¡Me alegra tanto escuchar que alguien más hace lo mismo que yo!" o incluso "¡A mí me va bien en comparación con ellos!"

Probablemente aprenda cómo funcionan las familias de los demás, y con esa información tome decisiones sobre lo que quiere replicar en su propia familia y sobre lo que quiere evitar. Y esta "observación de la personas" no necesariamente tiene que centrarse en aquellos que tienen su misma edad, rango o número de serie. Su amistad con parejas mayores le da ideas sobre cómo quiere (o no quiere) que se desarrolle su familia en el futuro. También encontrará que observar a familias que han pasado la prueba del tiempo lo inspirarán y le darán esperanzas para resistir ante las dificultades.

Por todas estas razones, estoy seguro que si usted tiene una red social limitada, usted debe esforzarse por crear más lazos con más personas. Empiece hoy y haga algo por conocer a sus vecinos y hacer más amigos: hornee un pastel o cómprelo y pase por la puerta de su vecino para saludarlo a la manera antigua. O llame y pida algo prestado –azúcar, huevos, una bombilla, lo que sea. (Sí, pedir algo a sus vecinos de hecho lo acerca más a ellos. A las personas les gusta sentirse necesitadas y crean lazos con un vecino que sepa mostrar un poco de vulnerabilidad). O invite a algún vecino a su casa a comer un postre. Realmente es muy fácil conectarse, y ese esfuerzo terminará por llevarlo a recibir mucho más de lo que usted pueda dar.

APOYO DE LA COMUNIDAD

Los estudios de longevidad han demostrado en repetidas ocasiones que nuestra conexión con los otros es un factor que extiende nuestro tiempo de vida. Esos datos tan contundentes deberían, sin lugar a dudas, impulsar a todos a correr y unirse a una organización comunitaria. Pero eso no es lo que está pasando.

Desde comienzos del siglo XX hasta la década de los 60, hubo un aumento en la inclusión en actividades de orden cívico, religioso y comunitario (excepto durante el transcurso de la Segunda Guerra Mundial). Sin embargo, durante las dos últimas generaciones, las tasas de asistencia a la iglesia y entretenimiento en casa han caído, y el número de personas que se reúnen de manera regular, en lugares como clubes o para jugar cartas, se ha reducido a la mitad.[3]

Evitar el aislamiento

En una época en la que salir corriendo a casa para ver la última etapa de eliminación de *American Idol*, les quita a las personas la oportunidad de estar juntas como comunidad, usted sabe que el aislamiento

PRINCIPIOS TOMADOS DE LA INVESTIGACIÓN

Conectarse para obtener apoyo

A menudo, no es posible recurrir a sus vecinos para pedir apoyo, ya sea por la complejidad del problema o porque usted no ha establecido una red de amigos lo suficientemente cercana. Recuerde que parte de su red puede estar conformada por consejeros pastorales o profesionales que tengan habilidades para guiarlo y apoyarlo durante los tiempos difíciles. También hay organizaciones en el área en la que vive que están conformadas por individuos que se ofrecen apoyo mutuo a través de los tiempo difíciles (adicciones, depresión, angustia, rabia, y otros por el estilo). Estos grupos ofrecen el apoyo que tanto necesitan los miembros de la familia que reconocen que sus problemas físicos o emocionales, al ser ignorados, minan sus esfuerzos por formar una familia feliz.

social tiene que afectar la fortaleza de las familias. Es a través del trabajo en equipo y de la camaradería que se crea al interior de los grupos organizados que tenemos la oportunidad de tener una perspectiva más amplia de los asuntos de la vida que transcurre afuera de los muros de nuestros hogares.

Además, es a través de movimientos que combaten el hambre en el mundo, o que solucionan problemas de vivienda, o que defienden al medio ambiente, que contribuimos con un mundo mejor. Y es a través de esfuerzos como este que transmitimos a nuestros hijos un entendimiento del valor que tiene ayudar a otros.

Los grupos comunitarios también nos ayudan a ofrecer un rango de soluciones a los asuntos locales. La asociación de padres de familia nos da una idea de las necesidades educativas de nuestros hijos, el club de jardinería nos da sugerencias para acabar con esas escurridizas plagas, y el grupo de caminatas nos muestra de primera mano el estado de las reservas naturales y los parques recreativos.

Cuando las familias encuentran maneras de entrelazar la misión de la familia con las acciones de la comunidad, ¡es una imagen para tener en frente! Durante una conferencia de mujeres en Rhode Island había una mesa de libros al lado de un *stand* que atraía lo que al parecer era una fila interminable de hombres, mujeres, adolescentes y niños pequeños. A través de la usual conversación educada que sostenían alcancé a escuchar algo de su historia. Al final del día, estaba realmente sorprendido con este maravilloso grupo.

El *stand* era patrocinado por la Fundación de Lucha Contra el Cáncer de Seno Gloria Gemma. Hablé con la hija de Gloria quien me explicó que el propósito era recoger dinero para investigación y para honrar la memoria de su madre, quien había muerto de cáncer en el seno. Estaba lleno de familiares de Gloria Gemma, incluidos sus nueve hijos y sus veinticinco nietos.

Fui a casa esa noche y busqué más información sobre esta interesante familia. En su sitio web (www.GloriaGemma.org) encontré que al describir a su madre, esta familia ilustraba perfectamente los dos mensajes que yo quería transmitir en este capítulo: "Ella nos enseñó que, incluso durante tiempos difíciles, las familias fuertes siempre prevalecen... Ella nos enseñó de valores y de la importancia de devolver algo a la comunidad". Así que esta familia tomó estas lecciones e hizo honor a la madre que se los había enseñado trabajando duro para crear consciencia con la esperanza de que otras mujeres y hombres detectaran la enfermedad antes de lo que se le había detectado a su madre, y también para recolectar el dinero necesario para programas de salud de prevención.

Ver a los Gemma trabajar juntos para ayudar a otros me hizo apreciar el profundo impacto que logran la integración de la familia y de la comunidad. Claro está que no todos nosotros sabemos cómo tener un efecto sobre nuestras comunidades a tan gran escala, pero podemos, de cierta manera, crear conexiones.

Vi lecciones de este trabajo en acción en un desfile de una población local lleno de muchos padres, niños, globos y sonrisas. Mientras pasaba el contingente de niñas Scout, me di cuenta de que unos de los padres líderes voluntarios era una mujer de la población a quien a menudo había visto involucrarse en actividades con sus cuatro hijas –que fuera una líder scout no era de sorprender. Algún tiempo había pasado en el desfile y vi a su hija mayor, Liz, quien es ahora una adolescente, marchar junto a su padre como entrenadores voluntarios con un grupo de pequeñas jugadoras de softball alrededor de ellos.

Este es un efecto positivo de involucrarse con la comunidad. Les enseñamos a nuestros seres queridos a través del ejemplo qué significa dar algo de nosotros mismos. En lugar de sentarse en casa, aislados en sus propios cuartos, estos miembros de una familia estaban disfrutando de una hermosa tarde en medio de una comunidad que aplaudía y animaba los esfuerzos de los voluntarios.

¿Cómo puedo obtener este apoyo comunitario?

Entre más dé de sí mismo más recibirá cuando lo necesite. Así que si usted quiere que su comunidad esté ahí para apoyarlo, salga y hágase conocer. Si todavía no ha cosechado las recompensas de hacer voluntariado, a continuación encuentra unas ideas rápidas para empezar:

- Si trabaja fuera de casa o tiene niños en el colegio, hay muchas oportunidades para involucrarse en actividades de voluntariado (y en el raro evento de que no haya actividades de este tipo –¡empiece por casa!).

- Busque eventos de recolección de ropa o de comida, o para recoger fondos que necesiten supervisores, o cualquier otra actividad que quiera apoyar en tiempo, talento o en el tesoro que su familia tiene para ofrecer.

- Si cualquier persona de su familia es hábil con los computadores, esas habilidades son de gran valor para las organizaciones voluntarias. Ofrezca la creación de una página web, redacción, manejo de contenido, o mantenimiento y mejoramiento de equipos. O simplemente ayudando a digitar correspondencia o archivo de datos.

- Comparta su tiempo y sus talentos. Los colegios, centros infantiles, centros para el adulto mayor, clubes de adolescentes y otros de ese tipo, a menudo necesitan voluntarios que entretengan, eduquen y sirvan de mentores.

- Empiece un grupo comunitario de limpieza y embellecimiento para plazas y parques infantiles locales.

- Muchos programas para adultos mayores necesitan voluntarios para llevar a sus miembros al supermercado, a la iglesia o a citas médicas.

- Muchos colegios y bibliotecas públicas no tienen fondos suficientes y se apoyan en sus voluntarios. Tal vez encuentre que disfruta trabajar entre pilas de libros mientras ayuda a estudiantes o clientes, devuelve los libros a su lugar, organiza eventos para recoger fondos o diseña carteleras informativas.

PRINCIPIOS TOMADOS DE LA INVESTIGACIÓN

El legado de una familia afroamericana

Históricamente, se ha encontrado que las viviendas que alojan familias extendidas en todos los niveles socioeconómicos son dos veces más comunes en familias afroamericanas que en familias caucásicas. Estos miembros de la familia extendida ofrecieron apoyo económico y emocional. A pesar de tener una historia de opresión racial y privaciones materiales, ellos han sido de gran importancia en la increíble resistencia y capacidad adaptativa de la familia afroamericana para sobrevivir relativamente intacta a pesar de las graves condiciones urbanas.[4]

Hacer voluntariado en familia enseña lecciones importantes sobre lo que es ésta y sobre lo que usted valora. Así que haga un esfuerzo por unirse a una comunidad con expectativas y estándares similares a los suyos. Si (luego de definir sus valores en el Principio 1) usted ha determinado que valora la generosidad, encuentre amigos y grupos que trabajen con organizaciones caritativas. Si usted valora la educación, únase a un grupo de lectura, o a la asociación de padres de su colegio, y haga conexiones con otras familias que hacen lo mismo. Traiga consigo a otros miembros de su familia y pronto verá que su felicidad aumenta a medida que enfoca sus esfuerzos en la felicidad de otros.

APOYO DE RELIGIONES ORGANIZADAS

El 37% de aquellos que respondieron mi encuesta de las familias felices votaron por asistir a servicios religiosos de manera regular como uno de los tres principios más importantes de las familias felices; el 12% lo ubicaron al principio de su lista.

Seguramente ésta no es la mayoría, pero de vez en cuando, a lo largo de la encuesta, quedaba claro que muchos individuos incluían a Dios en su familia.

Ángel, un hombre de origen hispano de 38 años, me escribió para describir la tragedia de ver su matrimonio consumirse: "Mi esposa me dijo una semana después de comprar nuestra primera casa que ella ya no estaba enamorada de mí. Nos separamos por unos meses, volvimos juntos y luego esos sentimientos de desamor de su parte volvieron, así que nos volvimos a separar".

Después de un tiempo, Ángel y su esposa acordaron intentar arreglar su relación. Como él mismo lo explica: "Ambos redescubrimos al mismo tiempo nuestra fe en Dios y nos dimos otra oportunidad, así que nuestro matrimonio ha estado mucho mejor durante los últimos seis meses. Nuestra pasión por el otro ha vuelto, hablamos mucho mejor y estamos comprometidos con hacer que nuestro matrimonio dure. También acordamos adoptar a nuestro segundo hijo. Las cosas no podrían estar mejor".

Jennifer, de 37 años, también le agradece a su fe por haber salvado su matrimonio: "En el año 2.004 sufrimos una infidelidad en nuestro matrimonio y nos divorciamos. Nos reconciliamos en el 2.005 y nos volvimos a casar en el 2.006. Fueron la ayuda y oraciones de nuestra familia de la iglesia las que nos unieron otra vez".

PRINCIPIOS TOMADOS DE LA INVESTIGACIÓN

Veneración en privado

Dado que las instituciones religiosas establecen normas de comportamiento, y ya que muchas religiones establecidas no apoyan las relaciones sexuales entre homosexuales, uno podría pensar que las parejas homosexuales tenderían menos a integrar instituciones religiosas formales en sus vidas, en comparación con otras parejas. Este pensamiento se apoya en los hallazgos de mi encuesta, en la que sólo una tercera parte de aquellos que se identificaron como homosexuales puso a "asistir a servicios religiosos con regularidad" dentro de sus 5 (de 6) valores principales, en comparación con el 69% de los individuos que no se encontraban en una relación con alguien del mismo sexo. A juzgar por los pacientes homosexuales que conozco, este hallazgo *no* se debe a que los homosexuales y las lesbianas no deseen integrar a la religión en sus vidas, sino a que perciben que muchas instituciones religiosas no quieren acoger a los homosexuales en su rebaño. Por esta razón, muchas familias homosexuales evitan las religiones organizadas y prefieren hacer veneración de una manera personal y privada. Sin embargo, las normas legales y el sentir público están empezando a actuar de manera más favorable hacia el concepto de las parejas homosexuales y el matrimonio, y en muchos lugares de los Estados Unidos, las actitudes sociales y culturales están cambiando.

¿Cómo es que la religión ejerce este tipo de poder sobre la calidad de una familia? Aunque los científicos han pasado mucho tiempo intentando entender el poderoso impacto de las creencias religiosas en la familia, todavía no saben explicar por qué y cómo el tener fe resulta en una mejora de la calidad de vida. Tal vez por eso se llama "fe". ¿Quién está preparado realmente para entender los misterios de un poder superior?

Sin embargo, es claro para mí que, más allá de cualquier efecto, la participación en tradiciones religiosas contribuye a formar otra capa de "familia". Las creencias religiosas guían el comportamiento de los miembros familiares y establecen metas y expectativas para aquellos que hacen parte de la familia. Eso es lo que todas las familias buscan hacer, por eso aquellos que cuentan con los principios de una religión organizada tienen apoyo adicional para conducir a la familia en la dirección indicada. Asimismo, las religiones organizadas ofrecen una comunidad que se construye sobre la base de los mismos valores seguidos por los miembros de una familia. Esto les da a todos los miembros familiares un grupo de personas comprensivas a las cuales acudir en tiempos de dificultad y en tiempos de gran alegría.

La religión organizada también ofrece rituales que solidifican nuestras creencias por generaciones y durante nuestro tiempo de vida –cuandoquiera que necesitemos ese tipo de apoyo. Incluso aquellos que no asisten a la iglesia con regularidad a menudo utilizan esta función de la religión para los eventos familiares más importantes. Muchos de los jóvenes con los que fui a la universidad sintieron que no necesitaban a la iglesia o a la sinagoga en sus vidas, pero cuando quisieron casarse, lo hicieron frente al altar.

De la misma manera, luego del matrimonio, las parejas generalmente hacen un paréntesis en su asistencia regular a los sitios de veneración, pero en cuanto nace su primer hijo, vuelven a las instituciones religiosas para ayudar a establecer las bases de las creencias espirituales de sus hijos. Incluso las familias que se alejan de las capillas y los minaretes vuelven a las puertas de una casa de veneración cuando un miembro de su familia muere.

Para muchos, son las tradiciones plantadas en las creencias religiosas lo que los guía de forma segura a través de los pasajes de la vida familiar.

Todos las etapas de la vida demuestran la necesidad que tiene la familia del apoyo de su familia extendida, amigos, comunidad y religión; un nuevo hogar, un nuevo trabajo, padres ancianos y los eventos del día a día, añaden capas de complejidad a la unidad familiar. Sin embargo, ningún pasaje de la vida tiene el mismo impacto intenso –tanto bueno como malo– de la llegada de los hijos. En el Principio 4, verá cómo las familias felices se mantienen estables a través de los altibajos de la crianza de los hijos.

Principio 4

Las familias felices…
enseñan y aprenden
de sus hijos

Cuando las familias consideran tener hijos, generalmente lo hacen con la sincera creencia de que traer hijos nuevos al clan hará que la familia se sienta más completa, y con la esperanza de que todos sus miembros vayan en dirección a las mismas metas.

Traer más hijos al hogar, sin lugar a dudas, resulta en una profunda mejora de la riqueza y complejidad de una familia. Nadie, ninguna persona de entre los 1.266 encuestados en mi encuesta de las familias felices dijo arrepentirse de haber tenido hijos. Pero todos los que tienen hijos saben que la experiencia de criar a los pequeños no siempre es fácil. De hecho, en ocasiones ¡es sinceramente agonizante!

Créanme, yo sé. Todavía recuerdo cuando el primer conflicto entre padres se presentó en mi casa entre Susan y yo. Nuestro primer hijo, Matthew, apenas tenía seis semanas de vida cuando decidimos ir a un restaurante en New Heaven, no muy lejos del hospital en donde yo trabajaba. Tenga en cuenta que yo era un practicante de Siquiatría así que estaba terriblemente exhausto. También tenga en cuenta que Susan se estaba estrenando como una madre que vivía a cientos de kilómetros de su familia y que estaba cansada. Así que la nueva mamá, el nuevo papá y el nuevo bebé estábamos allá, listos para ordenar nuestra primera cena juntos, fuera de casa.

Entonces, apenas un momento después de habernos sentado en nuestra mesa, nuestro bebé perfecto empezó a gritar como si lo estuviera atacando una jauría de hienas salvajes. Nuestro pequeño Matt, obviamente, no tenía las palabras para decir qué era lo que quería, pero nosotros estábamos desesperados por darle sosiego. Así que recurrimos a revisar la lista de cosas que generalmente hacen llorar a un bebé. Usted sabe cómo es: pañal sucio, gases, posición incómoda, cansancio, hambre, molestia en sus encías. Este fue el momento en el que todo estalló. En el juego de "adivina qué quiere el bebé", yo pensé "tiene hambre", mi esposa pensó todo lo contrario.

Los principios de las familias felices

Todo se trata de crecer

Yo creo que nuestros hijos han sido la parte más difícil de nuestro matrimonio. El ser padre muestra una faceta de usted y de su esposo que no siempre es agradable. Yo era una mamá muy posesiva. No me gustaba que nadie, ni siquiera mi esposo, se entrometiera. Eso también añadió tensión a nuestro matrimonio en ocasiones; todavía ocurre algunas veces, pero siempre nos hemos ingeniado alguna manera de hacerle frente.

Aprendimos a llevarnos bien a medida que maduramos. Fui mamá a la edad de dieciséis, y por mucho tiempo, criar a nuestros hijos era lo único que sabía. Pensé que la vida se trataba de ellos solamente, entonces me perdí a mí misma y empecé a resentir a mis hijos y a mi esposo.

A medida que envejezco, sé que no sólo tengo el derecho de amar a mis hijos, sino a mi esposo y a mí misma. Gracias a Dios que maduramos.

—*Brenda, 36 años de edad, 12 de casada*

Usted podría decir que "hay que estar en desacuerdo para ponerse de acuerdo", pero ese mantra simplemente no funciona en este escenario por un enorme problema: la única manera de satisfacer el hambre de nuestro pequeño hijo era con el mágico elixir de la leche de su mamá, y el único lugar en donde la podíamos encontrar era en las almohadillas especiales del sostén que Susan tenía puesto. Como las hienas invisibles seguían provocando a Matt, nos empezamos a agitar más en busca de la solución. Yo insistía en que Susan lo amamantara diciendo: "Si yo lo pudiera hacer, lo haría. Pero como yo no puedo, no veo la razón por la que tú lo no haces".

Finalmente, ella estuvo de acuerdo, dejo el área de las mesas y se sentó con él en el piso de un pequeño cuarto de baño. Sin embargo, Susan estaba tan tensa, molesta y exhausta, que no salió leche de su pecho. Para cuando salió corriendo del baño en lágrimas, con Matt aún gritando, ni ella ni yo teníamos ya ganas de comer. (Supuestamente Matt todavía tenía ganas, pero ¿quién podría saberlo en realidad?). La noche terminó en desastre, Susan y yo apenas sí nos dirigíamos la palabra mientras esperábamos a la salida del restaurante y ordenamos comida para llevar. No era exactamente la alegría de ser padres que habíamos imaginado.

¿Nos debería sorprender que los niveles de felicidad en los matrimonios disminuyan después de la llegada de un hijo?

ACEPTE EL DESAFÍO Y COSECHE LOS FRUTOS

¡Abrir este capítulo con una discusión sobre lo estresante que es criar a los hijos sería como escribir sobre las propiedades carcinogénicas de la tarta de manzana! ¿Acaso los niños no son lo mejor que nos pueda pasar en la vida? Bueno, sí, y de hecho, muchos padres dicen que sus hijos son su orgullo y alegría. Pero también es cierto que los niños traen tensión, estrés y molestias a la dinámica familiar. Los padres de las familias felices son capaces de seguir siendo felices incluso después que llegan los hijos porque ellos saben de este fenómeno, esperan el trastorno y saben cómo manejarlo.

El desafío

Entonces, ¿por qué las pequeñas chispas de felicidad se vuelven pequeños generadores de dolores de cabeza? Bien, las razones son innumerables. Pero echémosle un vistazo a unas pocas de las maneras más comunes en las que los hijos suelen trastornar la serenidad de la vida familiar.

Los niños reciben toda la atención. En los embriagantes días del enamoramiento, usted sólo tenía ojos para él o para ella. Igualmente importante, él (o ella) tenían ojos ¡sólo para usted! Ahora que hay un nuevo ser en el hogar, los ojos de todo el mundo están puestos en el niño. "Oh –¿quién es la que carga al bebé? Sí, es cierto, tú eres la otra persona importante en mi vida. ¡Lo siento, olvidé que estabas ahí por un minuto!"

Los niños toman tiempo. Las actividades de esparcimiento seguramente eran una gran parte de su vida antes de que empezara su hogar. Ahora, ya sea que le guste hacer manualidades o leer novelas, cuando usted está al cuidado de sus hijos, ese ya no es su tiempo. Los niños, a cualquier edad, generalmente exigen tiempo y atención constantes. Sea pasear por los corredores de su casa hasta las dos de la mañana hasta que su bebé logre dormir o llevar a su hijo de una clase a otra, es seguro que las cosas que usted solía hacer para divertirse son ahora viejos recuerdos, o por lo menos se han reducido en gran medida.

Los niños son costosos. El costo promedio de criar a un niño en los Estados Unidos desde su nacimiento hasta la edad de diecisiete años va de los $163.790 dólares (para los hogares de ingresos bajos) hasta $289.390 (para hogares con ingresos anuales que superan los $75.000 dólares)[1]. ¡Por hijo! Los sacrificios que se desprenden de estos gastos llegan a ser muy molestos. (¿Qué? ¿Tengo que dejar de tomarme mi capuchino diario para que el pequeño Jimmy pueda ir a la universidad?).

Los niños son ruidosos y desordenados. Una vez llegan los niños, despídase de su limpia y ordenada vida –al menos hasta que su hijo tenga la edad suficiente para seguir reglas (¡Cómo no derramar salsa de chocolate en el piso de la cocina!). Y más adelante él o ella escogerán si obedecer o no dichas reglas.

Los niños desafían sus creencias. Le tomó todos estos años darse cuenta de qué tipo de persona es usted. Luego llegan sus hijos y cuestionan sus valores, sus gustos y su estilo. Pueden avergonzarle cuando expresan sus propias creencias y su individualidad. También tienen la capacidad de hacerle volver a pensar tanto sobre lo que usted pensaba que era absoluto en la vida. Y algunas veces, le hacen cambiar de opinión sobre aspectos realmente importantes.

Los niños son individuos. Antes que nazcan nuestros hijos tenemos una buena idea de cómo serán: brillantes, amorosos, atentos, talentosos –exacto como siempre quisimos que fueran– y seguramente crecerán para llegar a ser presidentes de su país. Pero luego llega su hija y en lugar de amar el violín, se enamora de la batería; en lugar de jugar tenis con usted, prefiere montar patineta con sus amigos; en lugar de disfrutar de la pesca y del aire libre, prefiere los videojuegos y conciertos de rock punk. Los niños tienen creencias, valores, temperamentos, deseos y necesidades que no siempre coinciden con nuestras expectativas y deseos.

Los principios de las familias felices

Encontrar felicidad en las cosas pequeñas

Vivíamos en la cima de la felicidad cuando estábamos intentando quedar embarazados. Me embaracé en menos de dos meses. A medida que mi barriga crecía, también crecía nuestro lazo como pareja. Nos sentíamos en la cima del mundo. Imaginábamos que nuestra hija no sólo traería alegría a nuestro matrimonio sino que nos haría aún más felices. Si yo hubiese sabido en ese entonces cuán difícil y menos gratificante la llegada de nuestro bebé haría nuestro matrimonio, pienso que habría esperado un par de años más. Pero ahora tenemos un bebé de seis semanas y no podemos dar vuelta atrás.

Intento encontrar la felicidad en las pequeñas cosas, como en las sonrisas de mi hija o cuando ella duerme lo suficiente para que nosotros podamos hacer cosas de adultos. Hemos aceptado que nada volverá a ser como antes. Pero eso no significa que todo esté perdido. Tenemos optimismo en que las cosas pueden ser igual de buenas, pero de manera diferente. Nos disculpamos después de cada pelea, decimos "te amo" a menudo, compartíamos la alegría de cada avance de nuestra bebé y nos recordamos que hay que bajar el ritmo, sonreír y ser buenos mutuamente. Todavía es muy pronto para decir qué he aprendido de la crianza de un hijo, pero ya tengo más confianza en mí misma y estoy impresionada con el apoyo que mi esposo me dio en el nacimiento de mi hija. Ahora cuando peleamos y la falta de sueño nos enloquece, recuerdo el increíble compañero que fue mi esposo durante el parto, cómo pasó dos días dándome masajes en la espalda, sosteniendo mi mano, alimentándome con gelatina… y entonces le perdono sus defectos y deficiencias… nadie es perfecto, ¡aunque él estuvo cerca de serlo durante el parto y el nacimiento!

—*Cathlyn, 26 años de edad, tres de casada*

Así que no es de sorprender que la niña de sus ojos se convierta en la fuente de estrés familiar. Uno de los principios de las familias felices es saber y esperar que los hijos –todos los hijos– trastornen la paz de un hogar tranquilo. Tomemos a Christine como ejemplo. Christine es una mujer de 40 años de edad, que lleva 20 casada, que vive con su familia de 7 integrantes, que incluye a su esposo, sus hijos biológicos y sus hijos de acogida. Ella había empezado a trabajar tiempo completo cerca de 2 años antes de contestar la encuesta de familias felices, y sopesa su estilo de vida actual en comparación con el que tenía unos años atrás:

"A pesar de que ser una esposa y madre de tiempo completo haya sido el trabajo más difícil y desagradecido que pueda haber tenido, fue definitivamente el más gratificante, ¡sin lugar a dudas!"

La diferencia entre las familias como la de Christine y las familias menos felices es que las familias como la de Christine no se dejan alterar por el caos que significa ser padres. Cuando estos padres son llevados por el tornado de sus vidas nunca olvidan que las recompensas de ser padres compensan a los desafíos que esto supone.

Los frutos

Sólo saber que el estrés que viene con la crianza de los hijos reduce los niveles de felicidad, ayuda a muchos padres a superar situaciones difíciles en este proceso. Estos padres me dicen con un suspiro de alivio "¡Gracias a Dios! ¡No soy el único que se siente así!"

Entonces, ¿por qué si los hijos son problemáticos, los tenemos de todas maneras? (Además, claro está, de lo positiva que resulta la experiencia del sexo). Lo hacemos porque, a pesar de los desafíos que representa el ser padres, criar a los hijos es increíblemente gratificante. La lista que verá a continuación menciona algunas de las alegrías y recompensas de la niñez que son difíciles de olvidar en el trabajo diario de criar a su bebé. A lo mejor usted quiera hacer una copia de esta lista para tenerla a mano. La próxima vez que se pregunte *¿qué estaba pensando?*, usted tendrá la respuesta.

Los niños son nuestra esperanza en el futuro. Ellos se quedan con nuestros genes, nuestros valores y nuestras tradiciones después que nos hemos ido. Si tuvimos experiencias negativas en nuestra niñez, nuestros propios hijos nos dan la oportunidad de plantar nuevos valores y comportamientos en sus mentes y en sus corazones.

Los niños traen alegría. La manera en que un niño se maravilla con las cosas es contagiosa. Esa risita tierna, esa sonrisa adorable, los graciosos ruidos y travesuras –todos traen alegría al hogar. Nos enorgullecemos de sus logros, compartimos sus triunfos, disfrutamos sus aventuras. Ellos nos hacen olvidar nuestra faceta de adultos y nos ofrecen muchas oportunidades de actuar como niños otra vez.

Los niños le dan propósito a nuestra vida. Ir al trabajo todos los días y hacer la comida, entre otras actividades, adquieren sentido si usted sabe que está viendo por otro ser. Los niños también nos necesitan. Nos dan una razón para levantarnos y luchar otro día más. Nos enseñan a ser menos egoístas y tienen una visión más amplia de nuestro papel en la vida.

Los niños nos conectan con la comunidad. Tener un hijo nos lleva a estar con la comunidad. Desde los grupos para madres y bebés o las reuniones de la asociación de padres en el colegio, hasta pasar el tiempo en el parque con otros padres o tomar fotos de la fiesta de graduación de su hijo; cuando usted tiene hijos ya no está aislado; usted es parte del club de padres.

Los niños nos conectan con nuestra familia extendida. Los niños tienen una manera maravillosa de reunir a abuelos, hermanos y otros familiares. Cuando hay niños involucrados, las vacaciones se sienten más especiales, los picnics son más emocionantes, los cumpleaños son más importantes, e incluso las reuniones familiares en un restaurante son más interesantes. Los niños suelen ser el pegamento familiar.

Los niños ayudan a compartir la carga. En culturas tradicionales, y aún en muchas familias hoy en día, los niños alivianan la carga de trabajo –desde alimentar a las vacas en la granja hasta archivar los documentos del negocio familiar. Pero incluso en aquellas familias que no tienen un negocio, los niños tienen muchas responsabilidades en el hogar con tareas como aspirar, rastrillar las hojas de los árboles o traer leña para calentarse en el invierno.

Los niños nos dan amor. Durante sus primeros meses de vida, su cara es probablemente lo único que su hijo conozca, y la alegría que expresa cuando la ve no tiene comparación. Durante la niñez, el amor que su hijo tiene por usted es puro y sincero y viene del corazón. En los años de adolescencia, viene y va, y parece esconderse algunas veces. Luego, cuando son adultos, generalmente se da con gratitud, aceptación y entendimiento. En todas las edades, los hijos tienen el potencial de darnos un vida entera de amor en todas sus maravillosas y sorprendentes formas.

El punto aquí es que para muchos individuos en casi todas las culturas, los hijos y la familia son como los panqueques y la miel de maple:

van juntos. Las familias felices generalmente encuentran que las recompensas de criar a los hijos superan por mucho a los inevitables desafíos. También se dan cuenta que ser padres no siempre se da naturalmente y que las habilidades necesarias para mantener ese delicado equilibrio entre la alegría y la rabia, el orgullo y la decepción, llegan con el tiempo. A continuación hay una muestra de las habilidades para ser padres que muchas familias felices ponen en práctica en cada etapa del desarrollo de sus hijos.

LAS ETAPAS DE SER PADRES

Tenemos la tendencia a hablar de lo que significa ser buenos padres como si todos evidentemente supiéramos de qué se trata. Pero no creo que los sepamos. Después de todo, lo que para algunos padres es bueno, para otros es terrible.

¿Enviar a un niño al colegio con congestión nasal y un poco de fiebre es ser buenos padres? Probablemente no, ¿pero qué tal si a su mamá no le es posible faltar otra día al trabajo porque la despedirían? En ese caso, preservar la seguridad económica del niño superaría el riesgo de empeorar un resfriado o esparcir gérmenes.

¿Enviar a un niño que está en segundo de primaria al colegio con una pistola de juguete es ser buen padre? Ciertamente no lo es. ¿Pero acaso su abuelo sabe que dar una pistola de fulminantes al pequeño Mikey para que le muestre a sus amigos en el parque de juegos podría meter en problemas al niño y a su familia con las reglas del colegio?

¿Dejar que su hijo adolescente consuma alcohol con sus amigos en tanto que todos se queden esa noche en la casa y le entreguen las llaves del auto es ser buenos padres? Muchos padres pensarían que sí y dirían: "Al menos sabemos en dónde están". Muchos otros padres dirían que permitir el consumo de bebidas alcohólicas antes de la edad permitida por ley no les enseña de ninguna manera a los adolescentes que está bien incumplir la ley.

Cada día, en un hogar en los Estados Unidos, es ciertamente difícil decir quiénes están siendo buenos padres y quiénes no. Con esa aclaración, me gustaría darles unas sugerencias básicas para ser padres que, a través de los años, les han ayudado a muchas familias a enfrentar el reto de intentar ser buenos padres y al mismo tiempo crear un hogar amoroso y feliz.

En los primeros meses de vida

En las primeras etapas del desarrollo, los niños necesitan atención y amor ilimitados. Para obtener estas dos cosas, ellos nacen con un sistema de alarma increíblemente efectivo –lloran. Ese es su único medio para comunicar cosas importantes como dolor, enfermedad, aburrimiento, hambre, irritabilidad y cansancio. Sin embargo, los nuevos padres reciben el siguiente bienintencionado consejo de amigos y familiares: "No alces al bebé cada vez que llora o terminarás malcriándolo pues va a llorar todo el día para que lo cargues". Bueno, por ahí se fue una buena posibilidad de tener una familia "feliz". ¿Quién puede estar feliz en una casa llena de gritos que ponen los nervios de punta? El cuerpo humano está programado para responder rápidamente a los lloros de un infante afligido –ignorar ese llamado de la evolución es muy difícil y termina produciendo un estrés inmanejable con el tiempo.

Afortunadamente, este es un consejo que usted está en libertad de ignorar. En cambio, usted debe sentirse libre de mantener la paz en su casa y tranquilizar al infante que gime. Usted no va a malcriar a su hijo durante los primeros seis meses por responderle cada vez que llora o por rendirse a su impulso de consentirlo y tranquilizarlo.

Durante la niñez

En cuanto los niños crecen, entienden lo que pasa a su alrededor y comunican sus pensamientos, los padres juegan un papel importante en la formación de su desarrollo moral y emocional. A continuación explico la forma en que sus acciones afectarán la felicidad de su familia a la vez que formarán la autoestima y la fortaleza de su hijo.

PRINCIPIOS TOMADOS DE LA INVESTIGACIÓN

Televisión antes de los dos años

Muchos bienintencionados padres tratan de enriquecer el campo de experiencias de su bebé sentándolo frente al televisor para exponerlo a diario a un mundo lleno de hojas flotantes, animales de granja, payasos graciosos, música clásica y otras cosas parecidas. Pero según la Academia de Pediatras de los Estados Unidos, ver el mundo en una pantalla de dos dimensiones no tiene un impacto positivo en las habilidades de pensamiento de un niño. De hecho, la Academia recomienda que los niños tengan mínima, si no *ninguna* exposición a la televisión antes de los dos años de vida.[2] Los pocos estudios que se han llevado a cabo sobre la materia muestran que sustituir la televisión "edu-entretenededora" por interacciones de la vida real (como los shows de títeres) reduce dramáticamente el aprendizaje del niño.[3]

Modele elecciones de vida positivas. Es cierto que los niños ven todo lo que usted hace, así que sus acciones son formadores mucho más potentes que sus palabras. Algunos padres tienen vidas sanas, amables y significativas –ellos son modelos de conducta innatos sin siquiera intentarlo. Pero otros padres tendrán que hacer un esfuerzo más consciente por modelar los hábitos y las actitudes que desean para sus hijos. Esto incluye a aquellos entre ustedes que antes de tener sus hijos tuvieron un estilo de vida basado en la música fuerte, o que consumían alcohol toda la noche, o que usaban drogas psicoactivas, o que tenían placeres más inocentes como consumir comidas abundantes o montar en bicicleta sin protección. Saber que sus hijos aprenden con el ejemplo puede definitivamente aguarle la fiesta a su faceta alocada.

Ahora sí en serio, si usted o su pareja consumen bebidas alcohólicas o drogas, son adictos al juego, a la pornografía, o tienen cualquier otro comportamiento compulsivo o destructivo, consiga ayuda –profesional si es necesario– ¡ahora! Los niños son esa razón absoluta para dejar el mal hábito. Ellos necesitan que usted sea saludable y mentalmente estable.

Responda con amor y apoyo. Las vidas de los niños pueden ser un viaje confuso y desordenado de altos y bajos. Gane la batalla hoy –pierda un amigo mañana. Siéntase orgulloso y seguro el lunes– siéntase avergonzado y temeroso el martes. Nuestros hijos esperan que nosotros hagamos una evaluación de su valor y su valía a través de todas estas experiencias de vida. ¿Cómo responder a esta importante tarea?

Incluso si los logros de sus hijos no cumplen con sus expectativas, o si se siente tentado a burlarse porque ellos no han logrado lo que usted ya había logrado a esa edad, haga a un lado la conversación inoficiosa y sea generoso al felicitarlos y animarlos. La distancia emocional, el sarcasmo y el criticar lo que le pasa, tienen un fuerte impacto negativo en la manera en que su hijo se ve a sí mismo. Es difícil para los niños construir un sentimiento de autoestima cuando perciben (correcta o incorrectamente) que sus padres piensan que ellos no son especiales.

Ayude a sus hijos a aprender estrategias para hacerle frente a las situaciones. Debido a que la vida es una larga serie de caídas y de ponerse de pie nuevamente, la manera en la que usted responda a esas caídas en la vida de su hijo le dará a él o a ella habilidades de resistencia. En el Principio 7, nos adentraremos en este tema de la resistencia más detalladamente y veremos que las personas más felices son aquellas que han experimentado estrés y que han aprendido a manejarlo de una manera constructiva. Pero en cuanto al tema de ser padres, ¿qué puede decirle un padre a su hijo que quiere tener un gran papel en el coro? ¿O a su hijo que debe quedarse en la banca soñando con anotar un jonrón?

Estos eventos ofrecen la maravillosa oportunidad de enseñar a nuestros hijos los procesos intelectuales que están relacionados con la solución de problemas. Éstos les ofrecen a padres y cuidadores oportunidades de mostrar a sus hijos cómo y por qué otras personas (incluidos nosotros) no siempre logran resolver lo que les molesta. Pero, al ser proactivos, los niños encontrarán en su interior formas de conquistar sus miedos y fracasos. Pídales a sus hijos que piensen en algunas ideas; no les dé las opciones. ¿No logró quedar en el equipo este año?

¿Qué puede hacer? Persuada a su hijo para que piense en algunas opciones: tal vez intentar entrar a otro equipo que necesite jugadores con su nivel de habilidades; qué tal tomar clases para mejorar y volverlo a intentar más tarde; de pronto pensar en dedicarse a otra actividad para la que tenga mejores habilidades; o armar su propio equipo.

No hay solución fácil para el dolor de los dilemas de la niñez, pero todos los niños deben aprender que aunque la vida no siempre les da felicidad, la dificultad está ahí para ellos con un propósito.

Con los adolescentes

En cuanto los hijos pasan a los años de la adolescencia, los desafíos de ser padres aumentan. La tarea de equilibrar su deseo como padre de preparar a sus hijos para la edad adulta y el impulso hormonal y biológico de ellos por alejarse de usted, requieren de un buque lleno de sabiduría, humor y amor.

Las familias felices saben que tienen influencia. En esta fase del desarrollo, los hijos son muy susceptibles a las influencias externas, incluidas las personas de su misma edad. De hecho, ha habido una gran cantidad de despliegue publicitario alrededor de investigaciones que han descubierto que otras personas de su edad tienen más influencia que sus padres. Los hechos son más complicados que lo que los titulares lo llevarían a usted a pensar. Sí, cuando se trata de abuso de drogas, los chicos que están alrededor de sus hijos sí influyen en ellos. Pero cuando se trata de los valores básicos y de las grandes decisiones (como el valor de la honestidad o el elegir universidad), usted tiene mayor influencia sobre sus hijos que sus amigos.[4]

De hecho, un estudio llamado "Relaciones e interacciones entre padres y adolescentes" examinó el nivel de influencia paterna en adolescentes y reportó los interesantes resultados que se encuentran a continuación:[5]

- Más de cuatro por cada cinco adolescentes estuvieron de acuerdo o muy de acuerdo en tener una buena imagen de sus madres y padres.

- Más de la mitad estuvieron de acuerdo o muy de acuerdo en querer ser como sus madres, y un poco menos de dos terceras partes en querer ser como sus padres.

- Más de tres cuartos reportaron que realmente disfrutan del tiempo que pasan con sus madres o con sus padres.

Las familias felices se hacen cargo. Aunque es posible que su hijo adolescente le sugiera que sus opiniones no importan, sí importan. Las familias felices saben esto, y los padres se sienten cómodos cuando están a cargo. No se preocupan por el hecho de que al decir que no, harán a sus hijos infelices. ("No, no te puedes poner esa ropa para ir al colegio"). Ellos no se retractan de decisiones difíciles porque "todos van a ir". (No, no puedes irte de campamento el fin de semana con tus amigos). Ellos son los padres y saben qué es lo mejor. Ellos establecen sus expectativas y hacen lo que predican. Esto es de vital importancia durante los años de adolescencia, que es cuando nuestros hijos creen estar 100% seguros de que saben todo lo que hay que saber sobre cualquier cosa –aunque en lo profundo de su ser estén pidiendo ayuda y guía de sus padres. Mark Twain hizo un comentario sobre esta situación con su habitual gracia: "Cuando tenía 14 años, mi padre era tan ignorante que apenas sí podía soportar tenerlo a mi lado. Pero cuando cumplí 21 años, me sorprendió lo mucho que él había aprendido".

He visto a muchas familias que no entendían la necesidad de autoridad que tienen sus hijos y, que a medida que ellos crecen, los padres terminan siendo subyugados por adolescentes sin control. Los hijos a los que me refiero son aquellos que recibieron lo mejor de lo mejor y a los que no se les pidió que hicieran ningún esfuerzo para asegurar su comodidad. El mensaje que recibieron estos hijos fue que todo lo que sucedía en sus familias giraba en torno a ellos.

En su libro *Blessings of a skinned knee*, la terapeuta infantil Wendy Mongel señala: "En su afán por hacer todo bien para sus hijos, los padres... los malcrían emocionalmente –sobrevaloran la necesidad de sus hijos de expresarse y sus hogares se convierten en pequeñas democracias. "Ésto" no les da a sus hijos un sentido de autoestima. En cambio, los asusta y les da el mensaje de que sus padres no están completamente a cargo. Cuando los padres rechazan ser la figura de autoridad, estos padres no empoderan a sus hijos, los vuelven inseguros".[6] La Dra. Mongel nos recuerda esa visión bíblica del papel del adulto en la educación de los hijos: "No hacerlos sentir bien sino hacerlos sentir buenas personas."

Lograr el equilibrio perfecto en la educación de los adolescentes es casi una hazaña imposible. Pero plantar el concepto del respeto constante hacia los padres, hacia los valores familiares y por sí mismos, al tiempo que se les dan herramientas para aprender del mundo en una forma saludable, segura y en un entorno abierto, llevarán a tener una familia más feliz.

Hijos adultos

Hay suficientes consejos que guían a los nuevos padres a través de las etapas de sus hijos desde que nacen hasta sus años de preadolescencia y adolescencia; abundan libros, revistas, estudios de investigación, y otras fuentes por el estilo.

Pero no hay mucha ayuda para cuando esos hijos ya son adultos. De hecho, mi coautora, Theresa, escribió uno de los pocos libros que hay sobre este tema: *How to Talk to Your Kids About Really Important Things: Specific Questions and Answers and Useful Things.* Ella escribió este libro porque la necesidad de establecer pautas no termina con el colegio o después del grado de la universidad. Cuando los hijos son adultos, el proceso de lograr la independencia generalmente se retrasa por la universidad, los estudios de maestría, y, por supuesto, por meses o años de estar "buscando qué quiero hacer con mi vida". Los principios de las familias felices pueden parecer muy enigmáticos cuando las familias luchan con hijos adultos que vuelven a vivir en su casa y empiezan a andar con sus amigos y a tomar la comida directamente del refrigerador.

He tratado muchos pacientes que enfrentan los retos de tener "hijos búmeran" en casa. Justo en el momento en el que piensan que ya se han quedado solos y que van a tener algo de serenidad, sus hijos tocan a la puerta y llegan con sus pertenencias en un remolque. Estos hijos adultos no son tontos; ellos saben que la comodidad y los beneficios económicos de estar en casa de sus padres son demasiado atractivos como para rechazarlos. Este regreso enriquece a las familias de cierta forma; los hijos adultos traen consigo nuevas perspectivas adultas, locas historias de aventuras e historias al estilo de drama romántico a la mesa. Esto puede ser bueno para los padres, pero hay el riesgo de que estos arreglos pospongan la transición de su hijo a la edad adulta.

PRINCIPIOS TOMADOS DE LA INVESTIGACIÓN

Una nación de débiles

El libro titulado *Una nación de débiles* suena un poco negativo y duro, pero no se puede negar que los chicos de hoy están arrastrando sus pies para pasar a la edad adulta. A través de las referencias clásicas de la edad adulta –salir de la casa, terminar la universidad, conseguir un trabajo, casarse y tener hijos– se encontró que el 65% de los hombres se convirtió en adulto a la edad de 30 años en 1960. Por el contrario, sólo el 31% de los hombres llegó a la edad adulta en el año 2.000.[7] ¡Duele!

Las cosas no siempre son tan fáciles cuando un hijo adulto vuelve al hogar. Es posible que estos hijos se opongan a las reglas de la casa, como el tender la cama o sacar la basura. También pueden quejarse de la muy apropiada petición de pagar por la comida y el alojamiento. Generalmente los padres no se fijan en un factor clave: cuando su hijo cumple dieciocho años, ya es legalmente adulto; los padres ya no tienen ninguna obligación de proveer un hogar para su hijo. Esto no quiere decir que el único enfoque que se deba seguir con los hijos adultos sea "A mi manera o te vas"; como lo haría con hijos de cualquier edad, usted debe tomarse el tiempo de escuchar por qué sus hijos buscan flexibilidad de su parte. Pero si no puede ponerse de acuerdo en estar en desacuerdo, entonces usted es el que manda, y, aunque le parta el corazón verlos irse, este podría ser el primer paso que den hacia la edad adulta. Y si lo piensa de esta manera, la idea siempre es ayudar a sus hijos a llegar a esta etapa.

Nietos

Muchos padres terminan no sólo albergando a sus propios hijos adultos que vuelven para instalarse sino también a los pequeños polluelos de esos hijos. Para muchos, ésta no es una situación mala. Es muy cierto lo que dice el adagio, que es más divertido ser abuelo que padre. En cierta forma, ser un abuelo en cumplimiento de su deber es el mejor escenario posible: ver a los niños crecer ante sus ojos, malcriarlos hasta el cansancio y dejar que sus padres se encarguen de la disciplina.

Sin embargo, aún en ese papel secundario, los abuelos tienen un profundo efecto en las vidas de los niños y en sus niveles de felicidad en la familia. Un estudio conducido en el Reino Unido en el 2.008, el primero en su género, buscó determinar si los abuelos que ayudan en la crianza de sus nietos contribuyen a su bienestar. Los investigadores encontraron que una tercera parte de las abuelas regularmente estaba al cuidado de sus nietos adolescentes, y alrededor del 40% ayuda de forma ocasional. El estudio encontró que los abuelos enriquecían las vidas de estos adolescentes ayudándoles a solucionar problemas y estando presentes en momentos de estrés familiar.[8] ¡Entre más se involucraban los abuelos, más enriquecedoras eran las vidas de los hijos! Y todos sabemos que los niños felices hacen hogares felices.

No hay una regla perfecta y única para criar a los hijos. De ser así, seguramente todos la estaríamos aplicando, ¡y todos tendríamos una dinámica familiar perfecta! La realidad es que la manera en que eduque a sus hijos (sin importar la edad) es una amalgama de sus propias experiencias en la niñez, sus valores culturales y las personalidades de sus hijos. El único principio unificador es que si los hijos son educados con parámetros similares a los que usan las familias felices que se presentan en este libro, hay un buen chance de que durante el transcurso de sus vidas sigan contribuyendo a formar estructuras familiares fuertes y felices. Los valores centrales, los hábitos afianzados de compromiso y comunicación y el establecimiento de una red de apoyo, trabajan sinérgicamente para construir una base fuerte sobre la que la familia construye su identidad. Estos son los componentes vitales de la seguridad y de la comunidad que los niños necesitan para contribuir a la vitalidad y la felicidad de la unidad familiar.

REPRENDA A SUS HIJOS DE MANERA INTELIGENTE

Hablemos sobre la disciplina. Todos tenemos alguna idea de cómo nos gustaría que nuestros hijos se comportaran y desarrollaran; sin embargo, aún veo a tantos padres en mi consultorio lamentándose por la dirección que han tomado sus hijos. Estos padres dicen: "Los niños no se comportan de la forma en la que imaginé que lo harían". ¿Y cuál es esa forma?

¿Qué esperan las personas de sus hijos? En mi encuesta en línea de las familias felices hice muchas preguntas, pero para la única pregunta que específicamente se refería a la crianza de los hijos, les pedí a los encuestados que sólo apoyaran una de las siguientes afirmaciones:

1. Los niños deben seguir de manera estricta las reglas y normas establecidas por sus padres.

2. A los niños se les debe incentivar a cuestionar la autoridad para promover el pensamiento independiente, incluso si esto significa que ellos desafíen a sus padres.

3. Ninguna de las anteriores.

Lo que la encuesta mostró fue que casi 1 de cada 4 personas pensaba que los niños debían seguir un estricto código de disciplina. Casi el 40% de los encuestados creyó que ninguna de las descripciones era acertada. Muchos de los que respondieron esta pregunta –especialmente los que escogieron la opción 3 –siguieron a la sección de comentarios y escribieron ideas como las que se encuentran a continuación:

"Los niños deben seguir reglas y cumplir con las expectativas establecidas por sus padres pero también se les deben permitir los cuestionamientos según la edad. A final de cuentas, los padres son quienes deciden".

"En general, los niños deben seguir las reglas y pautas establecidas por sus padres, maestros, etc., pero deben sentirse libres de discutir de manera inteligente las emociones/razones por las que están en desacuerdo con esas expectativas".

"Creemos que hay un punto medio que involucra el pensamiento independiente y el comportamiento respetuoso por igual".

En una simple pregunta de opción múltiple, 475 personas incluyeron su comentario para describir el enfoque que tenían para establecer las reglas en su casa. Está claro que los encuestados tenían fuertes creencias sobre este asunto.

Fuere que pensaran que los niños deben estrictamente seguir reglas o que los niños deben ser libres de desafiar a sus padres, la mayoría estuvo de acuerdo en una cosa: el mejor enfoque para imponer disciplina es el equilibrio de los dos.

Eso es lo que habría dicho yo también –pero es mucho mejor escucharlo de otros padres que aprendieron esta lección luego de intentar y fallar y salieron adelante definiéndose a sí mismos como miembros de una familia feliz. Ahora la tarea es hallar ese equilibrio entre la obediencia exigente y permitir el pensamiento independiente.

Todos hemos escuchado a padres y maestros quejarse: "Los niños están fuera de control; ya no sé qué hacer. Los he castigado, les he decomisado cosas, pero todavía siguen dando guerra todo el tiempo."

Escuchamos esta afirmación tan seguido porque muchas personas creen que la manera de "controlar" a los niños es a través del castigo –y ese es un gran error. La disciplina no es sinónimo de castigo; más bien significa enseñar un patrón de comportamiento y de autocontrol que les dé a los niños un crecimiento moral y emocional. Algo muy distinto a "sacar el látigo". No soy fan del castigo físico para cambiar el comportamiento de los niños, a menos que deba hacerlo cuando se encuentran en peligro (como cuando le das una palmada en la mano cuando intenta tocar una serpiente). Aparte de ser cruel con el niño, golpearlo simplemente no funciona. He hablado con cientos de padres que les pegan en el trasero a sus hijos, o les dan bofetadas, los empujan, o usan algún tipo de castigo físico como método para disciplinarlos. Aunque algunos dicen que eso hace que sus hijos alteren su comportamiento temporalmente, la gran mayoría se siente frustrada por la falta de respuesta de sus hijos a largo plazo.

Los principios de las familias felices

Equilibrio entre reglas y libertad

Los niños deben tener límites, pero a veces también deben tener la libertad de poner esos límites a prueba. Aprendemos mejor de la experiencia. Si protegemos mucho a nuestros hijos, entrarán a un mundo para el cual no están preparados. Es conveniente darles reglas que les enseñen qué está bien y qué está mal, y darles libertad para aprender de sus errores en un ambiente seguro.

—*Rebecca, 24 años, 8 meses de casada, sin hijos*

A decir verdad, todas las formas de castigo (como castigar, decomisar o gritar) tienden a tener un pequeño efecto en el comportamiento de los niños con el tiempo si son los únicos métodos de disciplina que se usan. Un enfoque que es consistente, tiene en cuenta las consecuencias naturales de la acción y se construye sobre la base de la unidad y del amor, de tal manera que reduce la necesidad de castigar y les da a los niños las herramientas que necesitan para entender sus límites y controlar su propio comportamiento.

Disciplina con constancia

La constancia en la disciplina es imprescindible. No puedo ser lo suficientemente enfático, pero voy a intentarlo a través de una historia sobre ratas. Cuando comencé mis estudios de pregrado en la Universidad de Brown, quería especializarme en Sicología. Pero luego de sólo haber tomado un curso en esa área, cambié de opinión por dos factores: las estadísticas y las ratas.

La parte de las estadísticas es fácil de entender. Para especializarme en Sicología debía tomar muchas clases de Estadística. No sé mucho de Matemáticas, me considero más bien una persona con don de gentes. Y aunque sé que el estudio de la Estadística es una parte importante del estudio del comportamiento humano, simplemente no disfrutaba pasar mucho tiempo haciendo cálculos matemáticos.

Las ratas son otra historia diferente. Tomé una clase de Introducción a la Sicología que tenía un componente de laboratorio como requisito. En ese entonces, pensé que los experimentos obligatorios con ratas eran una pérdida de tiempo total. Pero, como aprendemos con el tiempo, algunas veces las lecciones que hacemos a un lado porque nos parecen tontas son las que terminan teniendo mayor valor. En todo caso, treinta años más tarde, un particular experimento con ratas me ayuda a explicar por qué la constancia en la disciplina es tan importante.

Se le asignó una rata en una jaula de metal a cada estudiante. En cada jaula sobresalía una palanca de metal del tamaño de una barra de goma de mascar. La rata se paseaba por la jaula viendo aquí y allá y finalmente golpeaba la palanca. El inteligente dispositivo electrónico adherido a la palanca soltaba una deliciosa bolita de comida en la jaula. La rata devoraba la bolita de comida y en poco tiempo aprendió que si golpeaba la palanca de nuevo, saldría otra bolita de la jaula. Golpea la palanca, sale la comida. Golpéala otra vez, sale la comida por el túnel. La rata siguió presionando la palanca a un mismo ritmo, y la vida fue buena para la Señora Rata.

Luego el experimento cambió. En lugar de darle una bolita a la rata cada vez que tocara la palanca, la rata recibía una bolita de vez en cuando. Esto se denomina refuerzo variable. Algunas veces le llevaba tres golpes hacerlo; algunas veces trece. Usted podría pensar que nuestro peludo amigo se rendiría en este punto, ya que nuestro pequeño experimento se había vuelto más trabajoso. Por el contrario. En lugar de golpear la palanca menos veces, la rata empezó a golpearla como loca. Su mente de rata pensó que golpear la palanca le daría una bolita de comida en algún momento, así que se convirtió en una pequeña máquina roedora que podía golpear, golpear y golpear hasta que su bocadillo saliera.

Luego vino la tercera parte del experimento llamada extinción. Ahora que la rata había aprendido que si seguía intentándolo conseguiría una bolita de comida, quisimos ver si dejaría de golpear la palanca si dejábamos de darle el bocadillo. De acuerdo a lo planeado, empujo la palanca como loca, pero no salió ninguna bolita. Luego descansó por un momento, olió la jaula un poco, se orientó nuevamente, y volvió a empujar la palanca. Volvió una y otra vez con el tiempo, y finalmente dejó de empujar. Alguna parte de su cerebro de rata le decía: "Mi fuente de comida se acabó y ya no vale la pena empujar la palanca." Eso es el resumen de lo que aprendió la rata, pero como estudiante de Sicología, se suponía que yo debía aprender un poco más que eso.

PRINCIPIOS TOMADOS DE LA INVESTIGACIÓN

Disciplina para los chicos

Los investigadores están empezando a entender que algunos problemas de comportamiento tienen que ver, de hecho, con que los niños y las niñas no aprenden de la misma manera. Estará preguntándose por qué les llevó tanto tiempo a los investigadores darse cuenta de esto; padres y maestros saben esto desde el principio de los tiempos. Michael Gurian, coautor del libro *The Minds of Boys: Saving Our Sons From Falling Behind in School and Life* ha abogado por mucho tiempo por un enfoque individualizado en la educación de los niños, reconociendo que tienden a ser aprendices más quinésicos ("activos"). Pedirle a un chico en edad escolar que permanezca tranquilo en una silla por más de 45 minutos no debe ser la mejor manera de educarlo y sí puede crear problemas. Debido a que los chicos tienden a ser menos tolerantes con las restricciones impuestas en el salón de clase, y debido a que puede haber un retraso en el desarrollo de las habilidades de lectura y habla en comparación a las chicas, ellos están más propensos a ser clasificados como chicos con problemas de aprendizaje o de comportamiento. A veces, cambiar este enfoque educativo es todo lo que se necesita para corregir esta "inhabilidad".[9]

Creo que no aprecié la gran importancia del experimento hasta que tuve hijos: si usted quiere que alguien haga algo, entonces dele una recompensa, y si quiere que alguien deje de hacer algo, retenga la recompensa. Muy sencillo.

Pero hay otro hallazgo más sutil a partir de estos experimentos con ratas: si quiere que alguien deje de hacer algo, pero usted retiene la recompensa *sólo algunas veces* y no *todo el tiempo*, entonces esa persona seguirá *más* ese comportamiento, no menos.

Vi esta lección en acción justo el otro día en el supermercado. Un padre y su pequeña hija (3 años más o menos) estaban en la fila para pagar.

Sorprendentemente había caramelos en la misma caja (¿qué tan seguido puede llegar a pasar esto?). Así que lo primero que hizo la pequeña señorita cuando llegó a la fila fue intentar tomar algunos caramelos. Y pensé, esto es como la primera parte del experimento con la rata: cuando la niña agarra los caramelos, es como cuando la rata empuja la palanca. Ella quiere saber si será recompensada con un bocadillo.

Su padre tomó los caramelos que ella tenía en su mano y le dijo que no habían ido al supermercado a comprar dulces. La niña se ofuscó un poco, se puso algo roja y produjo un gemido agudo. Ella miró a su padre desde su silla en el carro del mercado y dijo: "¡Por favor papi, sólo uno!" Su padre volvió a decir no y trató de calmarla pidiéndoselo de una manera creativa. No, ella no se iba a rendir así que empezó a decir "Poooor favooor" una y otra vez. Esto era como la segunda o la tercera parte del experimento de la rata. Si ella empujaba la "palanca" de su padre lo suficiente, ¿sería recompensada? El padre finalmente se rindió y vio severamente a su hija y dijo: "Está bien. Te voy a comprar ese paquete pequeñito de allá, pero sólo esta vez. La próxima vez que diga no, es no".

Si mi profesor de Sicología estaba en lo cierto, y yo creo que sí lo estaba, este padre le ha enseñado a su hija a llorar y a patalear *más* la próxima vez, no menos. Él pensó que estaba estableciendo un límite; después de todo, él dijo: "¡No más caramelos para ti!" Pero estas acciones hablaron más fuerte que sus palabras. Como lo aprendió la rata en el segundo experimento, si empujas lo suficiente, eventualmente algo pasará. Y cada vez que algo pasa, la rata aprende a empujar con incesantes ganas. La próxima vez que este equipo padre-hija salga al supermercado, ¿usted cree que esta pequeñita va a decirse a sí misma: "Mi papá dijo la última vez que no debía hacer más pataleta, así que me sentaré calladita y no pediré nada"? ¡Nunca! Este padre le ha enseñado que si se queja lo suficiente, ella obtiene lo que quiere. ¡No inmediatamente, pero eventualmente, así que sigue haciendo escándalo!

Ahora suponga que en lugar del refuerzo variable, el padre de esta niña hubiera intentado extinguir su comportamiento. En ese caso, sin importar lo que ella dijera o hiciera, qué tanto patalerara o gritara, él tendría que haber dicho: "Cuando digo no es no. No hay caramelos". Muy seguramente ella habría gritado, pataleado y llorado más alto por un momento, así como la rata siguió empujando con más velocidad y fuerza la palanca. Pero, al igual que la rata, cuya ración de bolitas de comida se había terminado, la pequeñita se habría dado cuenta de que no hay recompensa cuando hace alboroto. Luego de un tiempo, el alboroto habría pasado. Ese es el poder de la constancia.

Mantener esta constancia es trabajo de los padres –y no espere ninguna ayuda de sus hijos con esta tarea. Sólo debemos ver unos cuantos episodios de los programas de televisión *Súper niñera* o *Niñera 911* para ver cómo arreglar los problemas en el comportamiento de los niños empieza (¡y termina!) con arreglar el comportamiento de los padres. El que una regla haga que su hijo se sienta infeliz o frustrado no lo hace a usted un mal padre. Si usted está seguro de que sus reglas son justas, entonces manténgase firme. Esa falta de popularidad temporal con sus hijos es a veces el precio que tiene que pagar por ser un buen padre.

Esté dispuesto a negociar

Aunque creo que los padres deben establecer reglas firmes y no ceder terreno, también creo que algunas reglas deberían ser negociables a medida que los chicos crecen. Si les vamos a enseñar a los niños a formar sistemas de creencias que sean significativos para ellos, entonces deben tener un fuerte sentido de sí mismos y de su habilidad para tomar buenas decisiones. Ellos los desarrollan a través de la observación, la indagación y el reto. Y eso es bueno.

A continuación explico cómo funciona. Usted le pide a su hijo o a su hija que haga algo. Él o ella dicen que no es buena idea. Usted podría decir: "Está bien, explícame ¿por qué no es una buena idea?" –Cuando su hijo haya terminado su explicación, usted puede decir: "Tú punto de vista es interesante, ¡pero haz lo que te dije de todas formas!" Pero al menos usted lo escuchó. Mostró que estaba abierto a la idea de "sólo porque es lo que usted diga", no siempre puede ser correcta. O, usted puede decir: "Estás en lo cierto. No lo hagas esta vez, y veremos qué pasa".

Digamos por ejemplo que usted le dice a su hija que bajo ninguna circunstancia puede ir a esquiar a una colina sola a los 11 años. (Sí, esta es otra historia de mi familia). Luego ella le hace ver que muchos de los otros niños de esa edad ya van a esquiar solos y le da ejemplos de padres que permitieron que su hijo de 10 años esquiara solo. Es evidente que ella es mucho mejor esquiando que usted. ¿Realmente vale la pena mantenerse en su posición y tenerla con usted todo el día de esquí?

En este caso, su hija le ha enseñado algo nuevo, y cuando usted lo piensa, se da cuenta de que cuando usted estaba en el primer grado de la secundaria usted también esquiaba solo. Sí, esto significa arriesgarse a que ella se lesione sin que usted esté a su lado, y, sí, esto significa ceder en una regla que usted hizo. Pero algunas veces las reglas necesitan cambiarse, moldearse y renegociarse.

No me malinterprete; no quiero decir que los niños deban ser los principales proponentes y reformadores de la jerarquía en el hogar. No deberían serlo. Pero sus opiniones y sus puntos de vista importan, y ellos deben saber que usted está dispuesto a cambiar las reglas cuando ellos presenten argumentos lógicos y razonables. Así es cómo las familias logran mantener ese delicado equilibrio entre mantenerse firmes en sus decisiones e incentivar el pensamiento independiente.

Disciplina con consecuencias naturales

El condicionamiento instrumental nos enseña mucho sobre cómo cambiar los comportamientos. Y en caso de que no se haya dado cuenta aún, soy fanático de la coherencia. Premiar los buenos comportamientos (como por ejemplo llevar a un niño a jugar minigolf luego de que ayudó a su papá a limpiar el depósito del garaje) es un sello de llevar a alguien en la dirección correcta. Pero a menudo, la mejor educación se obtiene cuando se cometen errores. Algunas veces los padres trabajan más de la cuenta en un esfuerzo por ponerles a sus hijos un escudo protector contra las malas consecuencias; sin embargo, el evitar que sus hijos vean el resultado de sus acciones puede interferir con el aprendizaje de importantes lecciones de vida.

Por ejemplo, Glenna vino a mi consultorio frustrada con el progreso de su hijo Jason de cinco años, quien se negaba a levantarse a tiempo para ir al colegio en la mañana. Glenna decía: "He intentado todas las estrategias posibles; ¡incluso he intentado premiarlo con tarjetas de juego de *Yu-Gi-Oh!* y lo he amenazado con quitarle su computador o cancelar su viaje de los scouts del fin de semana."

Los principios de las familias felices

Ellos saben cuándo negociar y cuándo pagar las consecuencias

Nosotros motivamos discusiones sobre reglas. Pero cuando se rompe una regla, las consecuencias se refuerzan. Nuestros tres hijos saben las reglas con anticipación así que saben cuándo las han roto. También saben que en ese momento no pueden tratar de negociarlas. Ellos deben "pagar las consecuencias" y más tarde pueden discutir el cambio de la regla. Y algunas veces, sus razonamientos son sólidos, y la regla es cambiada –pero no en el calor del momento.

—*Helen, 38 años de edad, 16 de casada*

Le pregunté a Glenna: "¿qué pasa cuando tu hijo no se viste a tiempo?"

Ella me contestó: "¡Gracias a Dios eso nunca ha pasado! A veces tengo que vestirlo porque se mueve muy lentamente; en otras ocasiones lo deja el bus y tengo que llevarlo al colegio. Pero hasta ahora, él siempre lo ha logrado".

Bien por Jason, no muy bien por Glenna. Aunque Glenna puede sentir que le está enseñando a Jason cómo alistarse en la mañana, lo que realmente está pasando es que Jason le está enseñando a Glenna cómo puede servirle mejor a *él*.

Para corregir el comportamiento descarriado de Jason, le recomendé a Glenna empezar a usar lo que se llaman consecuencias naturales. Cómo lo indica el nombre de la técnica, las consecuencias de un comportamiento indeseable vendrán de manera natural como resultado de lo que el niño hace o deja de hacer.

Este enfoque disciplinar empieza con dejar claras las expectativas. Decir "quiero tu cooperación" es muy impreciso. Le dije que a la hora de ir a la cama ella debía establecer su expectativa con claridad: "Cuando te despierte mañana en la mañana, quiero que te levantes, salgas de la cama sin discutir o demorarte y espero que te vistas y bajes en 15 minutos".

Luego ella debe señalarle la consecuencia natural si Jason no cumple con esta expectativa: "Si no sales de la cama, no te voy a decir nada, pero no te llevaré corriendo al bus, ni te llevaré al colegio. Si no alcanzas a montarte en el bus, tendrás que caminar hasta el colegio. Tendré que llamar al colegio y decirles que llegarás tarde, pero no me inventaré ninguna excusa. Si el colegio te disciplina, la asumirás. Y si hay algún trabajo extra que debas hacer por perder clases, tendrás que hacerlo". Ahora *eso* le pondrá un obstáculo a su día. Glenna puede querer añadir: "Si no te puedes levantar a tiempo en la mañana, eso me dice que tu mente no está lo suficientemente tranquila para ir a dormir en la noche así que todos los aparatos electrónicos, teléfonos, correo electrónico y mensajes de texto se apagarán a las 8 p.m". Luego Glenna tiene que asegurarse de que Jason entienda este plan de acción: "¿preguntas?"

Ayudar a los niños a entender las reglas y las consecuencias es otra forma de desarrollar su pensamiento independiente. En cuanto sea posible se deben establecer las reglas familiares antes que se creen posibles conflictos: "No vamos a comprar caramelos en la caja del supermercado, así que no me los pidas, llores, o hagas pataleta cuando lleguemos allá". Ahora, se puede involucrar a los niños más pequeños en la creación de premios y consecuencias para sus acciones.

Como padre usted le puede preguntar a su hijo: "Si te comportas y no lloras para pedir los caramelos, ¿cuál crees que puede ser tu recompensa?" No, lo siento, un viaje a Disneylandia no es una recompensa, ¡como tampoco lo es el caramelo de la caja del supermercado! Pero usted puede llevar a su hijo a escoger una consecuencia lógica como por ejemplo: "Podemos ir al lago a alimentar a los patos de camino a casa". ¡Listo, es un trato!

Ahora siga comprometiendo a su hijo para que asuma responsabilidad por sus acciones: "¿Y cuál es la consecuencia *si llegas* a llorar para pedir caramelos?" ¡Hmm!... "¿No tengo caramelos y no puedo alimentar a los patos?" Buen plan. La idea de reforzar constantemente las consecuencias naturales va más allá de las reglas familiares. Si su hija adolescente es grosera con una amiga de ella, entonces tiene que experimentar la tristeza de su distanciamiento sin que usted le ayude a suavizar el impacto. Si su hijo olvida llevar el dinero para un viaje escolar, entonces no va. Los niños que tienen una crianza en la que se les enseña a asumir la responsabilidad de sus propias acciones llegan a ser adolescentes y adultos jóvenes que toman las riendas de su propio destino.

Por supuesto, hay ciertos casos en los que sufrir consecuencias naturales no tiene mucho sentido. No es bueno dejar que sus hijos vayan en un bote sin chalecos salvavidas sólo para que puedan ver qué pasa, como tampoco deben aprender las consecuencias de prender fuego a los muebles de su sala. Cuando se trata de la seguridad de sus hijos, o de la seguridad de los demás, usted debe intervenir y establecer pautas obligatorias. Aquí no hay espacio para la negociación.

Disciplina con unidad

Si usted vive en una casa en la que hay al menos dos figuras paternas, puede haber grandes diferencias en la manera como estos adultos ven la disciplina. Supongamos, por ejemplo, que dos hermanos están peleando. Uno de los padres dice "Deja que peleen", mientras que el otro grita desde arriba "¡Ya dejen de pelear en este instante!" ¿Quién tiene la razón? Aunque ocasionalmente hay situaciones en las que es claro si se debe intervenir o no, no hay una solución única y absoluta. Si pudiera darles una, estaría nominado para el premio Nobel de Paz.

Cualquiera que tenga hijos no se sorprenderá con saber que la crianza de los hijos es uno de principales temas de discusión entre los padres. Pero los padres que son capaces de mantener en raya a sus hijos son los que saben que no siempre van a estar de acuerdo, y también saben qué hacer cuando no estén de acuerdo.

No estoy postulándome al premio Nobel porque sé que no tengo todas las respuestas a los problemas que tienen que ver con la disciplina, pero sí sé ciertas reglas básicas sobre la unidad paternal que terminarán ayudando a sus hijos a entender cómo espera usted que ellos se comporten:

1. Los padres deben estar de acuerdo en algunas reglas fundamentales en el hogar relacionadas con la seguridad y el respeto por la comodidad y conveniencia de los demás. Hay algunos hogares que creen que sus hijos pueden consumir bebidas alcohólicas en casa (un fenómeno muy común entre la primera generación de familias estadounidenses con ascendencia europea); otros prohíben el alcohol en cualquiera de sus formas. Hay algunos hogares en los que las fórmulas "por favor" y "gracias" no son importantes; en otros son imprescindibles.

Descubra qué encaja dentro de la identidad de su familia, deje claras las reglas, y adhiérase a ellas. Esto puede requerir algo de compromiso, pero es mejor establecer estas reglas antes que sus hijos empiecen a hacerlo por usted.

2. Los adultos deben llegar a un acuerdo de cómo sus valores individuales influencian su labor de padres. Cuando era niño, por accidente le rompí la nariz a mi hermana con la chapa de la puerta cuando la tiré en su cara mientras corríamos. En consecuencia, no permitiré que se tiren las puertas mientras corren, incluso si sólo están jugando. Sin embargo, si mis hijos quieren tirar la puerta en protesta porque están enojados conmigo, entonces no me opongo tanto. Mi esposa por su parte no se molesta con que nuestros hijos tiren las puertas, pero creció en un hogar con un padre alemán; en ese hogar los hijos nunca podían ser irrespetuosos. Ella no está para nada de acuerdo con que nuestros hijos tiren las puertas en protesta.

    Ese era el problema en nuestra casa, y cuando se trata de temas en los que es difícil llegar a un acuerdo en su casa, usted probablemente se tendrá que sentar y hablar sobre sus diferencias, más de una vez. El mejor momento para hablar no es cuando esté en medio de un acalorado problema disciplinario, sino más tarde, cuando las cosas se hayan calmado.

    La clave es respetar el lugar del que viene su pareja y tratar de trabajar dentro de un grupo de reglas en las que las necesidades de todos sean tenidas en cuenta. En nuestra casa, el problema se solucionó fácilmente: ¡nadie tiene permiso de tirar puertas por ninguna razón!

3. Cada padre debe mostrar un fuerte apoyo en público por el otro, o por lo menos, no desautorizar al otro en frente de los hijos. Si dos mujeres están criando a un jovencito, y una de ellas insiste en que su habitación debe estar impecable antes de salir, esto no quiere decir que vaya arriba e inspeccione la habitación con un guante blanco. Pero su pareja tampoco debe decir, para que su hijo la oiga: "¡Déjalo en paz; su habitación ya

está lo suficientemente limpia!" Después de que su hijo se vaya a su juego de tenis es cuando sus dos mamás necesitan hablar sobre los estándares de limpieza de su hogar.

4. Juegue con sus fortalezas. Si un adulto es mejor en la parte académica, entonces el otro deberá permitir que éste decida sobre todas las cosas que tienen que ver con la educación. Si un adulto tiene más sentido de la moda (o de las ofertas), entonces ese adulto debe estar a cargo cuando llegue el momento de comprar ropa. Los que no son expertos pueden en todo caso dar su opinión, pero deben respetar la experiencia del otro. Recuerde, sólo porque usted tiene una opinión no quiere decir que ésta sea correcta. Usted tiene que aceptar que hay muchas maneras buenas y saludables para criar a los hijos, y no siempre van a ser las que usted opina que deben ser.

5. Tengan sus discusiones en privado. Por supuesto, algunas veces usted y su pareja pueden ser antipáticos, y es importante para sus hijos ver que cuando ustedes no están de acuerdo, ustedes pueden hacerlo amorosamente. Pero los niños que son expuestos a discusiones constantes de hecho disminuyen su habilidad para hacer amigos, reducen la calidad de sus tareas escolares y están más expuestos a enfermedades.[10]

Justo cuando acababa de concluir el punto anterior, llamé a mi hija a su celular para saber cómo estaba. Ella está en el piso de arriba, pero en una circunstancia del siglo XXI, era más fácil llamarla a su celular que gritar. Alena tiene diecisiete años, y acababa de llegar de su turno de noche en el centro comercial. Preguntó si había algo de comer; le dije que había sobrantes en el refrigerador. Luego ella preguntó: "¿Me puedes calentar la comida?" ¡Tiempo de decisiones! ¿Dejo de hacer lo que estoy haciendo (escribir un libro) y cumplo con esta simple solicitud de mi hija? ¿O le digo que baje (y que interrumpa su chat y envío de mensajes de texto con sus amigos) y se caliente su propia comida?

Usted puede leer esto y decir: "No es una decisión difícil Dr. Scott, ¡dígale que la caliente ella misma!" Pero no es tan sencillo. Es fin de semana y no veo a mi hija tanto como quisiera, pero cuando ella está en su cuarto, ¡me está prohibida la entrada! También, quiero recompensarla por trabajar tan duro. Además, aunque me senté hace unos minutos para empezar a escribir, me siento un poco culpable por estar absorto en mí mismo. Y disfruto prepararle la comida. Ahora usted dirá: "Entonces no es una decisión difícil; sólo caliéntele la comida y disfrute mimándola".

Espere, hay más. En cuanto me dispongo a decirle a Alena que voy a preparar su comida veo a mi esposa por el rabillo de ojo diciéndome no con su cabeza. Hemos hablado sobre este asunto antes. Hemos llegado a la conclusión de que nuestros hijos necesitan ser más autosuficientes. Hemos estado de acuerdo en que no acudiré en su ayuda. Problema resuelto.

Le digo a Alena: "Esta noche no". Y la invito a bajar a calentar su propia comida.

Hasta el momento no ha bajado. ¡Y puede que no lo haga!

Usted verá que aunque mis hijos se preparan para dejar el nido, todavía hay muchos pequeños ajustes que hacer en la crianza de los hijos. Nada está grabado en piedra, incluso en el hogar de los Haltzman, sin embargo hay algunos principios básicos que los investigadores y que aquellos que han contribuido a la encuesta de las familias felices aplican a sus vidas, y éstos son principios que tienen mucho sentido.

(Actualización: Alena ha bajado las escaleras y ahora me informa que no sabe cómo calentar la comida. Luego dice: "¿Qué te cuesta ayudarme?" Pero mientras se queja, ya ha sacado la comida del refrigerador y la ha puesto a calentar en el microondas. Y, ya que estamos en la misma habitación, también estamos pasando tiempo juntos. Todo salió muy bien, justo como mi esposa sabía que sería).

Los padres no van a estar de acuerdo en muchas cosas: ayudar con la tarea (o no), obligar a un hijo a escribir una nota de agradecimiento (o no), poner a su hijo a buscar trabajo (o no). Los padres van a discutir sobre los beneficios y peligros de ser estrictos *versus* ser laxos. Además, como lo veremos en el Principio 5, los asuntos que tienen que ver con la disciplina pueden llegar a ser particularmente inciertos en las familias compuestas porque el adulto que no es el padre biológico puede ver que su autoridad ha sido cuestionada –ya sea por su pareja o por el hijo de su pareja. En todos estos casos es importante establecer los papeles de todos los adultos involucrados y asegurarse de que se exponen claramente a los hijos.

DAR Y RECIBIR

Cuando nuestros hijos eran pequeños, nos suscribimos a la revista *Padres*. Como muchas revistas mensuales temáticas, *Padres* tenía un número de artículos que podían o no ser aplicados a nuestra familia. En cada edición, tenían una sección dedicada a grupos de edad específicos, y me iba directo a la sección que estaba relacionada con mis hijos. Quería aprender, aprender y aprender de los expertos sobre cómo eran o no eran los niños. Pero mis hijos ya han crecido lo suficiente como para ir a la universidad, y me admira una profunda verdad: criar a mis hijos me enseñó mucho no sólo sobre ellos sino sobre mí mismo.

En el mundo físico y filosófico, las reflexiones de los niños suelen iluminar nuestras vidas. Cuando ellos preguntan la razón por la que no nos la llevamos bien con nuestro hermano, nos vemos forzados a reconsiderar una larga enemistad. Cuando preguntan la razón por la que no vamos en nuestras patinetas a la tienda en lugar de usar el auto, usted de pronto se da cuenta de que lo que usted pensó era un deber, es una oportunidad para crear lazos afectivos. Ellos pueden cuestionar sus percepciones sobre Dios con preguntas sobre la muerte de su mascota o la vida en otros planetas. Ellos van a observar (de manera más íntima que nadie más) cómo interactúan usted y su pareja, y le preguntarán por qué levanta la voz o se pone rojo cuando discute. ¡Ellos sí prestan atención! La vida no vuelve a ser la misma una vez que usted tiene hijos. Sus preguntas, sus necesidades, su propia existencia, lo cambian todo alrededor de la familia. Y eso es bueno.

Espere y acepte que los hijos expandan su familia y descubrirá que su vida es mucho más fácil y su familia está mucho más unida. Esto es cierto sin importar la forma de su familia. Pero si su familia es compuesta, los consejos adicionales del próximo capítulo para manejar un grupo mixto de hijos son específicamente para usted.

Principio 5

Las familias felices... ceden

Audrey, una mujer de 37 años sentada con su esposo Brian en mi consultorio, dice: "Algunas veces mi casa parece un circo. Conocí a Brian en una función del colegio así que supuse que se trataba de un padre de familia. Él se divorció de su esposa porque era adicta a las drogas; luego obtuvo la custodia de sus dos hijos hace tres años. Yo nunca me había casado, pero tenía dos hijos de otra relación. Cuando Brian y yo decidimos unirnos, no sentí que mi familia aumentará en tres miembros, ¡sino en trescientos!"

Audrey se sentía orgullosa de su nueva familia, y aunque pensaba que sabía muy bien cómo tener una familia feliz antes de conocer a Brian; había algo tan diferente en su nueva forma de vida que parecía que todas las reglas habían cambiado.

Ella dijo: "Para ser sincera Dr. Scott, yo pensé que todo encajaría fácilmente, pero tuvimos que hacer un gran esfuerzo para hacer que mi familia y su familia trabajaran en equipo".

Hacer que una familia recién formada funcione equilibradamente implica tiempo y esfuerzo. Eso es de esperarse cuando personas que vienen de distintos tipos de crianza y familia escogen vivir bajo el mismo techo. Las familias compuestas le dan un sentido totalmente nuevo al concepto de "unión" familiar.

Este capítulo sobre las familias compuestas ofrece muchas reflexiones que son pertinentes para todas las familias, pero está directamente dirigido a aquellos que hacen un gran esfuerzo por hacer que todas las piezas de su familia compuesta encajen en perfecta armonía. Así que, todos los que no tienen este tipo de conformación familiar, bien pueden pasar las páginas hasta el Principio 6, que trata sobre el conflicto. ¡*Ese sí* es un tema que nos compete a todos!

¿QUÉ ES UNA FAMILIA COMPUESTA?

Una definición en un libro podría decir que una familia compuesta es aquella que está conformada por *dos individuos que tienen hijos entre los cuales no hay una relación sanguínea con uno o ambos padres*. Pero esta simple definición no describe del todo la complejidad de esta estructura familiar, que suele tomar muchas formas. Basándome en mi experiencia con familias de todas las clases y tamaños, he dividido a la categoría de las familias compuestas en cinco grupos:

1. Familias adoptivas abiertas

Es cuando las familias adoptan hijos y los padres y abuelos biológicos de éstos siguen estando involucrados en sus vidas.

Esto puede llegar a ser muy complicado. Por ejemplo, tengo que admitir que estaba un poco confundido cuando conocí a Ashley, quien vino a verme a mi consultorio de Rhode Island a la edad de dieciocho años para una valoración médica. Ashley me presentó a su madre, Elaine, quien se sentó a su lado. Sin embargo, cuando ella describía su fin de semana, hablaba de sus planes de visitar a sus hermanos y a su "otra mamá" en el vecino Estado de Massachusetts. Supongo que Elaine alcanzó a ver la expresión inquisitiva en mi rostro, así que interrumpió a su hija y explicó: "Adopté a Ashley cuando tenía nueve meses de edad porque su madre me cedió sus derechos como madre voluntariamente".

Elaine no había podido tener hijos. Ella conocía a la familia biológica de Ashley y aprovechó la oportunidad de adoptarla y educarla como si fuera su hija. Debido a que la madre biológica de Ashley escogió seguir en contacto con ella, ellas habían seguido en contacto durante el transcurso de la vida de Ashley.

En las familias compuestas como la de Ashley hay varios grados de contacto entre el hijo y la familia biológica. En algunos casos, el contacto se limita a cartas y correos electrónicos; en otros casos, los miembros de la familia biológica extendida se involucran en muchos aspectos de la vida diaria y ciertamente hacen parte de los cumpleaños, vacaciones y otras celebraciones.

Los principios de las familias felices

Esta es nuestra familia: puede que sea poco convencional pero es definitivamente maravillosa

Mi esposo y yo tuvimos la suerte de estar presentes en el nacimiento de nuestros dos hijos, a los que luego adoptamos. (Incluso yo fui quien estuvo ahí para animar a la madre biológica de mi hijo). Incluso ahora que mi hijo tiene dieciséis años y mi hija doce, realmente valoro el tener a sus madres biológicas —ambas mujeres maravillosas— en nuestras vidas. Ellas ciertamente hacen parte de lo que nosotros llamamos familia.

No hay duda de que una adopción abierta lleva a algunas situaciones interesantes. Cuando la madre biológica de mi hija estaba embarazada, se la presenté a la madre biológica de mi hijo y ellas se volvieron buenas amigas. De hecho, cuando la madre biológica de mi hija se casó, la madre biológica de mi hijo fue su dama de honor y mi hija, quien entonces tenía cuatro años, fue su pajecita. Este conjunto de personas interrelacionadas no es nada nuevo para nosotros. Cada año por Navidad invitamos a ambas familias biológicas extendidas (incluso invitábamos a los bisabuelos) a nuestra casa. Ésta es nuestra familia. Mi hija escribió un ensayo en su escuela sobre cómo atesora este ritual familiar. Todos somos amigos; con el tiempo y trabajando en nuestra comunicación y apertura, nos hemos llegado a sentir muy cómodos juntos y creo que ese es un regalo para nuestros hijos. Me alegra que mis hijos conozcan a sus familias biológicas y que las acojan.

Desde mi punto de vista como madre, me gusta la adopción abierta porque me permite saber tanto sobre mis hijos: quiénes son y de dónde vienen. El único inconveniente es que en una adopción abierta, nunca se puede olvidar el dolor por el que la familia biológica tiene que pasar. Lo ves de frente y no puedes pretender no saber que ésta no fue una decisión fácil. Pero también es un recordatorio constante y poderoso de qué tan valiente ha sido la madre biológica y qué tan especial es su hijo.

Algunas personas pensarán que somos una familia "poco convencional", pero para nosotros es sencillamente quienes somos y nos sentimos felices con esto.

—Diane, 52 años de edad, 22 de casada

Es fácil entender por qué dicha forma de vida resulta ser una experiencia emocional y complicada para adultos y niños. En muchos casos, la parte legal es clara (aunque en algunos casos, un niño es criado por otro miembro de la familia sin que haya un acuerdo legal de por medio). Pero los documentos y los sellos oficiales no logran regir las emociones. Para un adulto que está educando a un niño que todavía está apegado a otro padre (biológico), los eventos de referencia principales –desde los primeros pasos hasta la fiesta de graduación– involucran emociones que otros padres no tienen que enfrentar: resentimiento por tener que compartir el momento, sentimientos de grandeza por tener un papel importante en la vida de dos (o más) personas. Los adultos que les entregan sus hijos a otros para que los críen, con frecuencia experimentan desde gratitud hasta celos.

Cuando los hijos llegan a la adolescencia también afrontan una gama de emociones conflictivas ya que empiezan a explorar temas de identidad. Mi experiencia clínica que dice que en cierto punto todos los niños, no sólo los que han sido adoptados, creen que se cometió un terrible error cósmico y que no pertenecen a las familias en las que están. Ésta es una parte normal de ser adolescente, una etapa importante para separarse e individualizarse de la familia de origen. Pero cuando es el niño adoptado el que tiene este sentimiento, una emoción normal para cualquier otro niño, dicha emoción es especialmente significativa. La clave para prosperar en una familia adoptiva compuesta es saber quién es quién, establecer límites claros y ser consciente de que van a venir todo tipo de dudas, retos y trastornos emocionales. Es parte del proceso de crecimiento –y no hay nada como adoptar a un niño para impulsar ese crecimiento– ¡pero las recompensas serán totalmente distintas!

2. Familias de acogida

Cuando una agencia gubernamental (como los servicios de protección al menor) determina que un niño no puede vivir con sus padres biológicos, es asignado a vivir con otra familia. Una vez que el niño cruza el umbral de su casa de acogida, crea una familia compuesta.

Jan volvió radiante de su viaje de 1.300 kilómetros al Estado de Maryland. Señalando el pequeño alfiler con la bandera de los Estados Unidos en su solapa dijo: "Estoy tan orgullosa". Su hijo de acogida, Rick, se había graduado de la Escuela Naval, así que ella y su esposo fueron a su graduación para acompañarlo en su gloria. Pero esta celebración fue agridulce; en la graduación de Rick también estaba su trabajadora social de la agencia de acogida, quien también veía a Rick como "su" hijo.

Jan y su esposo son como muchos padres de acogida: cuando aceptan a un niño en su casa, lo hacen sentir como su propio hijo. En el caso de Rick, él vivió con la familia de Jan por cuatro años, desde los catorce hasta los dieciocho años; durante ese tiempo Jan y su esposo estuvieron al lado de Rick para sus primeras citas, le dieron todo lo necesario para practicar sus deportes, lo recogieron de sus actividades después de la escuela y lo llevaron a su iglesia. Jan ha acogido a otros jóvenes en su casa, algunos por una semana, otros por un año completo. Cada vez que un joven se muda a su casa, se vuelve, en palabras de Jan, un miembro de la familia –una familia compuesta.

Las familias de acogida tienen un lugar especial en nuestra sociedad. Conformadas por parejas (algunas veces individuos) que llenan el vacío cuando la unidad familiar biológica de un niño se desbarata, tienen la tarea de ofrecer un hogar seguro y amoroso para un niño.

En medio de este generoso e importante trabajo, los padres de acogida deben actuar como padres. Suena bastante fácil, pero todos los padres de acogida saben que este trabajo viene acompañado de altibajos emocionales. Los hogares de acogida son semilleros de diversidad y cambio.

Los principios de las familias felices

La aceptación en las familias de acogida

Lo que hace que tener una familia de acogida funcione en nosotros es aceptar las diferencias del otro y celebrar los pequeños éxitos de conocernos entre sí durante el tiempo que estemos juntos.

—*Mary, dos años de casada, cinco hijos (hijastros, hijos biológicos y acogidos)*

Las familias de acogida son únicas en el grupo de las familias compuestas por varias razones:

El niño ha sido "herido" en alguna forma. Cuando un niño llega a un hogar de acogida generalmente significa que algo malo pasó en su hogar original (sus padres murieron, están en la cárcel, él niño ha sido abusado, o sus padres son adictos a las drogas), o que el niño sufre un problema de salud (como discapacidad) que los padres biológicos no manejan.

Cuando un niño es alejado de su hogar de nacimiento, esa herida no desaparece al ser llevado a su nueva residencia.

La definición de familia cambia constantemente. Generalmente, cuando un niño es alejado de su hogar de origen, el cambio continúa hasta que su padre o padres reúnan los recursos para aceptarlo nuevamente. Pero el niño y sus padres no saben cuándo va a llegar ese momento, o si llegará. Así que para las familias es difícil saber cómo verse a sí mismas. Como lo pregunta una madre de acogida que conozco: "Si

Tabitha viene en septiembre, ¿debemos planear compra de regalos de Navidad para ella?" Es más que una pregunta académica porque qué tanto tiempo se quede un niño en un hogar de acogida afecta las relaciones con los demás niños (ya sean de acogida, adoptivos o biológicos) que estén en casa.

El apego es ambiguo. Cuando un niño se une a una familia de acogida, se le informa a la familia si este niño va a ser dado en adopción. Incluso si este niño no regresa a su casa, algunas veces las agencias de adopción prohíben (o no recomiendan) que las familias de acogida adopten. Así que esta situación nos lleva a la pregunta emocional (si no práctica): ¿cuál es la relación del adulto con el niño y viceversa? Cuando un niño va de casa en casa, se adhiere a un grupo siempre creciente de miembros de "familia". Ciertamente, no es posible, o recomendable desarrollar lazos emocionales cercanos con todos ellos.

Por todas estas razones, las familias de acogida, más que cualquier otro tipo de familia (compuesta o no) deben ejercer una característica crucial que los ayudará a salir adelante: la flexibilidad. Deben empezar cada día diciendo "Yo sé quién hace parte de mi familia esta mañana; me pregunto quién hará parte de mi familia esta noche". A través de esta capacidad de tolerar lo desconocido, las familias de acogida también función de la mejor manera cuando se apegan a sus valores y, en todas las circunstancias, mantienen su buen humor.

3. Parejas que no se han casado y tienen hijos

Cuando dos adultos que están comprometidos emocional y románticamente deciden vivir juntos, pero escogen no casarse (ni hacer una ceremonia de compromiso formal), forman una familia compuesta si viven con hijos que son producto de relaciones anteriores.

Ron y María son una de esas familias. Ambos tienen más de 30 años de edad y tienen hijos de relaciones anteriores. Cuando el contrato de arrendamiento de Ron estaba por terminarse, María lo invitó a mudarse a su casa en la que vivía con su hija. Ahora que Ron está ahí, ayuda a pagar el arriendo y en ocasiones sale con María y su hija. Cuando el hijo de Ron viene a visitarlo, a veces salen los cuatro. Debido a que comparten el dinero, los gastos, y a que se aprecian mucho, ellos se ven a sí mismos como una familia.

María afirma: "Aún no estamos listos para comprometernos en matrimonio. Nos preocupa cometer un error".

Al igual que otros acuerdos de vivienda, vivir en unión libre tiene sus retos; el primero de todos es la frecuente falta de definición formal de los papeles de cada miembro del hogar. Cuando un niño es adoptado, él llama papá y mamá a quienes lo cuidan. Cuando un niño es llevado a una casa de acogida, se refiere a sus padres como "mamá de acogida" o "papá de acogida". Cuando sus padres se vuelven a casar, se refieren a su nuevo compañero como "mi padrastro" o "mi madrastra". Sin embargo, cuando dos adultos deciden vivir juntos, las líneas de autoridad son más borrosas.

En algunos hogares en los que las parejas conviven en unión libre, los niños no esperan considerar al "compañero" de sus padres como otro padre con igual autoridad. Esta dinámica familiar ciertamente hace que la tarea de formar este nuevo hogar sea más difícil, pero con el tiempo generalmente se desarrolla un entendimiento tácito sobre el papel de los adultos. En todo caso, debido a que no hay un "estatus" oficial de la conexión entre el adulto y el niño, los límites son menos rígidos en esta familia que en cualquier otra forma de familia compuesta.

En el Principio 2, discutimos las tasas más altas de separación que se presentan entre adultos que viven juntos sin casarse. Pero vivir juntos y casarse no son mutuamente excluyentes; mucha parejas que empiezan viviendo juntas terminan casándose. De hecho, muchos de los pacientes a los que trato consideran que vivir juntos es un paso importante antes de casarse, seguros de que les llevará a tener una mejor conexión si finalmente escogen dar el sí. Pero eso no es lo que muestran las investigaciones.

En comparación con las parejas que se fueron a vivir juntas *después* de haber hecho planes de casarse, aquellos que vivieron juntos *antes* de comprometerse tendían a tener dificultades en sus relaciones antes y después de casarse. También se sentían más insatisfechos y tenían menos confianza en su conexión. Además, con frecuencia las mujeres de las parejas que vivieron juntas antes del matrimonio se describen a sí mismas como menos comprometidas con el futuro de la relación; y en cuanto a los hombres, menos dedicados a sus matrimonios. A la larga, la investigación muestra que ellos terminan teniendo una tasa de divorcio más alta que las parejas que *primero* planean casarse y *luego* viven juntas.[1]

A fin de cuentas, la mejor manera de establecer límites e inyectar un sentido de permanencia y seguridad en la vida de los niños involucrados es casándose. Aparte de eso, sea claro con usted mismo y con su pareja sobre el nivel de compromiso mutuo. Luego compártalo con sus hijos para asegurarse de que todos saben qué lugar ocupan.

4. Las familias adoptivas

Esta familia se forma cuando al menos uno de los nuevos compañeros ya es un padre que se ha vuelto a casar luego de un divorcio o la muerte de su compañero en una familia nuclear. Los mejores estimativos nos dicen que, basados en el matrimonio tradicional, el 20% de todas las familias se clasifica en esta categoría, y que alrededor del 25% de los hijos será educado en ese tipo de familia en algún momento.[2] Los resultados de mi encuesta de familias felices coinciden con estas estadísticas nacionales: alrededor del 21% de todas las familias encuestadas dijeron tener hijos adoptivos en casa.

Claire y Tim son una de esas parejas en el proceso de crear una familia adoptiva compuesta. Tim tenía 47 años y ya se había divorciado 2 veces cuando conoció a Claire; ella también se había divorciado y tenía un hijo de 12 años al que había criado sola durante 8 años. Tim era maestro de música en una escuela local y le daba clases al hijo de Claire cuando se conocieron.

Cuando los vi en mi consultorio, luchaban por ajustarse en ser una nueva familia –una fase normal de desarrollo. Pero dos cosas estaban claras: la primera, que Claire amaba a Tim; la segunda, que agradecía tener una presencia masculina en su hogar: "Quiero que este matrimonio funcione y que Tim sea feliz; él es una fuerza estabilizadora para mi hijo, y eso tiene incalculable valor para mí".

Tim estuvo de acuerdo. "Quiero ayudar a Claire y a su hijo a empezar una nueva vida conmigo, y quiero hacerlo como su esposo". Ambos compañeros tenían una motivación sólida para hacer que su matrimonio funcionara. Y esta es una gran manera de empezar a construir una familia compuesta feliz.

5. Familias homosexuales

Compañeros con hijos de un matrimonio anterior con el sexo opuesto, a través de adopción, de madres sustitutas (dos hombres que le piden a una mujer que lleve a su hijo en su vientre), o a través de donantes de esperma (dos mujeres que reciben donación externa de un amigo, hermano, u otro donante anónimo), conforman familias compuestas.

Mientras hacía la investigación para este libro, Demian, el Director de la Organización Comando de Parejas Gays y Lesbianas (para más información visite la página www.BuddyBuddy.com) compartió algunas reflexiones conmigo: una de ellas fue que virtualmente todas las familias con compañeros del mismo sexo e hijos con las que trabajaba, se veían a sí mismas como familias compuestas. Demian me dijo: "Las parejas del mismo sexo que tienen hijos, lo hacen a través de matrimonios anteriores por adopción o a veces a través de una madre sustituta. En todas estas circunstancias, dichas parejas deliberadamente conforman una familia compuesta".

Lyanne, Maura y sus tres hijos, son una de esas familias. Gracias a un donante de esperma anónimo, Maura dio a luz a sus dos niñas (quienes ahora tienen 7 y 2 años de edad) y Lyanne dio a luz a su hijo (quien ahora tiene 4 años de edad). Lyanne dice: "En nuestra situación no hay niños ´por accidente´. Tomamos una decisión muy consciente de ser una familia y estamos inmensamente felices con esa decisión".

Tal vez, una de las razones por las que esta familia compuesta siente tal felicidad es porque Maura y Lyanne han hecho un esfuerzo por exponer a sus hijos a todo tipo de familias: las que tienen un padre y una madre, las que tienen dos mamás o dos papás, las que tienen sólo una mamá, etc. "Los niños no sienten ser ´diferentes´", dice Lyanne.

"De hecho, a nuestro hijo le encanta compartir con quienes quieran escucharlo contar que tiene dos mamás".

Sin embargo, como Lyanne señala: "Una de las grandes razones por las que no hemos experimentado ningún problema con nuestra estructura familiar es que vivimos en un lugar que es abierto y que muestra aceptación por nuestra familia. Imagino que si viviésemos en una lugar del país en el que no nos aceptaran, nuestra situación sería muy, muy diferente".

Su historia pone de relieve la verdad universal de que todas las familias son un producto de la sociedad y nos recuerda que las familias compuestas de gays o lesbianas tienen retos únicos en cuanto a la manera cómo las ven los otros. A diferencia de Lyanne y Maura, muchas de las familias homosexuales a las que trato sienten que su posición como familia es cuestionada por algunos de sus vecinos heterosexuales, quienes pueden llegar a hacer preguntas hirientes como "¿Quién de los(las) dos es el padre (o la madre)?" Debido a que las familias homosexuales no se pueden clasificar fácilmente en categorías de género definidas, llega a ser difícil para las familias heterosexuales aceptarlas.

Éste es el reto que muchas familias de parejas homosexuales están dispuestas a asumir para construir sus familias. Como grupo compuesto, están en buena compañía; como hemos visto, el término *compuesta* aplica a muchas familias –adoptivas, de acogida, las que viven en unión libre y las conformadas por homosexuales.

¿CUÁNTAS FAMILIAS COMPUESTAS HAY?

Es difícil decir exactamente cuántas familias estadounidenses se consideran compuestas. Sí, sabemos que sólo alrededor del 61% de los niños estadounidenses viven con ambos padres biológicos durante sus primeros 18 años de vida.[3] También sabemos que alrededor de la mitad de todos los matrimonios hoy en día incluyen al menos a un individuo que ha estado casado antes, y que es posible que alrededor del 75% de los individuos divorciados lleguen a casarse de nuevo.[4]

Cuando usted piensa en el número de padres que se separaron y que luego unieron su hogar con otro compañero, o en el número de niños que viven en casas adoptivas o de acogida, usted se da cuenta del gran número de familias compuestas que hay.

Tan numerosas y variadas como son estas familias compuestas, todas parecen tener algo en común. Casi sin excepción, los comentarios escritos en la encuesta de familias felices por estos miembros de la familia revelan un tema unificador: ¡hacer que una familia compuesta funcione es un reto!

Los principios de las familias felices

¡Esos son muchos ajustes!

Cuando nuestra hija tenía 5 años, acogimos en nuestra casa a nuestras dos sobrinas y a un sobrino que tenían 5, 4 y 2 años de edad en ese momento. Pasamos de ser una familia con un sólo hijo, con dos salarios a ser una familia de muchos hijos con un sólo salario. Todos los involucrados debimos hacer muchos ajustes. Mantuvimos la cordura comunicándonos abiertamente, a pesar de cómo no sintiéramos. Algunos días fueron terribles, otros perfectos, pero a través de nuestra sinceridad y de compartir nuestras frustraciones y nuestros triunfos, crecimos y aprendimos de la experiencia.

—*Carrie, 30 años de edad, ocho de casada*

LAS FASES DE UNA FAMILIA COMPUESTA

Los investigadores han encontrado que cuando los individuos de diferentes familias se reúnen, formar una *nueva* familia totalmente integrada toma tiempo. Elizabeth Einstein, coautora del libro *Strengthening Your Stepfamily*, describe cinco etapas diferenciadas en la forma como la felicidad en estas familias nuevas es aplicable a todas las familias compuestas: (1) esperanza, (2) confusión, (3) crisis, (4) estabilidad y (5) compromiso.[5] Estudiemos cada una de estas cinco etapas de manera individual.

Esperanza

No hay una sola alma que no entienda la esperanza que se genera alrededor de una nueva familia. Pero cuando una familia emerge de los restos de otra, como pasa con las familias compuestas, la esperanza puede llegar a ser más intensa.

Como Woody Allen lo dijo alguna vez: "Un segundo matrimonio es el triunfo de la esperanza sobre la experiencia". Esto es tan cierto. Ya sea en un segundo matrimonio, en un matrimonio con hijos adoptivos o acogidos, o en una relación homosexual, los dos adultos que deciden construir a su familia con retazos de individuos esperan formar un lazo que dure toda una vida. Los hijos esperan que su nuevo padre o madre sea una fuente de comodidad, inspiración y estabilidad. Todos se aferran a las altas expectativas de que han de venir días mejores.

PRINCIPIOS TOMADOS DE LA INVESTIGACIÓN

No espere simplemente

Los primeros matrimonios generalmente terminan con sentimientos negativos entre una pareja, y los adultos involucrados habitualmente concluyen que la relación fue una "mala combinación". Pero los estudios muestran que los segundos matrimonios terminan en tasas 10% más altas que los primeros matrimonios.[6] En muchos casos, no se trata tanto de con quién se case, como de la actitud y de las habilidades que usted aporte al matrimonio, lo que determinará si éste dura o no. Enfáticamente animo a las parejas que planean casarse, y *especialmente* a las que planean volverse a casar, a que se inscriban en clases sobre el matrimonio. El saber cómo tener una buena relación los llevará más lejos que estar completamente enamorados y esperar que el amor lo conquiste todo.

Confusión

La segunda fase de las familias compuestas emerge justo después de que la alegría de la esperanza se desvanece. La verdad es que las relaciones nuevas que involucran hijastros, hijos acogidos, o de adopción abierta, traen consigo una gran carga emocional, mucha de la cual no se ha resuelto, de una relación anterior. Y no podemos hacer que ese pasado desaparezca. Así que cuando una familia se fusiona, es normal que haya confusión sobre la lealtad, las responsabilidades y los roles.

Algunos de los problemas más comunes tienen que ver con decidir cómo manejar los horarios de visitas, la custodia compartida, las lealtades divididas y las diferentes reglas de la casa. Y luego vienen los problemas que rodean a los hijos que consciente o inconscientemente tratan de sabotear a la nueva familia (tal vez en las familias que se forman con padres divorciados, esperando reunir a sus padres otra vez), hijos que ponen a una familia contra la otra e hijos que luchan por descubrir cómo su relación con sus nuevos padres difiere de la que tienen, o tenían, con sus padres biológicos.

Y no son sólo los hijos los que se confunden. Muchas de las parejas que vienen a mi consultorio buscan entender cómo las piezas emocionales y prácticas encajan en este rompecabezas. El sentimiento de confusión generalmente conduce a trastornos en la familia.

Los principios de las familias felices

Tiempo juntos

La primera gran tarea de nuestra vida de casados fue fundir una familia compuesta con unos hijos de 8 y 16 años. Fue más difícil para el del 16 años porque estaba acostumbrado a vivir sólo con su papá y sin ninguna responsabilidad o expectativa real. Mi hijo de 8 años estaba decepcionado porque estaba emocionado por tener un hermano mayor, pero su nuevo hermano mayor no estaba abierto a la relación. Enfrentamos la situación asegurándonos de que mamá y papá estuvieran de acuerdo (al menos en frente de los chicos) para que no pudieran debilitar nuestra autoridad diciendo "¡Pero mi mamá/papá dijo que yo sí podía!" Pasar tiempo en casa jugando, viendo películas, o incluso haciendo los quehaceres juntos, nos ha ayudado a crecer como familia y ha ayudado a nuestro hijo mayor a conocer a su hermano menor y hasta a llegar a disfrutar de su compañía.

—*Rachelle, 39 años de edad, cuatro de casada*

Crisis

Casi todas las familias compuestas pasan por una etapa de crisis que amenaza con acabar con la integridad del hogar. Trabajé de cerca con una pareja, Sandy y Sam, quienes, a través de su matrimonio trajeron a un hijo y a una hija adolescentes de dos tipos de familias diferentes a la misma casa. Hubo problemas casi de inmediato, pero llegó al punto crítico cuando Todd, el hijo de Sam, estaba en su último año de secundaria. Él y algunos amigos compraron cerveza para una fiesta. Todd invitó a su hermanastra April, un año menor que él, a la fiesta, en donde tomó tanto que debió ser llevada al hospital para un lavado de estómago.

Cuando los padres se enteraron de cómo se habían desarrollado los eventos, estaban, por supuesto muy molestos con sus hijos. Pero Sandy demostró gran rabia tanto hacia su hijastro como a su segundo marido. Además, el padre biológico de April fue el primero en ir al hospital, y el estaba enfurecido por el hecho de que los nuevos padres de su hija permitieran que esto pasara. ¡Qué desastre!

Los principios de las familias felices
Obtener ayuda de un ex

Somos una familia compuesta, y como tal, hemos tenido bastantes dificultades conociéndonos, gustándonos y llegándonos a amar. Mi hija biológica (6 años de edad) fue muy grosera con mi esposo al principio y no le hacía mucho caso. Así que llamé a mi ex esposo (su padre) y le pregunté si se podía reunir con nuestra hija, con mi nuevo esposo y conmigo. De esa manera, mi hija entendería que su papá también creía que ella debía ser respetuosa con mi nuevo esposo. Al final, ella supo que todos pensábamos lo mismo. Eso realmente ayudó.

—*Heather, 32 años, cuatro de casada*

Gracias a Dios, April salió del hospital esa misma noche, pero los problemas familiares que vinieron luego de esta crisis duraron mucho más. De hecho, este simple evento fue casi suficiente para separar a los miembros de la familia, la cual al final se recuperó y enfrentó los desafíos para fundirse exitosamente.

Sandy y Sam trajeron a sus hijos a terapia, incluyendo una consulta con un especialista en abuso de sustancias. Restringieron las actividades después de clase de sus hijos, y en verdad trabajaron con La Policía para ayudar a atrapar a la tienda de licores que le vendía a menores. Al tiempo que esta familia enfrentaba la situación con todas las estrategias posibles, también buscaron involucrar a otros padres de la comunidad. Con trabajo en equipo, pero también con la inclusión de personas importantes en sus vidas, Sandy, Sam, Todd y April, lograron formar un frente unido como familia, se volvieron más fuertes a través de este esfuerzo y cultivaron un sentido de seguridad y confianza alrededor de sí mismos.

Estabilidad

Algunas veces las parejas no sobreviven una crisis y escogen disolver la nueva unión. Pero con frecuencia las familias que navegan por los tormentosos ríos del ajuste, encuentran aguas más tranquilas posteriormente.

La cuarta fase, la estabilidad, es aquella en la que los miembros de la familia llegan a entender sus roles y empiezan a definir los valores compartidos que les ayudan a llevar a su familia hacia una meta común.

Este sentido de estabilidad no es algo sin importancia para aquellos individuos que llegaron a esta familia a través de la falta de estabilidad que experimentó su familia antes.

Durante esta etapa todavía habrá discusiones, interrupciones y disrupciones de los padres biológicos de los hijos, pero la visión compartida de los miembros de la familia ayudará a que todos se dirijan en la dirección apropiada –hacia la fase final, el compromiso.

El compromiso

Finalmente (y con finalmente me refiero a que el proceso puede llevar hasta una década en algunos casos), la familia compuesta pasa a la fase del compromiso.

Usted puede haber pensado que cuando dos personas se paran frente al altar y dicen sus votos, ese es compromiso suficiente. Pero esta fase de la familia va más allá de los votos; se llega a esta fase sólo cuando la familia se vuelve una fuerza unificada –cuando cada miembro ve al otro como un aliado en el esfuerzo de vivir la vida. El saber que su nueva madre, nuevo padre, hermana o hermano, están ahí para apoyarse en todo momento, les ayuda a los miembros de la familia a encontrar la seguridad que necesitan.

No todas las familias compuestas llegan a esta fase, como lo reconocen muchas familias de acogida que dicen que el poco tiempo que se involucran en la vida de un niño no logra establecer un compromiso que dure toda la vida. Y el compromiso también falla en las familias adoptivas en las que el segundo matrimonio no dura (el 60% se divorcia, la mayoría antes de 7 años de matrimonio)[7], pero cuando la nueva familia permanece unida, es una fuerza en la que hay que creer.

LAS VENTAJAS DEL COMPROMISO

Todos los miembros de una familia compuesta en la que se vuelve a formar una familia que una vez estuvo intacta y que se une con otra familia, saben que las relaciones no siempre son fáciles –después de todo,

ellos ya han combatido las realidades de por lo menos una experiencia
decepcionante. Pero en esa primera etapa de la esperanza, los nuevos
miembros de la familia dejan a un lado sus frustraciones y molestias
anteriores y esperan mantener las recompensas de su nuevo compromiso. Algunas de las ventajas obtenidas por los que hacen parte de una
familia compuesta feliz no son distintas a los beneficios de cualquier
vida en familia: la compañía, el apoyo, los valores compartidos y mucho, mucho amor. Sin embargo, más allá de las tantas bendiciones que
acompañan la formación de cualquier familia feliz, las familias compuestas tienen la habilidad única de disfrutar las experiencias positivas
de distinta índole, habilidad que las familias nucleares no tienen.

Por ejemplo, una familia compuesta expone a sus hijos a un rango
más amplio de interacciones humanas. Si el padre biológico de un niño
es un soldado estricto y su nuevo padre es más relajado en relación a
los quehaceres y a los horarios, entonces ese hijo tendrá una exposición
cercana al hecho de que hay más de una manera de vivir la vida. Si
un niño que fue educado en la fe judía acompaña a sus hermanastros
educados en la fe metodista a los servicios religiosos, ambos tienen la
posibilidad de experimentar de primera mano las diferencias y similitudes que las dos religiones tienen.

Crecí con los mismos hermanos y con los mismos padres toda mi
vida. Pero viví en Suramérica como estudiante de intercambio cuando
tenía 17 años. Cuando llegué a Bolivia, llamaba a mis padres anfitriones
"papá" y "mamá" en español, y consideraba a sus hijos como mis hermanos. Esta cultura era nueva para mí y asistí a su iglesia con ellos, estuve con ellos en sus salidas familiares, conocí a sus familiares y amigos.

Los principios de las familias felices

Aceptamos sus elecciones

Ocasionalmente la madre biológica de mis hijastros cuestio-
nará a sus hijos cuando escogen pasar tiempo con su padre
en lugar de ir a algún evento con ella. En estas circunstancias,

nosotros (su padre y yo) reafirmamos nuestro amor y apoyo hacia nuestros hijos sin importar en dónde decidan pasar su tiempo.

Hemos tratado diligentemente que nuestra casa sea una refugio libre de estrés y de drama –ya que sólo podemos controlar y manejar estos elementos de sus vidas. Con el tiempo (y cuando los eventos que causan el estrés desaparecen), nuestras relaciones en nuestra casa se fortalecen y se solidifican gracias a que hemos manejado las situaciones de esta manera. Estar dispuesto a escuchar sin juzgar y brindando apoyo, definitivamente ha beneficiado nuestras relaciones y la comunicación con nuestros (sus) hijos. Creo que la manera en la que hemos manejado esta situación tendrá beneficios duraderos en los años de la adolescencia de los niños. Ellos tienen pruebas anteriores de que nuestro amor y aceptación hacia ellos como personas no depende de nuestros sentimientos sobre sus elecciones.

—*Keira, 37 años, tres años de casada*

Todavía tenía a mi familia en el bienamado Estados Unidos de América, pero también tenía a esta familia, y hasta el día de hoy, pienso en esa estadía en Bolivia como la más profunda experiencia de vida que haya tenido. Para mí, fue parte de mi desarrollo, del crecimiento personal y espiritual que ocurrió en mí a partir de la oportunidad de ser parte de una nueva cultura y una nueva familia.

Eso es lo que estar en una familia compuesta permite –todos los tesoros y lecciones de vida que se ofrecen en un intercambio cultural.

Además de los beneficios de aprender sobre un nuevo estilo de vida, hay otra ventaja agridulce de estar en una familia compuesta, particularmente en una en la cual hay un padrastro o una madrastra. Debido a que los hijos que viven en un hogar compuesto son con frecuencia el producto de una familia que no fue capaz de sostenerse a sí misma, el hacer que participen en un hogar que está intacto les puede dar un modelo que es posible trasladar a su propia edad adulta. También, si los dos padres de esta nueva familia aprenden a sostener una relación de compromiso a largo plazo, ellos inyectarán el optimismo en sus hijos de que ellos mismos son capaces de tener un matrimonio feliz y les enseñarán habilidades para hacer que su propio matrimonio funcione.

Para las familias que tienen padres solteros a la cabeza, estar en una familia compuesta tiene ventajas adicionales. Hay más adultos para dividir las tareas y darse compañía. Las familias compuestas heterosexuales les dan la oportunidad a sus hijos de estar expuestos a padres de ambos géneros y ayudar a equilibrar su visión de los roles de cada género.

Hay otro bono real de sobrevivir y prosperar en un matrimonio compuesto –el derecho a presumir. Muchos hombres y mujeres terminan una relación previa inundados de emociones negativas –desde vergüenza y culpa hasta rabia y frustración. Descubrir cómo construir una relación duradera entre dos adultos, especialmente cuando usted tiene el reto adicional de equilibrar las necesidades de todas las personas nuevas en su vida, le da el derecho de sentirse orgulloso de sus logros.

ESTRATEGIAS PARA TENER ÉXITO

Lograr salir adelante en una familia compuesta a veces pasa por accidente, pero no cuente con eso. El proceso de combinar dos familias distintas en una funciona mejor si usted tiene un plan.

Maneje las expectativas

Primero tenga claro que debe tener un sentido realista de qué es posible y qué no lo es en una familia compuesta. No espere tener un estilo de vida como el de las familias compuestas que muestran los programas de televisión luego de irse a vivir juntas. Espere un camino con inconvenientes y dese cuenta que no saber exactamente lo que está haciendo, es normal. Tómelo con calma, ayude a que su compañero y sus hijos lo tomen con calma, y disfruten el viaje.

Los principios de las familias felices

Adopciones exitosas

Soy un viejo padre de familia que permanece en casa. Después de adoptar a nuestro hijo de cuatro años proveniente de Asia descubrimos que las claves para el éxito eran (1) la comunicación entre los padres, (2) los talleres, (3) la terapia y (4) hablar con otros padres adoptantes.

—*Jim, 69 años, tres años de casado*

Muchas familias compuestas que se acaban de conformar tratan de reducir sus problemas construyendo un muro entre las "otras" familias que están involucradas en la vida de sus hijos. Pero ésta no es una gran idea en muchos casos. A menos que los padrastros o padres biológicos de sus hijos (o sus hijastros) provean un ambiente poco saludable para sus hijos, ellos deben integrarse a la nueva unidad familiar como miembros de una familia extendida.

Quiero ser claro en este punto: si usted y su anterior pareja (padre o madre biológicos de su hijo) nunca se pudieron llevar bien, o si usted siente que su relación con esa persona era tóxica, esa realidad entre ustedes no necesariamente significa que la relación entre esa persona y su hijo también deba ser tóxica. Si usted le va ayudar a su hijo a hacer la transición entre familias, usted tiene que trazar una raya de realidad a sus sentimientos negativos hacia el progenitor (a) de su hijo (asumiendo que el padre o madre biológico es mental, emocional y físicamente capaz de continuar una relación sana con su hijo).

Algunas veces su nuevo compañero va a ayudarle a hacerlo. Eso fue lo que aprendió Tara cuando se fue a vivir con Manny luego de haber terminado con su antiguo novio. Tara juró que haría todo lo que estuviera en su poder para mantener a su hija de cuatro años lejos de esa relación anterior con su ex novio y padre de la niña. "Pero", dijo Tara un año después, "Manny realmente me ayudó a ver que Emily estaba apegada a su papá y que él merecía tener la oportunidad de verla.

Cuando tuvimos esa discusión por primera vez, yo estaba molesta con Manny por decir eso; pensé que no estaba de mi lado. Pero cuando me di cuenta que él no se sentía amenazado por mi relación con el papá de Emily, decidí que no tenía necesidad de seguir siendo inflexible". Hoy en día Manny y el papá de Emily siguen llevándose bien y, ocasionalmente, pasan tiempo juntos. Y Tara está cómoda sabiendo que su hija (y su nuevo bebé) están rodeados de amor.

Construir un hogar afectuoso lejos de casa

Los padres que no tienen la custodia de sus hijos también deben trabajar en la rama del árbol familiar que les corresponde. Puede que no se hayan vuelto a casar o que estén viviendo solos o en unión libre con alguien más, y tienen que encontrar la manera de hacer que sus hijos se sientan tranquilos en esta nueva casa. Ésta no es una tarea fácil.

Cuando los hijos visitan la casa del padre que no tiene su custodia, hay generalmente mucha tensión. Este sentimiento de intranquilidad probablemente nace del hecho de que, aunque muchos niños que hacen parte de familias compuestas no han leído libros sobre Sicología, sospechan que no están viviendo en un mundo ideal. Y debido a que tienen tan poco control sobre sus vidas, generalmente se llenan de miedo e inseguridad. La intensa respuesta emocional de los niños a la transición hacia un nuevo hogar es una realidad que tanto los padres que tienen la custodia, como los que no la tienen, deben manejar con paciencia y amor.

No importa qué eventos causaron la ruptura de una familia y la formación de otra, los niños que pasan tiempo en la "otra casa" necesitan atención y cuidado especiales. Es importante para los niños sentir que su padre (o madre) biológicos les tienen un lugar en su casa –y por extensión, en su corazón. Si un hijo o hija llega a la casa del padre con quien no vive sólo para ver una pila de los suéteres del año pasado tirados sobre la cama que solía ser suya, esto dará el mensaje al niño de que él o ella están ocupando espacio que el padre preferiría llenar con otras cosas que no tienen nada que ver con su presencia.

PRINCIPIOS TOMADOS DE LA INVESTIGACIÓN

¿Quién manda?

Disciplinar a los hijos de una familia compuesta suele ser algo enredado. (Diríjase al Principio 4 para información general sobre la disciplina impuesta por los padres). Siempre queda el interrogante del papel que ocupará el padrastro o la madrastra en establecer y hacer cumplir las reglas. Primero, recuerde que el padrastro y el niño son nuevos en las vidas de cada uno, así que habrá una evolución natural de su relación. Al principio, el padrastro asume un rol más pasivo en cuanto a las reglas. Pero, con el tiempo, el padre biológico debe ceder su autoridad a la nueva pareja con quien usted vive, ¡y es mejor que los niños lo sepan![8]

Mi regla número uno es que por lo menos el niño trate al padrastro con el tipo de respeto que se le debería a un maestro. Aunque es posible que este hecho le parezca conveniente al "condescendiente" padre biológico que cede todos los asuntos disciplinarios a su nueva y más estricta pareja, existe el gran riesgo de que al hacerlo así, se establezca un patrón de resentimiento y hostilidad en los niños que puede durar, inclusive hasta que llegan a la edad adulta. Si por el contrario, el padre biológico es estricto y el padrastro es más flexible, también puede crear tensión en la familia.

La unión de dos individuos que crea una familia compuesta también crea un nuevo equipo de padres; ambos padres deben ponerse al frente de la situación y trabajar juntos para establecer y hacer respetar límites apropiados.

Crear un hogar lejos del hogar para su hijo significa establecer un espacio individual que esté diseñado para hacerlo sentir más cómodo y tranquilo en esta situación que está lejos de ser ideal. Con este objetivo en mente, en su función de padre sin custodia, usted debe tratar de establecer lo que explico a continuación:

1. Un área específicamente preparada para que sus hijos duerman cuando se queden en casa y en la que tengan dónde guardar sus objetos personales como su ropa.

2. Un espacio en el baño apropiado para su edad en el que ellos puedan poner sus productos de aseo, de maquillaje, productos para su cabello, etc.

3. Una habitación organizada para estudiar o hacer tareas y que tenga materiales de estudio (papel, computador, lápices No. 2 –usted entiende).

4. Un área de almacenamiento o clóset para las pertenencias de sus hijos.

5. Un lugar especial para jugar, que tenga espacio para libros y juguetes que reflejen los gustos personales de sus hijos. Sin embargo, usted no necesita tener los mismos objetos que tiene su hijo en la casa de los otros padres. Si usted no cree en la televisión, los videojuegos o los libros de historietas, no tiene por qué tenerlos en su casa. Asegurar que haya coherencia entre ambas casas exige que haya objetos que son significativos y entretenidos para sus hijos, pero eso no quiere decir que cada casa deba tener un Wii.

No es necesario que compre un remolque y que lo ponga en su casa para cumplir con esos criterios; incluso si usted tiene un sofacama, un escritorio que saca de debajo de la mesa, y una canasta con utensilios especiales, sus hijos entenderán que tienen un hogar en su casa.

Claro está que los elementos más importantes que sus hijos necesitan no los puede diseñar un arquitecto, ni tampoco se consiguen en un hipermercado. Sin importar la forma en que físicamente se vean estos arreglos, ni cómo sean, debe ser un hogar real para su hijo. Y el único ingrediente que necesita es su amor.

PRINCIPIOS TOMADOS DE LA INVESTIGACIÓN

Ayudándose a sí mismo

Algunas veces, la lucha por hacer que todo esté en su lugar en una familia compuesta es demasiado difícil como para manejarla por su cuenta. La creación de una familia feliz y nueva se puede ver frustrada porque el dolor de la relación anterior es muy grande o porque sus propios conflictos personales (como los traumas de la niñez o la falta de un buen ejemplo de parte de sus padres) interfieren con los esfuerzos sinceros por formar una familia compuesta adecuada. En casos como este es con frecuencia necesario buscar terapia individual para trabajar en sus conflictos personales. Una vez que se sienta cómodo consigo mismo, usted se sentirá capaz de hacer que otros se sientan cómodos consigo.

Mientras usted y su familia transitan por las etapas de formar una familia compuesta, encontrará que esta nueva familia feliz necesita una reflexión previa, discusiones abiertas y respeto por los lazos legales, biológicos y emocionales que se entretejen a través de todas las relaciones involucradas. Como sucede con todas las familias, hacerlo bien implica trabajo, pero vale la pena al final.

Una vez usted llega a la última etapa de compromiso, encontrará que su pequeño clan no es realmente tan diferente de otras familias tradicionales; usted va a tener días grandiosos y días no tan grandiosos. Para prepararse para esos tiempos de dificultad, asegúrese de pasar la página para descubrir el Principio 6.

Principio 6

Las familias felices... manejan los conflictos

Todas las personas en todas las familias pelean algunas veces. Pero no todos pelean limpiamente. He pasado toda mi vida profesional estudiando cómo interactúan las familias, y tengo por qué decir que cuando se trata de resolver un conflicto familiar, yo uso y recomiendo los cinco factores de las peleas justas:

1. Todas las parejas pelean.

2. Todos queremos ser oídos.

3. Necesitamos tratar al otro con respeto para sobrevivir al conflicto.

4. Un comienzo hostil termina en un final violento.

5. La pelea debe haber terminado antes de ir a dormir.

Hacerse consciente de estos factores en su próxima pelea familiar (¡pelea que seguramente usted terminará teniendo!) le ayudará a sobrevivir y de hecho, fortalecerá a su familia.

PRIMER FACTOR DE LAS PELEAS JUSTAS: TODAS LAS PAREJAS PELEAN

Apostar que usted y su pareja no siempre están totalmente de acuerdo es bueno –y usted está bien acompañado. En teoría, casi todo el mundo sabe que una que otra pareja de casados se van a los puños verbalmente. A pesar de este conocimiento, muchas parejas generalmente se refieren a su incapacidad para estar de acuerdo como una de las principales razones por las que ellas piensan que algo anda mal en su relación. Simplemente no esperaban que las discusiones hiciesen parte del matrimonio.

He hablado con muchos individuos que afirman no recordar viendo a sus padres pelear *alguna vez*. Otras personas crecieron sin que sus padres vivieran juntos, así que, aunque hayan experimentado mucha discordia en sus familias, nunca llegaron a ver cómo las parejas resuelven sus desacuerdos. Aquellos recién casados que confiaron en lo que mostraban la televisión o las películas, han sido engañados con imágenes de matrimonios ideales en pequeños trozos. Las comedias familiares y los *realities* no muestran el funcionamiento de las relaciones reales. Así que, ¿cómo es que se supone que nosotros, que ahora somos la cabeza de nuestras familias, sepamos cómo manejar el conflicto de una manera que sea buena para toda la familia?

La mayoría de parejas no está en desacuerdo en todo

¿Recuerda los valores familiares comunes que discutimos en el Principio 1? La mayoría de parejas con las que trabajo leen esa lista de valores y están de acuerdo en que comparten muchos de los mismos deseos básicos.

A continuación encuentra un breve cuestionario que estoy seguro reforzará este punto. Marque cada afirmación si es verdadera para usted, su pareja o ambos:

Usted	**Su pareja**	
_____	_____	Si tenemos hijos, quiero que tengan una buena educación.
_____	_____	Si tuviera la opción de dejarlo todo hoy y convertirme en misionero en un país tercermundista, diría que no.

____   ____   Me molesta que la gente bote basura.

____   ____   Me gustaría tener más dinero del que
                        tengo, especialmente si pudiera tenerlo
                        sin aumentar mis horas de trabajo.

____   ____   Pienso que nuestros hijos deberían ca-
                        sarse antes de quedar en embarazo (o de
                        embarazar a alguien).

____   ____   Me hace feliz ver a mi pareja feliz.

____   ____   Cuando vamos a casa de un amigo a
                        cenar, generalmente uno de nosotros asu-
                        me la responsabilidad de llevar un regalo
                        para nuestros anfitriones.

¿Cómo le fue? ¿Cómo le fue a su pareja? Podría seguir haciendo miles de preguntas como esas y en muchos casos usted diría que sí, que "si usted lo pone de ese manera, estaríamos de acuerdo en cosas". Incluso es posible que coincidan en interrogantes más controvertidos como si sus hijos deberían usar *piercing*, si es importante para su familia tener una identidad religiosa o si usted prefiere ser enterrado o cremado.

Uno de los obstáculos en la construcción de una familia feliz es que damos por hecho las cosas en las que estamos de acuerdo. En la mayoría de los casos, realmente somos más parecidos que diferentes, pero tendemos a centrarnos más en las diferencias. Una vez que usted hace un esfuerzo consciente por prestar atención a sus puntos de acuerdo con su pareja, usted encontrará que es fácil aceptar las cosas en las que no están de acuerdo —simplemente pueden estar de acuerdo en que están en desacuerdo.

Las parejas pueden estar de acuerdo en que están en desacuerdo

Ahora que usted ve que ustedes dos están de acuerdo en muchos asuntos, seguramente habrá dejado el libro a un lado por un momento, habrá saltado a los brazos de su pareja para expresarle que cree que ustedes dos vivirán juntos en perfecta armonía. ¿Cierto?

Claro que no. Seguramente yo le haya demostrado sus similitudes en cuanto a creencias, metas y sueños, pero a menos que usted sea la persona más influenciable del mundo, su mente todavía querrá enfocarse en todo en lo que no están de acuerdo. De hecho, ya que usted no es la persona más influenciable del mundo, usted no puede dejar así cuando su pareja hace una afirmación con la que usted no está de acuerdo. De hecho, es probable que su pareja haga muchas cosas durante el transcurso del día para molestarlo. Entonces, ¿cómo resolver la aparición de estos pequeños problemas molestos? Sencillo. ¡No los resuelva!

Los estudios muestran que cuando las parejas no están de acuerdo en un asunto importante, alrededor de tres de cuatro veces no llegan a ninguna conclusión incluso una década después.[1] Las parejas felices aprenden a trabajar con estos puntos de desacuerdo y encuentran una manera de seguir adelante.

Esa es ciertamente la manera cómo funciona en mi casa. Recuerdo que cuando nuestros hijos estaban aún en la escuela primaria, los enviamos a un campamento de verano por un mes. Debo hacer una pausa aquí para contarle que yo también fui a un campamento, y que no fue una buena experiencia para mí. Extrañé mi casa casi todos los días. Pero aguanté y hasta el día de hoy me enorgullezco de eso.

Así que cuando mis hijos fueron al campamento de verano y recibíamos el fax diario en donde nos contaban cómo extrañaban la casa, yo me sentía apenas perturbado. Luego, cuando ellos subían sus apuestas y nos decían a mi esposa Susan y a mí que se estaban muriendo de hambre, que tenían que aguantar a los coordinadores de campo que no les prestaban atención, que no habían hecho amigos, supe que estaban jugando pesado. Pero no iba a ceder; para mí, éste era una fase de crecimiento, y yo sabía que mis hijos sobrevivirían como yo lo había hecho.

Mi esposa tenía otra opinión. Estaba segura de que algo andaba terriblemente mal en el campamento y que nuestros hijos necesitaban ser rescatados. Así que después que ellos habían pasado dos semanas en la aventura del campamento, Susan y yo conducimos hasta la zona rural de New Hampshire para "rescatarlos". Yo pensaba que no era correcto hacerlo.

Cuando este tema sale a colación en nuestra casa, la intensidad de la emoción que sentí en ese momento vuelve a mí en oleadas. Todavía pienso que Susan privó a nuestros hijos de una experiencia educativa que cambia la vida. Y la intensidad de la emoción que sintió Susan llega a ella con la misma fuerza. De hecho, estoy seguro de que cuando Susan lea este pasaje en el libro, volverá a recordarme lo errado que estaba, lo ciego y lo cruel que fui. Es como si volviésemos a vivir la situación cada vez que la mencionamos, y ninguno de nosotros ha cedido ni un centímetro en todos estos años. Las discusiones sobre cómo educar a los hijos son en verdad emocionales –especialmente para las mujeres. El estudio Framingham sobre los hijos en el año 2.007 encontró que las mujeres ubican a los hijos como la principal razón de las discusiones en el hogar.[2]

Entonces, ¿cómo manejamos Susan y yo este asunto tan delicado? No lo hacemos. Este es un tema del que hemos aprendido a no hablar. Si llegamos a hablar de él, lo hacemos brevemente, y tratamos de encontrar maneras de disminuir la intensidad del momento –como admitir que el otro gana cuando se trata de ser terco– pero nunca admitimos que el otro gana cuando se trata de saber quién tenía la razón en esa situación. Nos hemos dado cuenta de que nunca vamos a estar de acuerdo en esta situación, así que tratamos de no mencionarla (¡excepto cuando la escribo en un libro!).

¿Tiene usted situaciones, creencias, o penas que no logran resolver? Bienvenido al club. En muchos casos, buscar resolver un problema es inútil, y ustedes están honrando a su pareja al estar de acuerdo en que están en desacuerdo.

Recuerde, en algunos casos usted tiene la opción de esforzarse por tener la razón o esforzarse por permanecer juntos. ¿Cuál de las dos va a escoger?

Su pareja es su maestro

Un verano mientras estaba en la universidad me encontraba de vacaciones en mi casa y mi amiga Debbie me envió una carta con una estampilla postal que decía "El aprendizaje nunca termina". Ella dibujó una flecha desde el sello y escribió "¡Qué mala suerte!" La idea de que estuviéramos en la escuela por siempre no era para nada atractiva. Hoy en día, claro, vemos a nuestros hijos ir a la universidad y nos da envidia de esta oportunidad. Pero me estoy desviando del tema.

Ahora que pienso en la estampilla, me doy cuenta que es verdad: nunca dejamos de aprender. Y me doy cuenta que una de las instituciones educativas de saber superior más subvaloradas es un lugar llamado hogar. Piénselo. ¿Ha aprendido cosas nuevas desde que conformó este grupo llamado familia? ¿Tal vez descubrió otras formas de cocinar? ¿Ideas políticas distintas? ¿Juegos de cartas nuevos? ¿El atractivo de la música desconocida? ¿O disfrutar de más amigos y lugares diferentes?

Sin duda su pareja ha sido un maestro capacitado. Pero usted todavía tiene mucho que aprender –y va a aprenderlo con más éxito si presta atención a las cosas sobre las que discute. El conflicto ofrece una claridad increíble en el corazón de una relación a aquellos que se toman el tiempo de observar y aprender.

PRINCIPIOS TOMADOS DE LA INVESTIGACIÓN

Parejas homosexuales en conflicto

John Gottman, autor del *Laboratorio del Amor*, ha determinado que hay algunas diferencias importantes en la manera cómo las parejas homosexuales resuelven sus diferencias, en comparación con las parejas heterosexuales:[3]

Las parejas homosexuales son más optimistas frente a los conflictos. Usan más el afecto y el humor cuando están estresadas.

Las parejas homosexuales usan menos emociones controladoras y hostiles en sus interacciones. Sienten menos inclinación por usar la dominación o el miedo –y están más dispuestas a usar la cooperación– en sus interacciones.

Las parejas homosexuales se toman las peleas de forma menos personal. A diferencia de la proporción 5 a 1 de interacciones positivas *versus* negativas recomendada para las parejas heterosexuales, las parejas homosexuales parecen molestarse menos con los comentarios negativos y tienden a magnificar las interacciones positivas. Cuando un comentario negativo sale de los labios de su pareja, no lo toman de manera personal.

Las parejas homosexuales tienden a mostrar bajos niveles de excitación fisiológica. Cuando se enojan, tienen una mayor capacidad para tranquilizar al otro, a diferencia de las parejas heterosexuales, que se aceleran cuando son infelices.

Usted probablemente ha aprendido que si toca ciertos temas encenderá una gran discusión. Y no hay duda de que su pareja también ha aprendido lo mismo. Este conocimiento no debería mantenerse guardado para cuando ustedes se enojan y necesitan un comentario mordaz real (*¡Y tu madre también!*). Todo lo contrario, debe ser el tipo de información que usted usa para entender el corazón y el alma de una persona —los puntos vulnerables y sensibles de su amado— de una mejor manera.

Dado que el conflicto es inevitable, es posible obtener de éste algún tipo de beneficio. Si usted usa el conflicto como una oportunidad para entender qué hace enojar a su pareja, entonces usted apreciará que el aprendizaje no sea algo malo después de todo —es simplemente una forma de iluminación.

Así que a medida que transitamos por este capítulo exploraremos algunas estrategias para manejar el conflicto, manténgase abierto al hecho de que aun cuando su pareja lo saque de casillas, él o ella pueden estar dándole una oportunidad para aprender, crecer y consolidar la fuerza de su familia –si usted tiene en cuenta observar, escuchar y aprender.

SEGUNDO FACTOR DE LAS PELEAS JUSTAS: TODOS NECESITAMOS SER OÍDOS

Imagine que usted llega un buen día a su casa muy emocionado porque acaba de enterarse que el poema que envió a un concurso de poesía va a ser publicado. Incapaz de aguantarse un minuto más le da la buena noticia a su familia en cuanto abre la puerta de su casa. Usted mira los ojos de su pareja, de sus hijos y de su gato con ansiedad esperando ver qué piensan de este increíble logro.

Luego, su adorada pareja le mira a los ojos sin expresión alguna, parpadea un par de veces y responde: "¿Tú crees que debemos sembrar más rosas o más tomates este año?" Sus adorables hijos dicen: ¿A qué hora vamos a comer? Su gato simplemente se queda mirándole.

¿Cómo cree usted que se sentiría en esa situación? La mayoría de nosotros adoptaríamos la misma reacción molesta: "Les acabo de contar sobre la única cosa que pudo haber sido la más importante que me ha pasado este año y todos ustedes actúan como si no hubiera dicho nada. ¡Ni siquiera se dieron cuenta de lo que acabo de decir! ¡Siento como si ni siquiera estuviera presente! ¿Cómo me puedo comunicar con ustedes?"

Sí, se siente muy mal cuando no es escuchado. De hecho, en caso de que usted no haya entendido la importancia que tiene el título de esta sección del libro, la voy a parafrasear: *la necesidad más grande que tiene cualquier persona es la de ser escuchada.*

Estancado en espera de una respuesta

A continuación explico por qué hacerle saber a alguien que está siendo escuchado es tan importante: cuando una persona hace un esfuerzo por comunicarse con usted, es como si el cerebro de esa persona entrara en un patrón de espera para recibir una respuesta.

La conversación, el flujo de la emoción que se pretende expresar y la interacción, no prosiguen en tanto el cerebro de esa persona esté reteniendo su aliento mental. Sí, yo sé que los cerebros en realidad no respiran, pero si lo hicieran, sólo imagínese al cerebro de un hablante poniéndose cada vez más azul, en espera de una señal para respirar nuevamente. Y esa señal, pura y simple, es la confirmación de que alguien escuchó lo que se dijo.

Si usted le hace saber a esa persona que *sí* la escuchó, ya sea con un movimiento de cabeza, un gruñido, un "ajá", o un muy apropiado "¡Eso es maravilloso, mi amor!" seguido luego de un "¡Humm!", el aire sale de los pulmones mentales, y todo vuelve a estar en orden. Además, el cerebro puede ahora sí recibir la información entrante.

Si usted *no* le hace saber a esa persona que sí la escuchó, pasa lo opuesto. El cerebro no puede continuar. Y se queda esperando por una señal de confirmación y afirmación. Mientras espera, el hablante tiene que escoger entre repetir lo que acaba de decir, cerrar la boca y rendirse o irse con resentimiento y rabia. Al no ser escuchado, el cerebro *no* estará abierto a lo que *usted* tiene que decir así que ni siquiera piense en compartir las noticias de *su* día o de preguntar como un tonto qué hay para comer.

Los niños también necesitan ser escuchados

Esta reacción negativa al no sentirse escuchado es especialmente evidente en los niños. En los primeros años del desarrollo infantil, la percepción que un niño tiene de sí mismo depende mucho de la imagen que obtenga de sus padres. Piense en el niño de ocho años que va en su bicicleta con las manos arriba diciendo "¡Mira mamá, sin manos!" Cuando usted muestra su aprobación, su molestia o irritación, usted está jugando un papel crítico en el desarrollo de su hijo al hacerlo sentir escuchado.

De la misma manera, cuando su hija llega a casa ansiosa por mostrarle su excelente calificación en álgebra, ella necesita una señal de reconocimiento. Al reconocer la comunicación de sus hijos con usted, usted les está asegurando que ellos son importantes y que no son invisibles. Sorprendentemente, ellos se vuelven más abiertos a escuchar lo que usted tiene que decir.

Si usted no hace este reconocimiento, los niños aprenden a asumir que usted no está interesado. Y pronto dejarán de hablar. Luego ellos dejan de escuchar. Luego el campo está preparado para la batalla. Cuando usted se sienta con su hija adolescente y le deja saber que no le gustan sus amigos y ella se levanta y dice "¡Lo que sea!", ella puede sentir en algún nivel que le está dejando saber a usted lo que se siente cuando no se es escuchado –terrible.

Los hombres y las mujeres escuchan de forma diferente

Cuando trato parejas heterosexuales, una de las quejas más comunes expresadas por las mujeres, la primera de entre todas es "Él no me escucha". Entonces, ¿es realmente cierto que los hombres tienen problemas para prestar atención?

No realmente, pero las investigaciones sí nos demuestran que las mujeres y los hombres escuchan de forma diferente. Debido a que el habla y los centros auditivos del cerebro están más desarrollados en las mujeres que en los hombres, cuando las mujeres escuchan, tienden a usar más el reconocimiento verbal y a mover más sus cabezas con el objetivo de incentivar más la comunicación verbal.

También, como lo vimos en el Principio 2, las mujeres tienen una mayor habilidad para usar ambos hemisferios cerebrales –el lado derecho del cerebro que se enfoca en las emociones y el lado izquierdo que se enfoca más en lo verbal –en sincronía, así que es más fácil para ellas procesar las emociones y los detalles al mismo tiempo.

En contraste, los hombres escuchan de una manera que hace que las mujeres sientan que no están siendo escuchadas. Sus mecanismos auditivos no se encuentran en sus centros emocionales de la misma manera que los de las mujeres, así que, aunque ofrezcan señales verbales que indican que están escuchando, sus acciones algunas veces sugieren algo diferente.

Clase introductoria sobre cómo escuchar

¿Listo para escuchar? Aquí hay algunos parámetros básicas comprobados y ciertos. Si usted sigue estas 3 reglas constantemente para comunicarse con los miembros de su familia, pronto descubrirá que éstas le darán una manera poderosa y directa de empezar a hacer rodar la felicidad familiar.

1. Deshágase de las distracciones

Si alguien en su familia quiere decirle algo, va a ser difícil para usted hacerle saber a esa persona que está siendo escuchada si usted está tratando de insertar el hilo en la máquina de coser o si está intentando pasar al siguiente nivel de su videojuego favorito. El simple acto de hacer a un lado las distracciones y dar su atención directa a la otra persona, envía un mensaje poderoso de respeto y amor.

Si está viendo televisión, apáguela (no la ponga en "mute" solamente); si usted está en el computador, apague la pantalla; si usted está leyendo una receta para la comida de esta noche, ponga la tarjeta de la receta a un lado y mire al frente.

Por ejemplo, Stella, una madre soltera, es una paciente mía que trabaja en su negocio como arquitecta desde su casa. Me dijo que cada vez que se sentaba frente a su mesa de dibujo era como si activará el botón de llamada de atención en sus hijos que todavía están en edad escolar. Ella tenía que terminar su trabajo, pero el deseo de atención de sus hijos lo obstaculizaba. Lo que determinamos en una sesión fue que Stella les prestaba la *mitad* de la atención que sus hijos necesitaban. Cuando ella no estaba trabajando, estaba tan ocupada con los quehaceres de la casa que no tenía tiempo de conectarse con ellos. Debido a que se sentía culpable por no pasar tiempo con sus hijos mientras no estaba trabajando, les permitía hablarle de vez en cuando, pero, una vez más, no era capaz de darles toda su atención.

Le dije que darle a alguien la mitad de atención es tan malo como no prestar ninguna atención, entonces diseñamos un plan.

Ahora, cuando sus hijos llegan del colegio, ella interrumpe sus quehaceres y se sienta con ellos y los deja hablar. Ella pone en práctica otras buenas técnicas para escuchar (que discutiremos a continuación) y se asegura de que sus hijos tengan la oportunidad de discutir todos los eventos del día. A continuación, Stella les pide a sus hijos que ayuden con algunos de los quehaceres (como guardar su ropa o barrer la entrada); luego ella interrumpe su trabajo una vez más para agradecerles y reconocer su esfuerzo. Cuando Stella establece su tiempo para ir a trabajar, les dice a sus hijos que en ese momento no los puede escuchar, pero les da ideas de cómo pasar el tiempo.

"A mi hija mayor le gusta escribir, así que le doy un diario para que escriba. Cuando termino de trabajar, ella y yo nos sentamos durante algunos minutos a revisar su diario". Ella se toma su tiempo para escuchar, y al final obtiene más tiempo para hacer más cosas, no menos. Todos debemos apartar algún momento del día para prestarles *toda* nuestra a atención a los miembros de nuestra familia.

2. Aclare

Michael y Tiffany vinieron a mi consultorio porque su inusual estilo de vida estaba empezando a ocasionar problemas en su relación. Tiffany trabajaba en un hospital durante el día, pero Michael era quien ganaba más dinero con su trabajo como administrador de varios clubes nocturnos y patrocinador de eventos en los medios.

Mientras Tiffany empezaba a describir algunas de sus preocupaciones, el celular de Mike empezó a sonar. No, no era una llamada, era un mensaje de texto y Michael procedió a contestarlo al tiempo que Tiffany me hablaba sobre los problemas en su relación. Antes de proseguir, remití a Michael a mi primer punto: deshágase de las distracciones. Luego de haber apagado su teléfono, proseguimos a la regla número 2: aclarar.

YO: (dirigiéndome a Michael) Cuando Tiffany está en casa y tú estás en el trabajo, la preocupa la gente con la que pasas tu tiempo. Mientras que tú sólo lo ves como ser "amigable", ella puede estar pensando que hay algo más que sólo una buena foto. A ella le preocupa que a pesar de tus buenas intenciones, las mujeres que están en las fotos puedan estar coqueteándote.

MICHAEL: Bueno Doc, ella tiene que ver que tengo un trabajo por hacer. (*Fíjese que Michael me respondió, pero no estoy seguro de que me haya entendido. Si primero no me aseguro de que me estoy haciendo entender, entonces todo lo que él diga a partir de ese momento no será escuchado – por su esposa ni por mí*).

YO: Un momento Michael. Antes que empieces a explicar tu trabajo, quiero asegurarme de que entiendes qué es lo que Tiffany está sintiendo. ¿Podrías tomar un momento para repetir lo que acabo de decir para que yo esté seguro de que me entendiste?

MIKE: ¡Escuché lo que dijo!

YO: Está bien, Mike, muy bien, pero hazme el favor de repetirlo para que yo logre estar seguro de que lo escuchaste en la manera en la que lo quise decir.

MIKE: Sí. No hay problema. Usted dijo algo…creo…sobre el hecho de que me tomo fotos con otras mujeres…como si…como, si yo les estuviera coqueteando…Espere. No. ¿Me lo puede repetir por favor?

Este diálogo entre Michael y yo es realmente algo bastante típico. Debido a que Mike estaba tan ansioso por exponer su punto de vista, escuchó sólo parte de lo que le molestaba a Tiffany y se lanzó a dar una respuesta defensiva.

Cuando se vea atrapado en una discusión que da vueltas en círculos, también debe asegurarse de que usted y los miembros de su familia repiten lo que se acaba de decir. Esta es una gran forma de aclarar que el mensaje enviado es igual al mensaje recibido. (Y también rompe con la popular cadena de acusaciones de "¡Yo nunca dije eso!" "¡Sí, sí lo dijiste!").

Y nuestro diálogo continuó:

YO: Lo que creo que Tiffany está intentando decir es que ella se preocupa por las mujeres con las que te la pasas en el club y que le gustaría que tú reconocieras que algunas de las que sólo consideras como amigas pueden tener la intención de coquetear contigo. ¿Es eso cierto, Tiffany?

TIFFANY: *(Asiente con la cabeza)*

MIKE: Así que Tiffany, ¿tú piensas que las mujeres que aparecen en las fotos quieren tener algo conmigo? ¿O que están interesadas en mí? ¿Aunque es probable que yo no me dé cuenta?

TIFFANY: ¡Sí! ¡Eso es exactamente lo que me ha tenido preocupada! ¿Te acuerdas de esa vez cuando te tomaste una foto con Vanessa?, ¿Y luego ella te llamó a la casa al día siguiente para conversar? Eso me pareció algo más que sólo negocios.

3. Verifique

Sin embargo, antes que Michael proceda a hacer una aclaración, primero debe darse un paso importante. Michael debe verificar lo que ha dicho Tiffany. Por "verificar" no me refiero a que Michael diga "Cielos, querida Tiffany, has descubierto mi atractivo secreto para todas las mujeres, y, en verdad, ella me quieren desesperada y apasionadamente". Me refiero a que él debe dejarle ver a ella que sus sentimientos son válidos para ella. Decir algo tan sencillo como "Entiendo por qué verme posar con mujeres hermosas te hace sentir amenazada", le dice a Tiffany que ella no está loca. Esto parece bastante obvio, pero muchas personas tratan de refutar el punto de vista de la otra persona con frases como "No tienes por qué sentirte así".

Ese enfoque nunca funciona. La gente quiere que reconozcan sus sentimientos, incluso si las razones que están detrás de esos sentimientos no pueden ser corroboradas.

Este esfuerzo por hacer que la persona se sienta escuchada reducirá el conflicto entre todos los miembros de su familia cada vez que usted recuerde ponerlo en práctica. Imagínese a su hija entrando por la puerta y gritando "¡No es justo! Tanya rompió mi raqueta de tenis". Puede ser natural para usted responder con "Seguro fue sin intención". Pero primero, es importante escuchar a su hija. Antes de dar su punto de vista u opinión ("¡Vamos a demandar a esa romperraquetas y también a toda su familia!), aclare y verifique: "Ay mi amor, qué mal. Esa era una raqueta genial; anotaste tantos puntos con ella. ¡Siento que te la hayan roto!" Luego, una vez verifique esos sentimientos, descubra qué pasó exactamente.

Los siguientes cinco factores de las peleas justas le ayudarán a usted y a los miembros de su familia a resolver sus conflictos, pero la clave para aplicarlos de manera exitosa recae en su habilidad para escuchar primero, aclarar y verificar. Luego, usted está listo para responder de manera tal que refuerce los lazos familiares.

TERCER FACTOR DE LAS PELEAS JUSTAS: NECESITAMOS TRATAR AL OTRO CON RESPETO PARA SOBREVIVIR AL CONFLICTO

La encuesta de las familias felices, que produjo una buena cantidad de material importante para este libro, les pidió a los participantes que escogieran los valores principales que los definían como una familia. (Diríjase al Principio 1 para ver los valores indicados en esa lista). Si una persona pensaba que un valor importante hacía falta, escribía ese valor.

De todas las sugerencias que se escribieron en la sección de comentarios, se mencionó al respeto con frecuencia. Es obvio que el papel del respeto en la familia definitivamente merece ser mencionado y requiere atención.

Echémosle un vistazo a lo que significa el respeto y a cómo esta simple idea teje sus hilos dentro y fuera de la dinámica familiar. Cuando usted estaba creciendo, el concepto del respeto era probablemente una parte de su educación. Cuando niños se nos advirtió a muchos de nosotros que debíamos "respetar a nuestros mayores" en todo momento. Nuestro cerebro en evolución llegó a entender que esa frase quería decir algo así como lo siguiente: "No refutes las ideas de alguien que es mayor que tú, incluso si piensas que esas ideas no son correctas". ¿Y se acuerda de esas reuniones en la escuela en las que conferencistas invitados trataban de enseñarle a usted (y al tipo que estaba escupiendo en su cuello) la manera de llevársela bien con sus compañeros? Sí, claro, la palabra respeto estaba en cada frase.

Tal vez no siempre usamos el mismo enfoque directo e incuestionable, quizá preferimos que nuestros hijos sean quienes determinen quién se merece su respeto (aunque en muchas comunidades en Estados Unidos y en el mundo los mayores todavía se consideran dignos de veneración), pero en estos tiempos de demandas activas, capacitaciones de sensibilidad y diversas leyes que castigan el acoso en los parques de juego, el matoneo, el abuso verbal y físico, el mensaje del respeto todavía sigue instaurándose en las mentes de nuestro niños.

Pero ahora todos entendemos el mensaje: todos los seres humanos deberían ser tratados como si sus creencias y sentimientos importaran. Si su familia entiende y practica ese mensaje, usted se dará cuenta que sobrevivirán a la multitud de desacuerdos que hacen parte de ser una familia. Si ustedes pelean, están en desacuerdo, discuten, echan chispas –pero siempre respetan a la otra persona—, entonces ustedes sobreviven como familia.

Cómo se ve el respeto

Si le preguntara qué tipo de respeto le ayudaría a los miembros de su familia a sobrevivir al desacuerdo, usted encontraría difícil hacerlo de manera exacta. El respeto encaja en esa categoría llamada "yo conozco el respeto cuando lo veo".

Es bastante obvio que cuando el Papa entra a una sala y un Cardenal se inclina y besa su anillo, ¡eso es respeto! Cuando un joven le da su silla a una persona mayor en un bus lleno de gente, eso es respeto. Y cuando una suegra se amarra la lengua en lugar de criticar los métodos de crianza de su nuera, eso es respeto.

También sabemos cómo se ve el irrespeto. Es la mano de un adolescente frente a su cara diciendo "No me hables". Es cuando a diario alguien nos muestra el dedo de en medio y nos dice que nos lo metamos por donde sabemos. Sí, esa es una fina muestra de lo que es el irrespeto.

Y cuando se trata de la familia, el irrespeto viene en formas distintas. Usted puede sentir el bichito del irrespeto cuando tiene una opinión a la que alguien en su familia no le presta el mínimo de atención. O puede mostrarse cuando usted sube la voz y su pareja pone su idea en ridículo. Tal vez usted ha visto el lado feo del irrespeto cuando sus hijos hacen una pataleta y dicen que usted es el ser humano más tonto sobre la faz de la tierra.

Cómo ganarse el respeto

Es apenas natural que a medida que los individuos pasan más tiempo juntos, encuentren cosas que los irritan, los molestan o incluso les caen mal. Mire el siguiente caso por ejemplo. Una mujer que veo en mi consultorio acababa de recuperarse de un reciente brote mortal de neumonía, así que le prometió a su esposo que nunca volvería a fumar. Sin embargo, más o menos un mes después de haber salido del hospital empezó a fumar uno o dos cigarrillos con sus amigos en sus descansos durante el trabajo. Cuando su esposo se enteró, ¡se enfureció! ¿Acaso ella merecía respeto después de poner en riesgo su propia vida y el bienestar de su familia una vez más? Es fácil ver cómo él se sintió traicionado y cómo ella probablemente se sintió menospreciada por su furiosa reacción.

Los niños, de la misma manera, deberían recibir respeto, pero cuando un adolescente de diecisiete años olvida poner gasolina al auto, dejándolo abandonado a la orilla del camino cuando finalmente se queda sin gasolina y luego se va en el auto de uno de sus amigos para disfrutar del resto de la noche, ¿cómo vamos a querer demostrar respeto por este adolescente? Cuando estos conflictos se presentan, amenazan las bases de una familia —a menos que la capa subyacente de respeto logre aguantar el golpe. Y respetar no significa dar carta blanca a comportamientos insufribles. El respeto no quiere decir que a usted le tienen que gustar todos los aspectos del comportamiento de todos los miembros de su familia. Pero el respeto sí significa que usted siempre trate a los miembros de su familia con dignidad y que busque la manera de entender el mundo a través de sus ojos.

Entonces ¿cómo debe expresar su rabia y decepción el esposo de la mujer que siguió fumando después de haber sufrido de neumonía al tiempo que respeta a su esposa? ¿Cómo deben los padres del adolescente que usó el auto familiar de forma irresponsable dejarle saber que es inaceptable sin irrespetarlo como ser humano? No es fácil cuando la primera cosa que se le viene a la cabeza es algo como *¿Cómo pudiste ser tan estúpido?* Pero si los miembros de estas familias quieren sobrevivir a la discusión y mantener el núcleo familiar fuerte, ellos van a tener que respirar profundamente y van a recordar evitar las respuestas hostiles de las que hablaremos en el siguiente factor de las peleas justas.

CUARTO FACTOR DE LAS PELEAS JUSTAS: UN COMIENZO HOSTIL TERMINA EN UN FINAL VIOLENTO

A medida que empieza la lectura de esta sección, recuerde que el mensaje de este capítulo no es "Las familias felices nunca pelean." Está dicho que usted *va a pelear* con su pareja, con sus hijos, con sus hermanos, sus familiares políticos, y sí, incluso con su mascota. Es la *manera* en la que usted pelea la que determina si el sentimiento en su casa es de rabia, de decepción, de resentimiento y de infelicidad o de paz, aceptación, confianza y felicidad. Usted puede llegar a controlar las actitudes de la familia —*si* logra reducir el nivel de hostilidad que alimenta sus discusiones.

"¡No!", dirá usted, "pero si las discusiones son todas hostiles. ¿Qué objeto tiene discutir si tengo que ser cortés?"

Cuando usted lo pone de esa manera, una pelea justa empieza a sonar como una de esas sugerencias que traen los libros sobre cómo hacer algo que se oye bien en teoría, pero que nunca funcionan en la vida real. Pero yo sé que pelear sin ser hostil sí funciona porque yo mismo y muchos de mis pacientes lo hemos aplicado con gran éxito. La premisa se puede llegar a cumplir y es bastante práctica.

Recuerde estas cuatro frases

Cuando las parejas vienen a verme, generalmente les doy una lista de cuatro frases antes que salgan del consultorio, y les advierto que habrá un test sorpresa en su próxima visita, así que es importante que las memoricen.

Antes de empezar mi estudio sobre las relaciones, pude haber adivinado que las cuatro frases serían "Sí amor, tienes razón", o "Mi amor, te amo". Decirlas tampoco le haría daño a nadie, pero esas no son las que les pido a las parejas que recuerden. Las cuatro poderosas frases que tienen poder para cambiar la forma en que los miembros de su familia pelean y se recuperan de esas peleas, son todas conceptos negativos –conceptos que les dan nombre a cuatro comportamientos que los investigadores dicen que pueden predecir una relación fallida. Estos cuatro poderosos conceptos son:

1. La crítica

2. El estar a la defensiva

3. El silencio

4. El desprecio

El investigador John Gottman, quien estudió el impacto destructivo de estos elementos dentro de una relación, los llamó "Los cuatro jinetes del Apocalipsis" por los catastróficos efectos que estos comportamientos ocasionan.[4] La presencia de estos comportamientos destruye a cualquier familia –nuclear, compuesta, con padrastros o madrastras o de acogida, extendida, de padres homosexuales, de padres solteros. Puede ser letal.

La buena noticia es que estas armas negativas se pueden identificar y evitar. Al disminuir su uso e incrementar la puesta en marcha de acciones más saludables, usted tiene cómo darle la vuelta a la calidad de su comunicación para defender una opinión, aclarar sus sentimientos y proponer cambios sin ser irrespetuoso.

Analicemos estos aspectos individualmente.

La crítica

Nadie es perfecto. Bueno, eso es un hecho. Sin embargo, si usted no puede criticar, ¿cómo le hace saber a los demás lo que le molesta de ellos y lo que necesitan cambiar para dejar de molestarlo? Criticar o poner al ofensor en su lugar y echar la culpa, son estrategias generalmente usadas en cualquier conflicto familiar. Ésta es la razón por la que es bastante probable que el esposo de la adicta a la nicotina o los padres del adolescente irresponsable, eviten caer en un partido de gritos que incluya muchos gestos y uso de nombres ofensivos.

Todos hemos intentado este método de mostrarle al miembro ofensor de la familia lo incorrecto de su actuar, pero lo que se sigue después, naturalmente no siempre es lo más efectivo. La sicología humana nos muestra que la mayoría de las personas no cambia sus comportamientos negativos cuando recibe gritos o cuando se siente abusada a través una oposición violenta. En cambio, se sienten enojados, irrespetados, se ponen a la defensiva y se sienten sin poder para cambiar sus comportamientos en el futuro. Sin embargo, el ofensor tiene el derecho de interponer una queja –simplemente no lo haga a través de la crítica.

Las críticas y las quejas no son para nada la misma cosa. Las críticas atacan al ofensor; las quejas atacan las acciones del ofensor. Gran diferencia. Digamos que su hijo Chris llega a casa cerca de la medianoche luego de su noche de diversión y que casualmente menciona que el auto familiar está al otro lado de la ciudad y que necesite que lo lleven a la estación de servicio y luego otra vez hasta donde está el auto. Un enfoque crítico a esta situación sería algo como: "¿Acaso estás *loco*?" ¿Cómo se te pudo haber olvidado ponerle gasolina al auto y dejarlo abandonado? ¡Me vas a matar de la rabia un día de estos!"

Ahora, como padre, puedo decirle que cuando mis hijos hacen algo tan irresponsable como esto, en realidad me tengo que preguntar si de hecho podrían *ser* estúpidos (aunque pruebas sicológicas han demostrado que no es así). Pero llamar "estúpido" a un adolescente irresponsable muestra irrespeto y criticar sus acciones no hace nada por resolver el problema. De hecho, ocurre lo opuesto, porque generalmente hace decaer la calidad de la relación. La crítica termina siendo una reflexión de qué tan intolerante –y harto– es quien hace la crítica, en lugar de ser una evaluación justa de la persona a quien se culpa.

Pero, habiendo dicho esto, no le estoy queriendo decir que usted tiene que dejar que los miembros de su familia le pasen por encima (¡o perder su auto!) Usted tiene el derecho y la responsabilidad de interponer una queja y luego puede ofrecerle a la parte ofensora poner las cosas en orden juntos. Esto no es crítica, es información.

Intente lo siguiente: "¿Sabes Chris? El mantenimiento del auto es tu responsabilidad y no está bien que esperes que te saque de este lío en mitad de la noche".

Recuerde, quejarse no es necesariamente algo negativo —en tanto no esté acompañado por su malvada prima— la crítica.

Para combatir la crítica. Una forma de alejarse de la crítica cuando se esté quejando es el viejo truco de usar afirmaciones en primera persona. Esta es una estrategia fácil que las familias felices usan para evitar echar la culpa. Imagínese siendo el director de una gran producción de Hollywood. Usted tiene el control de la cámara. Ahora imagine que está produciendo la escena en la que Chris camina en medio de la noche sin el auto. En lugar de enfocar la cámara en Chris, usted le dice a su camarógrafo que enfoque la cámara en el padre de Chris (usted en este caso). ¿Qué emoción ve?

PRINCIPIOS TOMADOS DE LA INVESTIGACIÓN

El quejetas de la familia

Entonces, ¿quién se queja más en su familia? Si la práctica hace al maestro, las mujeres. En muchos hogares heterosexuales, las mujeres se quejan más que los hombres.[5] Es interesante ver que entre las parejas homosexuales que vienen a mi consultorio por problemas con su relación, el "cónyuge" que tiene la responsabilidad principal en el plano doméstico tiende a ser el que se queja más.

¿Enojo, sorpresa, preocupación o molestia? El hablar en primera persona es una manera de expresar sus propios sentimientos y de adherirlos al evento que los ocasiona. "Chris es un vago irresponsable" es una afirmación que enfoca a la cámara en Chris. Ahora, intente enfocar la cámara en usted.

Primero, exprese la queja que compuso anteriormente: "¿Sabes Chris? No está bien que esperes que te saque de este lío en mitad de la noche." Luego añada la palabra "me": "Me molesta resolver cosas que son tu responsabilidad". Con este simple pero poderoso cambio de enfoque usted evita menospreciar a su hijo y ambos son capaces de trabajar en una solución (que, en nuestra casa, consistiría en decirle a Chris que llame a un amigo para que lo acompañe a una estación de servicio y luego de vuelta a donde se encuentra el auto).

De la misma manera, el esposo de la fumadora puede evitar caer en la crítica pero además hacer que su esposa entienda su opinión, cuando su queja está seguida de un "me" como en "Me preocupa que te vuelvas adicta al cigarrillo otra vez, y que te enfermes y que no puedas salir de ésta esta vez. Me da tanto miedo perderte, mi amor."

Se puede usar una queja no hostil seguida de un "me" con casi todos los problemas en su familia con cualquiera de sus miembros. Combine este enfoque para resolver problemas con el siguiente consejo relacionado con el estar a la defensiva, y habrá domado a dos de los cuatro caballos del Apocalipsis.

El estar a la defensiva

Aquellos que todavía no entienden el efecto negativo de la crítica en una vida familiar feliz pueden seguir lanzando comentarios críticos a través del viejo juego de la culpa. "¡Siempre salimos tarde por tu culpa!" "¿Por qué siempre tienes que ser tan quisquilloso?" "Ni siquiera intentas entender cómo me siento". ¿Le suena familiar? Frases como éstas probablemente son una parte de muchos conflictos familiares.

¿Cómo reacciona usted cuando le señalan con el dedo crítico de la culpa? Digamos, por ejemplo, que llega a casa tarde (otra vez) porque debía terminar una parte importante de un negocio que le va a sumar una buena cantidad de dinero a su cuenta de ahorros. Antes que pueda explicar por qué no llegó para la hora de la cena otra vez, su pareja lo recibe en la puerta con esta frase: "Una vez más no pensaste en nadie más sino en ti mismo".

¿Qué diría usted? Muchos de nosotros nos defenderíamos: "Eso no es cierto". "Es mi trabajo". "¡No es mi culpa!" Una vez más… ¿le parece conocido?

Echemos un vistazo a la manera cómo evitar estar a la defensiva y, en lugar de eso, sustituirlo por buenas habilidades de escucha que cambien la dirección de una discusión.

Yo era el supervisor de Luke cuando estudiaba para convertirse en siquiatra. En ese tiempo, él llevaba casi diez años de casado con Adriana. Luke me dijo que estaba sorprendido por cómo lo criticaba ella. En lugar de expresar alegría por lo duro que él trabajaba (lo que en el campo de la Medicina es innegablemente un buen atributo), ella estaba enojada por lo que percibía era una carga injusta al tener que encargarse de los niños y de la casa mientras él trabajaba.

Luke y yo sosteníamos largas conversaciones sobre la presión de su trabajo, y sobre el esfuerzo que implica mantener el buen estado de las relaciones fuera del consultorio. Pero Luke había tomado una maravillosa actitud en cuanto a esta situación, lo que a final de cuentas condujo a una relación más fuerte con su esposa.

Luke me confesó lo siguiente: "Cuando ella se queja, mi primer instinto es explicarle por qué no tiene razón y por qué yo no soy el de la culpa. Pero he aprendido a guardarme esa información. Decir eso haría que Adriana sintiera que no le doy valor a sus emociones. Si hay una cosa que he aprendido siendo siquiatra es que las emociones son reales, y que no se pueden hacer a un lado."

En lugar de pelearle a Adriana con críticas defensivas, Luke adoptó una política diferente: se volvió un buen escucha que dejó que su esposa se sintiera escuchada. "Cuando llego a la casa y ella me confronta sarcásticamente con un 'Gracias por aparecer y ayudarme un poco por aquí', trato de no refutar eso con un '¡Bueno, gracias por apreciar todas las horas que trabajo para que tú y el bebé puedan tener una mejor vida!' En cambio, le pregunto cómo estuvo su día; le dejo saber que quiero escuchar las razones por las que se siente exhausta. Luego verifico lo que escuché y respondo con mi reflexión. Estoy de acuerdo con ella en que tiene esos sentimientos por una razón, y luego le pregunto qué puedo hacer para ayudar".

Luke me dijo que en ocasiones ella decía "¡Me alegra que preguntes!" y le daba una lista de deberes. Pero en otras, ella realmente no necesitaba nada tangible y le daba las gracias por escucharla. Un conflicto potencial que fue prevenido fácilmente.

Luke había aprendido que pelear estando a la defensiva no es una estrategia ganadora así que para nutrir la paz de su vida familiar, él respondía a las críticas diciendo: "Dime por qué piensas que eso es así y ayúdame a pensar qué puedo hacer para resolver el problema". No me cabe duda de que desde que tuvimos esas charlas, la familia de Luke es una familia feliz.

El silencio

Cada miembro de su familia tiene un estilo único de pelear. Una persona puede ser sarcástica; otra, subir la voz; otra, inclusive tratar de romper cosas. Pero generalmente también está la persona que escoge quedarse en silencio. Cuando una persona guarda silencio, se aparta de la conversación o del conflicto, o simplemente se va. Este enfoque parece pacífico e inofensivo porque, en realidad, la persona silenciosa no dice o hace nada que hiera la relación de manera obvia.

Pero aquí está el problema: esa persona tampoco dice o hace nada para ayudar a la relación. Y esa persona sabe, en secreto o con agresión pasiva, que dejar la discusión desequilibra a su pareja. Así que recuerde que quedarse en silencio puede ser a veces una treta para ganar una pelea y molestar al oponente.

Los estudios demuestran que mientras las mujeres hablan e interponen quejas más del 80% del tiempo, los hombres se cierran el 85% del tiempo.[6] Creo que una de las razones por las que los hombres tienden a quedarse en silencio es porque no se sienten cómodos con los sentimientos que se generan cuando se enojan. En la sala de juntas y en el campo de fútbol, los hombres pueden reafirmar su dominio y descargar su rabia. En casa, los hombres estadounidenses sienten a menudo que se entiende que "si levantas la voz, me puedo llegar a sentir amenazada y puedo acusarte de abuso". No es sólo eso. La mayoría de los hombres realmente no quiere pelear. Ellos no quieren ver que sus esposas estén en una posición inferior.

Ellos piensan: "De esa manera nadie gana, así que mejor me hago a un lado". Las mujeres también guardan silencio (se conoce como la terapia del silencio), pero no lo hacen tan a menudo como los hombres. Esto no es bueno porque la terapia del silencio no sólo corroe la atmosfera del hogar sino que también parece afectar la salud de las mujeres terriblemente. Un estudio de largo plazo de los practicantes de Framingham, Massachusetts, demostró que la razón que llevaba a una pareja a pelear no es lo que realmente importa; si una mujer tenía emociones fuertes y no decía lo que sentía, tenía hasta cuatro veces más posibilidad de morir durante el periodo del estudio que las mujeres que compartieron sus sentimientos con sus esposos.[7]

Muchas mujeres me han dicho que usan el silencio para evitar confrontaciones violentas y para evitar hacer críticas letales, pero estos esfuerzos por mantener la paz no son efectivos a largo plazo. Asumiendo que la mujer no muera por rabia reprimida, ella todavía va a tener ese resentimiento silencioso y la infelicidad consigo. Ésta no es manera de nutrir a una familia feliz a largo plazo. Las quejas silenciosas se vuelven resentimiento y terminan por mostrarse una y otra vez porque al quedarse en silencio no han sido resueltas.

El desprecio

La crítica termina aplastando la felicidad de cualquier familia. Pero el desprecio puede matarla para siempre.

El desprecio está motivado por un deseo de herir a alguien emocionalmente o de demostrar disgusto externamente. Siempre es posible reconocer al desprecio con señales obvias como poner los ojos en blanco o hacer la risa burlona. El desprecio es malvado, feo y es señal de problemas mayores.

De hecho, a diferencia de los comentarios críticos ocasionales que se presentan de vez en cuando en cualquier familia, el desprecio no muestra su lado malo hasta que la crítica se vuelve característica de la comunicación diaria y el respeto es ya un valor ausente. Las personas están tan llenas de hostilidad, rabia, irrespeto y resentimiento en esta etapa que parecen no poder cerrar la llave del desprecio.

Esa es la razón por la que es difícil sacar el desprecio de su dinámica familiar una vez que se ha instaurado en su familia.

Hay solución, pero implica hacer un poco de gimnasia mental. Para poder sacar el desprecio de su vida, usted debe reemplazarlo con pensamientos positivos y enfocarse en los atributos positivos. Si ella llega tarde de trabajar, debe reemplazar el "No tiene ni idea cuánto sufro cuando ella no está aquí para la comida" por "Ella trabaja duro para contribuir su parte". Si él acaba de pagar una cantidad injustificada por un nuevo juego de palos de golf (asumiendo que usted no esté en el Capítulo 11, Bancarrota), usted debe cambiar de "Él es tan desconsiderado" a "Él realmente quiere darse sus gustos; espero que los disfrute". Le dije que no sería fácil, pero el esfuerzo mental vale la pena.

En un evento de firma de libros conocí a una mujer que empezó a describirme su frustración con su esposo quien, a ella le costaba trabajo explicarme, era cuatro años mayor que ella. Ella es quien aporta más dinero a la casa, y también es quien está a cargo de las cuentas, así que ella se molestó bastante cuando él llevó el auto al taller el fin de semana mientras ella no estaba. "No se dio cuenta de que yo tenía un cupón con el 10% de descuento. El arreglo costó $1.500 dólares así que nos habríamos podido ahorrar $150". Ya la veía cerca de hacer una crítica ("¡Él siempre hace cosas como esa!") y del desprecio ("Nunca podré cambiar su manera de ser: ¡es como si no pensara!"), pero luego noté un cambio en su expresión facial: "Bueno, él casi nunca se compra nada para él mismo así que tendré que ver esos $150 como si los hubiésemos ahorrado para que él se comprara algo". Los hechos no cambiaron, pero gracias a su capacidad para modificar su manera de ver las cosas, ella dejó su resentimiento y estaba lista para seguir adelante en este matrimonio de treinta y tantos años.

Si tener una familia feliz es importante para usted, y usted no tiene planes de echarla a perder, entonces es vital que se hable a sí mismo (¡y todos lo hacemos!), reemplace esos comentarios negativos con positivos, declare sus pensamientos. Así es como evita que el desprecio le robe la felicidad que usted desea.

QUINTO FACTOR DE LAS PELEAS JUSTAS: LA PELEA DEBE HABER TERMINADO ANTES DE IR A DORMIR

¿Recuerda el viejo adagio de "No irse a la cama enojado"? Resulta que hay pruebas científicas de que éste es un consejo sabio. Los estudios muestran que las parejas que aprenden a hacer las paces, ya sea volviéndose a aproximar al otro de forma amorosa o disculpándose o ayudando a la otra persona a sentirse mejor, tienen más posibilidad de tener relaciones más duraderas; las parejas que no lo hacen tienen más posibilidad de separarse. Eso da de qué pensar, ¿no es cierto?

Es cierto que la rabia puede hacer casi imposible que los miembros de una familia solucionen sus problemas entre ellos. Eso se debe a que hay una parte del cerebro que se enciende cuando los sentimientos se exaltan. Esta zona se llama amígdala. La amígdala tiene un papel muy importante en su vida porque le permite saber cuándo hay problemas.

Los estudios en primates muestran que éstos odian a las serpientes, y cuando las ven, ¡entran en pánico! Pero cuando los investigadores removieron la amígdala de los cerebros de algunos primates, las serpientes no los molestaron en absoluto.

Por supuesto conducir el mismo tipo de investigación en humanos no sería nada ético (y algunas personas piensan lo mismo de la investigación en primates), pero si el mismo experimento se condujera en humanos, habría muchos de nosotros caminando por ahí con mordeduras de serpiente —perderíamos nuestra habilidad para responder con rapidez y de forma emocional.

Una de las razones por las que es tan bueno tener una amígdala es que cierra la parte "pensante" de nuestro cerebro (el lóbulo frontal) y permite que el instinto de supervivencia tome las riendas. Cuando un evento potencialmente aterrador ocurre, como cuando usted se cambia de carril en la autopista y ve un montón de autos envueltos en una colisión múltiple en frente suyo, usted no quiere decirse a sí mismo: "¡Cielos, me pregunto cuál es la fórmula para determinar la tasa de desaceleración a una velocidad inicial de 140 kilómetros por hora, y cuál sería el coeficiente de fricción con una par de llantas Goodyear!" No, usted quiere tener la capacidad de reaccionar de inmediato al poner su pie en el freno, ajustar la dirección y salir lo más pronto posible del camino del camión que viene hacia usted.

Es similar a lo que pasa en su casa cuando usted se enoja. Digamos que usted llega del supermercado con las compras y su pareja se ofrece a ayudarle a guardar los alimentos en la alacena. Mientras charla inconscientemente sobre el precio actual del cereal, usted ve que su esposo pone las bananas en el refrigerador. Usted le dice: "No hagas eso por favor. Siempre haces eso y las bananas nunca maduran como deberían".

Él responde: "¿Me estás diciendo que cada vez que he puesto las bananas en el refrigerador las he echado a perder? Eso es ridículo. Mi madre siempre ponía las bananas en el refrigerador".

"Bueno", dice usted calmadamente mientras su rabia aumenta en todo su cuerpo y la sangre inunda su amígdala, "hay muchas cosas que tu madre hace que simplemente están mal".

"¿Qué? ¿Ahora el problema es con mi madre?"

Es obvio a dónde se dirige esta discusión. Sí, yo sé que no está ni cerca de parecerse al choque en la autopista, pero, lo curioso es que cuando su sistema de alarma se dispara, realmente no importa si se trata de una montaña de autos en la autopista o del gran debate sobre las bananas. Cuando el interruptor de la amígdala se enciende, al flujo sanguíneo le toma un tiempo volver al área de la razón; algunas veces le llevará hasta media hora antes que usted vuelva a tomar buenas decisiones (y saber por qué el asunto de en dónde guardar las bananas no se va a solucionar racionalmente durante esta conversación).

Ahí es cuando hacer las paces después de una discusión entra en acción. Cuando usted está con sus seres amados y su amígdala se enciende, sus sentimientos de amor hacia ellos se apagan. Esa no es la hora de apagar la luz, dar media vuelta e irse a la cama en un estado de guerra irresuelta. Dese tiempo para calmarse. Luego usted puede tomar esta importante decisión: ¿qué es más importante –luchar por tener la razón o luchar por mantener a su familia unida? Tengo que estar de acuerdo con ese sabio y viejo adagio que insiste en hacer las paces antes de irse a dormir.

LA PELEA JUSTA

Hablar de cómo pelear justamente me recuerda de las clases de karate que tomé cuando estaba en la facultad. Mi instructora demostró un principio que, a pesar de años de estudio médico y científico, no se me habría ocurrido nunca. Ella explicó que cuando un oponente viene hacia usted con una patada giratoria (usted sabe, el tipo de patada en las películas donde el héroe, al borde del cansancio, gira su cuerpo y lanza una patada a la cara de su oponente), tratar de esquivarla no es la mejor estrategia. Cuando el cuerpo de su oponente empieza a girar, usted debe moverse *hacia* el cuerpo de la persona que lanza la patada, lo que hace que la patada pierda su fuerza y se disminuya el riesgo de sufrir una herida grave.

El mismo principio aplica para las peleas en el hogar. Cuando sienta la necesidad de alejarse del conflicto o de permanecer rígido y ponerse a la defensiva y tratar de recibir el golpe, hacer un movimiento de acercamiento resulta ser mejor. Tomar un paso adelante hacia el miembro de su familia para escuchar, aclarar y verificar, disminuirá el impacto del golpe y le ayudará a trabajar para solucionar el problema. Dar un paso al frente, en lugar de un paso atrás, también asegurará que usted limite su uso de críticas, estar a la defensiva, el silencio y el desprecio –todos productos de una rabia sin resolver.

Tener la habilidad de moverse hacia aquellos que ama para lograr un mejor entendimiento –incluso si se encuentra en medio de una discusión– le permite dejar sus sentimientos negativos atrás e imaginar un futuro más alegre. Esta es una de las habilidades de aquellos que se levantan cuando la vida los ha golpeado y vuelven a trabajar en la construcción de una familia feliz. En el próximo capítulo discutiremos más sobre la manera como lo hacen.

Principio 7

Las familias felices...
se recuperan

Algunos pueden decir: "Claro, es fácil ser una familia feliz cuando se tiene una buena vida. Cuando el dinero no es problema, cuando los niños son angelitos, cuando tenemos salud, cuando nuestra familia política es querida y solidaria, cuando las parejas están enamoradas". ¡Cielos, qué felices somos! Pero ¿qué pasa con las personas reales en familias reales con problemas reales? ¿Podemos esperar ser felices cuando enfrentamos tiempos difíciles?

Sí.

Cosas malas pasan. Una dificultad económica, una hospitalización, mudarse, problemas en la escuela e incluso el abuso físico –ocurren todo el tiempo en todas las familias. Algunas familias se deshacen ante la situación; otras reciben el golpe, pero se recuperan. ¿Por qué pasa eso? ¿Por qué algunas familias salen adelante en los malos tiempos y siguen siendo fuertes, amorosas y felices? El principio clave de las familias que logran recuperarse está en una sola palabra: *resistencia*.

DELE SU VOTO A LA RESISTENCIA

La resistencia es un concepto común, que generalmente se asocia a la tenacidad o a la durabilidad; el abeto balsámico es, por ejemplo, un árbol *resistente,* que aguanta los duros vientos del norte. En términos de sicología humana, generalmente se refiere a la capacidad de un individuo de recuperarse con rapidez de una mala pasada o trauma y mantener un patrón establecido de funcionamiento. Para decirlo más sencillamente, la resistencia es la cualidad de las familias de levantar-se y recuperarse cuando enfrentan desafíos. Esta habilidad no sólo es importante sino que, según los individuos que contestaron la encuesta de las familias felices, es el factor individual más importante para mantener a una familia unida.

Cuando preguntamos a los encuestados sobre lo que más contribuía a la formación de una familia feliz, ellos debían escoger dentro de los siguientes 6 factores: (1) estar de acuerdo en cuestiones de dinero, (2) la resistencia, (3) hacer muchas actividades en familia, (4) que los hijos crezcan con ambos padres biológicos a su lado, (5) vivir a una hora de los abuelos de los niños y (6) asistir a servicios religiosos cada semana.

La resistencia recibió más votos que cualquier otro factor. Cuando analicé los datos, encontré un fenómeno interesante. La elección de la resistencia como un factor importante en una familia feliz no variaba según el tipo de familia; fuese que los encuestados formaran parte de una familia nuclear, con un padrastro o una madrastra, compuesta, de padres solteros, o de padres homosexuales, todos reconocieron que si se tiene resistencia, entonces usted tiene el ingrediente necesario para tener una familia feliz.

Los principios de las familias felices
Cuando los hijos mayores contribuyen

Cuando tuve a mi cuarto bebé, estuve en el hospital durante un mes; mis hijos mayores tuvieron que contribuir sin su mamá presente y mi esposo tuvo que ser papá y mamá al mismo tiempo. Los niños sólo me veían una vez a la semana. Fue difícil, pero salimos adelante; los niños fueron fuertes y felices después de eso, y todos lo recordamos aún después de siete años.

—*Felicia, 38 años, 13 años de casada*

Desafortunadamente, tener una familia que sepa sortear los altibajos de la suerte no es fácil. Esa es la razón por la que su papel integral en la dinámica familiar es a menudo un principio.

¿TIENE USTED RESISTENCIA?

Si la resistencia es lo que se necesita para unir los lazos de una familia feliz, entonces ¿en dónde se consigue? Sería tan lindo poder pasar las páginas de un catálogo y ordenarla de la Tienda de la Resistencia o, mejor aún, ir a eResistencia.com, descargarla y ahorrarse el envío. Pero, como usted bien sabe, la resistencia no se adquiere en el mercado; la resistencia empieza en los cromosomas del niño en desarrollo y se construye al interior del ser humano a través de la influencia del entorno.

Genes resistentes

Usted simplemente no recibe una tarjeta de "resistencia" cuando nace, pero sus genes sí juegan un rol. Los estudios en gemelos demuestran que la manera en la que las personas responden a los eventos negativos se puede heredar. Cuando los investigadores observaron las posibilidades de que una persona desarrollara trastorno de estrés postraumático (TEP –una condición siquiátrica con síntomas de ansiedad, comportamiento evasivo y recuerdos estresantes de eventos traumáticos), encontraron que de todas las variables que podían causar este síndrome, la genética era responsable de un tercio de la ecuación.

Otros estudios arrojan que las diferencias genéticas explican por qué los niños con distintas estructuras genéticas muestran distintos grados de alarma cuando les pasan cosas malas.[1] De hecho, los científicos han estudiado a niños abusados y encontraron que una variación en un gen de serotonina (el químico cerebral que aumenta con antidepresivos como Prozac o Lexapro) puede afectar la vulnerabilidad de un niño al maltrato.[2] Los científicos afirman que este tipo de genes "sirven para predecir tanto el riesgo como la resistencia potencial de TEP en la edad adulta entre aquellos que sobreviven al abuso sexual y físico siendo niños"[3]. Entonces, es interesante ver que nuestra habilidad para recuperarnos (o no) es en parte una característica heredada.

PRINCIPIOS TOMADOS DE LA INVESTIGACIÓN

Diferencias de género en la respuesta

Gran parte de la respuesta de una persona ante el estrés ocurre inconscientemente y a menudo es diferente para hombres y mujeres. Cuando los hombres sienten que la presión aumenta, se cargan físicamente, activando el instinto de supervivencia; su presión arterial, su ritmo cardiaco y su temperatura corporal aumentan. Ellos tienden a encerrarse en sí mismos, a aislarse socialmente y se centran por completo en manejar el desafío que está por venir sin ayuda. Las mujeres, al contrario, se vuelven más sociales y sensibles, y se conectan para buscar más apoyo de los demás cuando enfrentan un desastre.

Este fenómeno explica por qué las mujeres quieren hablar cuando están bajo presión y por qué sus igualmente estresados compañeros ¡no quieren escuchar!

Experiencias para construir resistencia

Los niveles heredados de resistencia no terminan de explicar las diferencias en la forma en la que las personas responden a los traumas. Las experiencias anteriores también tienen un papel importante. Una cantidad moderada de estrés en nuestra vida puede llegar a ayudarnos a estar más fuertes mentalmente y a permanecer mejor preparados —para manejar nuevos problemas—, y menos abrumados —con nuestras emociones cuando las dificultades llegan. Para mantener el equilibrio mental necesitamos sentirnos felices; haber estado expuestos a pequeñas cantidades de estrés ayuda mucho para armar nuestras propias defensas —como una vacuna.

Cuando los investigadores hicieron experimentos con adolescentes y los expusieron a una situación estresante en alguna ocasión, bajo un ambiente de laboratorio, encontraron que si los adolescentes habían enfrentado un tipo de estrés controlable y suave durante su niñez, para cuando alcanzaban la adolescencia manejaban situaciones tensas con presión arterial y ritmo cardiaco disminuido. Claramente, la habilidad para permanecer tranquilo bajo presión se desarrolla más en aquellos que han sorteado experiencias estresantes de manera exitosa durante la niñez, como la pérdida de un amigo o la muerte de un familiar.

En la edad adulta, estas personas parecen ser más resistentes a las pérdidas significativas como la ausencia de un ser querido o el divorcio.

En contraste, un nivel de estrés *importante* en la niñez, como el abandono o el abuso, no es una manera efectiva de construir resistencia. De hecho, los traumas emocionales a temprana edad pueden conducir a cambios cerebrales y de comportamiento a largo plazo. Afortunadamente, los estudios demuestran que incluso si los niños se exponen a una adversidad excepcional en su niñez, todavía pueden recuperarse y crecer para volverse adultos fuertes.

El estudio longitudinal Kauai analizó a 698 niños que enfrentaron complicaciones al nacer tales como pobreza, discordias familiares y enfermedades mentales de sus padres, y siguieron su progreso durante cuarenta años.[4] Como lo predijo el estudio, hubo dificultades en la escuela, problemas de salud mental y embarazos adolescentes para muchos de los niños en alto riesgo, pero una tercera parte de ellos se salvó de tener una adolescencia dolorosa. La principal diferencia en los niños que salieron adelante fue la presencia de apoyo emocional por parte de la familia, amigos, maestros y adultos mentores. Estos individuos fueron ejemplos positivos durante los años en los que los niños eran impresionables y proporcionaron nutrición y apoyo constantes. Fue como si la exposición a estas influencias positivas protegiera a los niños contra el fracaso en sus años de adolescencia.

Moraleja de la historia: se necesita de una comunidad para educar a un niño.

Los principios de las familias felices

Apoyo familiar para la hija abusada

Mi hija tuvo una relación con un hombre que abusaba de ella. Fue una situación muy difícil y fuimos a la Corte con una caución para ella y para mí misma (contra él). Ella estaba embarazada y esperaba una hija de este hombre y ahora mi hija y mi nieta viven conmigo, con mi esposo y con mis otros dos hijos adultos, junto con un perro discapacitado y otros cuantos bichos. La bebé crecerá sin su padre biológico. Lo bueno es que ella estará rodeada de su abuela, su abuelo y sus tíos, quienes la amamos mucho; y mi hija tiene toda la ayuda que necesita.

—*Alicia, 44 años, 27 años de casada*

APOYO SOCIAL

La investigación nos ha mostrado los elementos que se correlacionan con la resistencia. El primero en la lista es el apoyo social. No hay duda de que las personas resistentes confían en los demás para ayudarles en situaciones difíciles.

Muchos de nosotros sabemos a partir de nuestras experiencias personales que tener a otras personas a nuestro lado en tiempos de dificultad nos ayuda a volvernos más fuertes. También hay estudios médicos que apoyan nuestras observaciones y demuestran que el apoyo social mejora la salud física y mental de muchas maneras. Sabemos, por ejemplo, que durante una enfermedad médica, los bajos niveles de apoyo social están asociados con trastornos depresivos, aumento del dolor, sufrimiento e incluso la muerte. En contraste, tener una red social está asociado con vidas más largas y felices. Hay hallazgos increíbles que claramente ilustran el poder de rodearnos de personas solidarias y amorosas.

Los principios de las familias felices

Apoyo familiar en otro país

Luego de partir de Rumania para irnos a los Estados Unidos, no creo que lo habríamos podido lograr si no hubiésemos ido juntos como familia. Tomamos turnos para apoyarnos unos a otros y a los niños en circunstancias emocionales y económicas desesperadas. Nos apoyamos para cumplir con nuestras metas educativas y profesionales, o en tiempos en las que las cosas no andaban bien, y celebramos (¡literalmente!) cada logro con nuestra familia y amigos. Trajimos a nuestros padres a un país nuevo para que nuestros hijos tengan la bendición de conocer a sus abuelos.

—Margaret, 40 años, 18 años de casada

Se piensa que el milagro del apoyo social funciona en varias modalidades. Éste puede:

Ayudarle a medir la amenaza de una situación de manera más realista. "Mi amor, no te preocupes. Así suena la tubería en casas viejas como ésta".

Ayudarle a crear estrategias para sobrellevar el estrés: "¡Sólo ignora a tu tío Ted cuando empiece a hablar de sus ideologías locas!"

Aumentar su sentido de autoestima y habilidades: "Yo sé que ella va a salir contigo; tú eres tan encantador".

Disminuir los índices de comportamiento arriesgado: "¿A dónde crees que vas con ese cuchillo balanceándose sobre tu mentón?"

Mantenerlo por el buen camino del cuidado médico: "No olvides tu chequeo médico del lunes".

Tener una familia a la cual darle un empujoncito, o un codazo, a la cual animar y que nos lleve a través del enredado laberinto de la vida, contribuye de manera directa con nuestra habilidad para enfrentar la adversidad y recuperarnos. Claro, muchos de nosotros quisiéramos, de vez en cuando, llegar a una casa tranquila y vacía a disfrutar de la paz de la soledad, pero esa alegría momentánea pronto sería reemplazada por ese sentimiento vacío de soledad, aislamiento e incluso miedo –miedo de que si algo malo pasa, tendremos que enfrentarlo solos. Esa es la razón por la que las familias felices son aquellas que aceptan el ruido y el caos ocasional a cambio del apoyo y el amor que una familia da.

PRINCIPIOS TOMADOS DE LA INVESTIGACIÓN

Sobrellevar una situación de una manera activa

De acuerdo con Steve Southwick, uno de mis colegas cuando trabajé en la Universidad de Yale, "la mayoría de las investigaciones han hallado que sobrellevar una situación de manera activa, y no a través de estrategias de evasión pasiva, es la manera más efectiva de manejar situaciones estresantes".[5] Ejemplos de esta estrategia activa son:

- Reunir información
- Adquirir recursos como por ejemplo aprender habilidades, adquirir herramientas y conocimiento
- La solución de problemas
- La toma de decisiones
- La búsqueda de apoyo social
- Tener la capacidad de cambiar la manera de ver las cosas cuando se tiene información nueva

En varios estudios, esta manera activa de manejar el estrés se ha asociado a menos síntomas sicológicos y a una mejora en el bienestar. El mensaje para llevarse a casa es que si adoptamos una visión pasiva de nuestra vida, enfocándonos en echarle la culpa de nuestros problemas a unos genes defectuosos, una mala actuación de nuestros padres, unas circunstancias adversas, mala suerte o malas personas, en verdad empezaremos a sentirnos... ¡mal!

FACTORES DE LA RESISTENCIA

Los miembros de su familia son sus maestros –ellos están ahí para mostrarle cómo resistir y no dejarse quebrantar por los vientos de la adversidad.

Generalmente esto pasa a diario, al interactuar con las personas más cercanas a usted, sin que usted se dé cuenta. Sin embargo, hay, de hecho, ciertas estructuras familiares identificables que enseñan estas lecciones y evitan que los miembros de una familia se quiebren con el viento.

Con el objetivo de ver la manera en la que la resistencia funciona dentro de la estructura familiar, los expertos analizan estos dos aspectos: los factores de protección que moldean la habilidad de la familia para soportar cuando se enfrentan al estrés, y los factores de recuperación que promueven la habilidad de la familia para salir de una crisis.

Factores de protección

De la misma manera en que los individuos tienen factores de protección que los resguardan de los embates de la vida (un hogar intacto, una dieta sana, una red solidaria y buenos genes, sólo para nombrar unos pocos), las familias tienen características que las ayudan a permanecer fuertes en tiempos de adversidad.

Varias de estas características como el manejo de conflictos, la comunicación, las actividades de esparcimiento, las rutinas y las tradiciones, así como celebraciones familiares, se mencionan en este libro. Estos son aspectos de la familia que, cuando se nutren de manera consciente, salvaguardan a sus miembros del tipo de estrés y trauma que derriban a otras familias menos protegidas.

No todos los factores de protección tienen la misma importancia durante la vida de la familia. Los investigadores señalan que las diferentes etapas de la vida requieren distintos reductores de estrés.[6] En la parte superior de la Tabla 7.1 verá cuatro etapas del ciclo de la vida: pareja, crianza/edad escolar, adolescente/adulto joven y nido vacío/jubilación. Para cada una de estas etapas hay once cualidades adaptativas que la familia necesita reforzar.

Por ejemplo, el manejo de la economía es crítico en las primeras tres etapas de la familia, pero menos importante en cuanto empieza la etapa del nido vacío. (Cielos, sí que conozco este sentimiento. Simplemente me digo a mí mismo "permíteme pagar la educación universitaria de mis hijos y después, tal vez después, ¡tener un par de centavos para mí!") La salud, por el contrario, es una preocupación esencial cuando los miembros de una familia tienen más edad, pero menos importante en los primeros, relativamente fuertes, años de vida.

Tabla 7.1: Factores de protección para cada etapa de la vida familiar

Factores de protección	Pareja	Crianza/ Edad escolar	Adolescente/ Adulto Joven	Nido vacío/ Jubilación
Acuerdo: Interrelaciones equilibradas entre los miembros de una familia que les permiten resolver conflictos y reducir el estrés crónico.	✓	✓		
Celebraciones: Reconocimiento de cumpleaños, ocasiones religiosas y otros eventos especiales.	✓	✓	✓	✓
Comunicación: Compartir creencias y emociones mutuamente. El énfasis está en la manera como los miembros de la familia intercambian información y demuestran su preocupación por el otro.	✓	✓		✓
Manejo de la economía: Habilidades para tomar decisiones sólidas o manejo del dinero y satisfacción con el estatus económico.	✓	✓	✓	
Resistencia: El sentido que los miembros de las familias tienen sobre el control que ejercen sobre sus vidas, el compromiso con la familia, la confianza en que la familia sobrevivirá sin importar las circunstancias.	✓	✓	✓	✓
Salud: El bienestar físico y sicológico de los miembros de la familia.	✓			✓

Factores de protección	Pareja	Crianza/ Edad escolar	Adoles- cente/ Adulto Joven	Nido vacío/ Jubila- ción
Actividades de esparcimiento: Similitudes y diferencias de las preferencias de los miembros de la familia en cuanto a las formas de pasar el tiempo libre.	✓			
Personalidad: Aceptación de las características, comportamientos, punto de vista general y dependencia de su pareja.	✓		✓	✓
Red de apoyo: Los aspectos positivos de las relaciones con los familiares políticos, otros familiares y amigos.		✓	✓	
Tiempo y rutinas: Comidas en familia, quehaceres, unión y otras rutinas cotidianas que contribuyen a la continuidad y estabilidad de la vida familiar.	✓	✓	✓	✓
Tradiciones: Honrar las fiestas y experiencias familiares importantes de generación en generación.	✓	✓	✓	✓

Fuente: Impreso con el permiso de McCubbin y otros, "Familias bajo estrés: Qué las hace resistentes", artículo basado en la Conferencia conmemorativa de la Asociación Estadounidense de las Ciencias de la Familia y el Consumidor, Washington, D.C., junio 22 de 1997. www.cyfernet.org/research/resilient.html.

Al analizar las etapas de la vida de su familia, ¿qué factores tienen menos posibilidad de protegerlo contra la adversidad? A lo largo de todas las etapas, vemos que las celebraciones, la resistencia, el tiempo y las rutinas, así como las tradiciones, son una necesidad constante. El patrón aquí es obvio: no importa qué tantos años lleve nuestra familia junta, necesitamos usar la armadura de la unión.

Necesitamos comprometernos con nuestra familia y asegurarnos de celebrar lo qué somos a través de las generaciones, reconocer lo que defendemos en nuestras tradiciones y asegurarnos de pasar tiempo juntos a través de la creación de rutinas diarias que nos permitan pasar tiempo frente a frente.

Estos son los factores de protección que nos resguardarán del estrés y los traumas. Pero sin importar qué tan bien protegidas se encuentren las familias, todas enfrentarán tiempos difíciles. Esa es la razón por la que las familias necesitan que sus factores de recuperación estén en su lugar.

Factores de recuperación

Desde el principio de los tiempos, filósofos y líderes religiosos han reflexionado sobre el misterio del por qué cosas malas le pasan a la gente buena. Yo tengo mis propias ideas al respecto con las que los grandes pensadores pueden o no estar de acuerdo. Pero ¿acaso ese no es el objetivo? Todos debemos encontrar nuestra propia forma de explicar el sufrimiento.

A continuación una reflexión de Livvie de 35 años, a quien "conocí" a través de mi encuesta de las familias felices. Ella considera que ella y su familia –que ahora incluye a su esposo y a su perro– son extremadamente felices. Mire lo que ella dijo:

"Bueno, desde el punto de vista del perro, nosotros, mi esposo, el perro y yo somos una manada, y mi esposo es el líder. Nosotros, el perro y yo, nos ponemos de acuerdo cuando algo realmente importante se presenta. Si mi esposo dice que hay una tormenta peligrosa y que bajemos al sótano, nosotros nos movemos y hacemos preguntas después. Su trabajo es protegernos, proteger a su familia. Tal vez pueda sonar anticuado, pero a nosotros nos funciona. Mi esposo me trata como una reina y yo lo trato a él como un rey, y así lo hemos hecho por 14 años".

¡Me quité el sombrero ante Livvie! Pero cuando seguí leyendo su respuesta a la encuesta, en la parte en la que debía describir los desafíos que su familia enfrentaba, vi lo siguiente:

"Hemos enfrentado la pérdida de nuestra preciosa hija debido a una enfermedad cardiaca y hemos enfrentado la pérdida de nuestro empleo, quedarnos sin casa (una vez acampamos por cinco meses) y contar sólo con el dinero justo. Una vez no tuvimos nada que comer por una semana, ¡pero todavía seguimos luchando! Salimos adelante de estos momentos con un carácter fuerte y optimista".

¡Estoy deslumbrado! Al leer la descripción inicial de su familia "extremadamente feliz" en la que el amor y el respeto sentaban unas fuertes bases, yo podría haber asumido que la vida había sido buena con ella y con su esposo. Cielos, que equivocado habría estado. A pesar de todo, su capa de resistencia parece haberle ayudado a recuperarse de momentos excepcionalmente difíciles y haberle permitido levantarse, en lugar de caerse. Impresionante.

Ninguno de nosotros está inmune a las dificultades que implica ser seres humanos. Por supuesto, nosotros podemos y debemos trabajar duro para construir los factores de protección dentro de nuestra estructura familiar, factores tan importantes de las familias fuertes, pero incluso ellos no siempre nos logran defender de todas las sorpresas de la vida. Los inesperados vientos de la adversidad son una verdad inevitable de la vida. Eso me recuerda el viejo dicho de la lengua yiddish: "El hombre hace planes y Dios se ríe".

Así que cuando pasen cosas malas –y pasarán– necesitamos haber construido bases fuertes a través de los factores de protección que mencionamos anteriormente. Luego necesitamos las herramientas de recuperación para levantarnos.

Estas herramientas varían de una situación a otra, pero el trabajo de los investigadores del Instituto para la Salud y la Discapacidad de la Universidad de Minnesota nos da algunas reflexiones sobre los factores de recuperación. Estos investigadores estudiaron el estrés que experimentan aquellas familias cuyos hijos sufren de discapacidades serias.[7] Ellos encontraron que los factores de recuperación que se encuentran a continuación contribuyen a obtener resultados positivos:

- Las familias se centran en los aspectos positivos y no se preocupan por la razón por la que esta condición se presentó.

- Los miembros de la familia manejan las exigencias del niño dentro del contexto de la vida de familia.

- Las familias tienen una explicación coherente acerca de la causa y de la condición del hijo, que es coherente con su visión del mundo.

Siento curiosidad por este estudio porque las estrategias usadas por las familias de estos niños con discapacidades también se pueden aplicar de manera efectiva a otras situaciones de la vida. Cuando los miembros de cualquier familia aplican estos factores de recuperación al estrés de la vida familiar, sea en los disgustos comunes del día a día o en el trauma causado por circunstancias que alteran la vida, están en mayor capacidad de sobrevivir e incluso se benefician de la experiencia.

Vi cómo funcionaban estos factores de recuperación en las respuestas de Livvie a mi encuesta. ¿Cómo es posible que una persona con tantas razones para ser infeliz se pueda describir a sí misma como "optimista"? Así que contacté a Livvie y le pedí que me dijera más sobre la dolorosa experiencia de perder a su hija por una enfermedad del corazón. A continuación comparto sus palabras con su permiso:

"Melsie tenía dos años de edad cuando nos encontramos sentados en el consultorio del Dr. P. Mi hija era algo alta y delgada para su edad, y debido a que el pediatra notó un posible problema cardiaco, temimos que fuera síndrome de Marfan, un trastorno genético en el que el tejido conectivo no funciona bien. Yo quería oír que no fuera Marfan, pero sentados frente al médico, él nos informó con gentileza la noticia que nos iba a cambiar la vida: mi pequeñita sufría de síndrome de Marfan.

El médico discutió las causas y el funcionamiento de esta enfermedad, la manera cómo estira los huesos y hace que la gente se vea más alta, cómo se estiran los ojos, lo que hace que la retina se desprenda, y cómo la afectación a los pulmones y al corazón generalmente causa problemas más tarde. Yo sólo estaba interesada en toda esta información porque se pensaba que Abraham Lincoln tenía Marfan, y, aunque yo sólo mido un metro con cincuenta, soy pariente del señor presidente.

Luego del diagnóstico, Melsie visitó muchos consultorios médicos. El seguro médico pagó todas las cuentas de Melsie así que nos fue posible usar lo que nos quedaba para darle a Melsie y a su hermana mayor, Charmaine, clases de ballet, libros, muñecas y viajes a Sea World. Nuestra familia hizo todas las cosas que muchas familias hacen. Nosotros sólo las hicimos con más desafíos.

Melsie llegó a tener cinco o seis médicos en algún momento. Estaba el que se encargaba de sus huesos, el de los ojos, el cardiólogo y las terapistas físicas; yo estaba acabada tratando de cumplir con todo. Si veo una foto mía de esos años parece como si tuviera maquillaje en los ojos. No es maquillaje. Estaba exhausta y me negaba a darme por vencida.

No, no siempre fue fácil. Como tampoco lo fue manejar a mi hija mayor. Charmaine era una niña muy inteligente y por supuesto vio toda la atención que le dedicábamos a su hermana, así que me senté con ella un día y le pedí que mirara sus dedos. Le pregunté si los amaba. Ella me dijo que sí y le pregunté que si llegará a machucarse uno de esos dedos con la puerta cuál recibiría la mayor atención. Ella dijo que le pondría atención al dedo herido. Melsie era el dedo herido.

La gente me preguntaba que cómo vivía sabiendo que mi hija iba a morir en cualquier momento, a lo cual contestaba que no sabía cómo. En lugar de eso, nosotros sólo vivíamos el día a día. Había tortas de cumpleaños por hornear, cosas por hacer en casa, escuelas a las que asistir, heridas que besar y médicos a los cuales visitar.

Melsie vivió mucho más de lo que los médicos predijeron. Los años pasaron, y comencé a estudiar en la universidad. Pero cuando Melsie cumplió dieciocho años, se había vuelto más débil y le costaba trabajo respirar, y una vez más estábamos en donde el médico, esta vez el Dr. M. quien era de los mejores cirujanos en su campo, pero no tanto en la manera como trataba a sus pacientes. Él quería que

Melsie se quedara para someterla a una cirugía al día siguiente. Mi instinto de madre me hizo decirle que no ya que yo tenía muchas preguntas, las cuales ignoró.

Para cuando salimos de su consultorio, estaba furiosa. Mientras bajaba las escaleras el Dr. M nos preguntó cómo estábamos. Le dije que estaba furiosa porque él no había contestado mis preguntas. Para cuando terminé de bajar las escaleras pensé que ya había tenido suficiente de médicos. Ya había tenido suficiente de su "háblemosle así a las madres tontas". Les dije que sí a todo por dieciséis años y ¡por Dios que no le iban a tocar un pelo a mi hija hasta que todas mis preguntas hubieran recibido respuesta! Me enloquecí. Me fui gritando por los corredores hasta el estacionamiento y luego llegué a mi auto. No creo haber sentido tanta rabia en toda mi vida. Recuerdo que me arrodillé al lado del auto con mi cara contra el pavimento, con mis lágrimas reprimidas mojando el asfalto.

Esa misma noche otro médico me llamó. Él tenía una excelente manera de tratar a sus pacientes. Él respondió todas mis preguntas y además lo hizo con mucho cariño. Después de dos horas y media quedé satisfecha. Con dieciocho años, ahora era Melsie quien tenía la última palabra sobre su cirugía. Quería llorar otra vez por ella. Tener que tomar esa decisión a su edad simplemente no era justo. Pero, tenía que recordar que el concepto de justicia estaba bien para un juego de béisbol, no para nada más. Ella accedió a hacerse la cirugía.

Tres años después, mientras Melsie luchaba con su dificultad para respirar y con su debilidad general, la metí en el auto y nos fuimos al hospital. Ella firmó los documentos de la cirugía y yo firmé como testigo. Ya era un trato. Eso fue lo que pensamos que era correcto.

Yo tenía confianza en la cirugía. Después de todo, la había visto salir de tres cirugías anteriores. Podía esperar que saliera adelante de otra cirugía de corazón. De hecho, me sentía tan segura que fui a una charla sobre Bioquímica mientras ella estaba en la sala de operaciones. El Dr. M. y yo hicimos a un lado nuestras diferencias y yo confiaba plenamente en sus habilidades como cirujano.

Pero la operación no salió bien. Sin adentrarme mucho en la explicación de la patología, no pasó mucho tiempo sin que empezara a haber problemas. El corazón de Melsie estaba más enfermo de lo que nadie pudiera haber pensado, y créame, le habían hecho todas las pruebas posibles antes de la cirugía. Uno de los cirujanos asistentes salió del quirófano y me pidió permiso para hacer un bypass. Yo accedí. El Dr. M. y su pelotón de cirujanos trabajaron en el corazón de Melsie por veinticuatro horas.

Instalaron una bomba de contrapulsión aórtica con la esperanza de darle al corazón el descanso que necesitaba para latir por sí mismo.

Finalmente salió de cirugía y la llevaron a recuperación. La vi a la una de la mañana más o menos, ya entrada la madrugada del día siguiente. Estaba conectada a máquinas suficientes para llevarla a la luna, cosa que, a propósito, le habría gustado. (Había acabado de ser aceptada en el Programa de Astrofísica de la Universidad de California y yo estaba segura de que sería la sucesora de Stephen Hawking). Aunque sus párpados se movían cuando decía su nombre, estaba muy enferma. Yo sabía que no lo iba a lograr. No me pregunte cómo; las mamás simplemente sabemos este tipo de cosas. Murió en mis brazos ese mismo día.

Melsie también sabía que no lo iba a lograr. Ella lo supo antes que yo. Cuando las chicas que están en la escuela secundaria van a salir, llevan consigo toda la artillería. Alistan su maquillaje, su secador de cabello, su rizador de pestañas y un vestido por si acaso. Fue dos semanas después de su muerte que me di cuenta de que ella no había llevado nada consigo al hospital, salvo su conejito de peluche, que había estado en cada cirugía desde que ella estaba en tercer grado. Ella simplemente entró al auto y nos fuimos. Ella también lo sabía.

Ahora quiero saber ¿cómo tuvo la valentía, las agallas y el coraje para entrar silenciosamente en el auto e ir 'tranquilamente a su encuentro con esa buena noche'? Sinceramente no sé de dónde vienen cosas como esa. Recuerdo haber salido del hospital con el conejito, ir hasta un acantilado en el océano y gritar al interminable oleaje. Quería a mi bebé de vuelta. Supongo que pensé que el océano me la podría devolver.

Melsie murió un jueves y yo estaba de vuelta retomando mis estudios en la universidad el martes siguiente. De alguna manera, salí adelante con los últimos exámenes y proyectos. Pude terminar muchas tareas con ayuda de su recuerdo en mi cabeza. No estoy mintiendo. Algunos días era lo único que me mantenía en pie. Luego llegó el día de la gran fiesta de graduación. Cuando llamaron mi nombre y me dirigí al frente para mis cinco segundos de gloria, todo el personal de la universidad se levantó para aplaudir. No se pusieron de pie por nadie más, sólo por mí. Mientras caminaba hacia el podio pensé, OK Melsie, ahora que estás a salvo, sin más dolor y ya que no necesitas cuidado alguno, esto es, todavía y por completo, por ti mi amor..."

La historia de Livvie me conmovió profundamente; ella todavía mantenía su espíritu en alto ante desafíos tremendos, y eso es lo que la hace una persona resistente e inclusive optimista hoy en día. Si usted también hace énfasis en lo positivo, acepta las cosas que no puede cambiar y amplía su perspectiva, es probable que su familia no sólo se recupere de los tiempos difíciles sino que también esté en capacidad de hacer a un lado los contratiempos, seguir luchando y crecer. Luego, con seguridad todos hallarán la felicidad familiar una vez más.

RESISTENCIA DIARIA

A diario, todos nosotros tenemos oportunidades de ayudar a los miembros de nuestra familia a aprender a recuperarse cuando han tenido un mal día (o mes, o año). Algunas de estas oportunidades se presentan disfrazadas durante actividades familiares ordinarias, pero, en todo caso, promueven el crecimiento de la resistencia. Por ejemplo, la resistencia se puede enseñar a través de:

Hacer énfasis en la causa y el efecto en la vida: "Nos sentamos a comer alimentos preparados en casa porque si consumimos buena comida, vamos a estar fuertes y saludables".

Mostrar el poder que tiene la solidaridad familiar: "Sabemos que tuviste un día duro en el trabajo así que todos nos vamos a quedar hoy en casa a tener una noche tranquila".

Practicar la persistencia: "Yo sé que tocar la misma pieza en el piano es frustrante y algunas veces aburrido, pero conquistar cosas difíciles implica hacerlo así".

Enseñar el valor de trabajar en un objetivo común: "Estoy segura de que a todos nos gustaría pasar todo el verano de vacaciones en Europa como los Jones, pero estamos ahorrando dinero para hacerle una remodelación a la casa".

Aceptar lo que no se puede cambiar: "Aunque la lluvia evita que hagamos la reunión familiar en el parque, todavía podemos encontrar maneras de disfrutar juntos".

Ver una oportunidad en la adversidad: "No es justo que la fábrica cerrara y perdiéramos nuestro trabajo, pero esto nos da la oportunidad de pensar qué queremos hacer con nuestras vidas".

Practicar a ganar y a perder: "Siento mucho que no hayas ganado las votaciones para ser presidente de tu clase; te lo merecías. Pero todavía estoy aquí para apoyarte, y seguiremos adelante".

Lo grandioso de practicar comportamientos resistentes es que en realidad nos volvemos más resistentes con cada desafío a pesar de que las cosas salgan o no salgan como se espera. Incluso si usted no tiene éxito en algo, el ser optimista le ayuda a aprender a hacerlo mejor la próxima vez, y usted se vuelve más fuerte con la experiencia. Es lo que Southwick llama la "espiral ascendente de la resistencia". ¿Suena bien, no?

Los principios de las familias felices
Apoyo durante la enfermedad

A nuestra hija le diagnosticaron leucemia cuando tenía once años. El día en que se la diagnosticaron, mi esposo, mi hija y yo nos sentamos y discutimos cómo manejaríamos esta crisis.

Estuvimos de acuerdo en que permaneceríamos juntos y nos apoyaríamos sin importar qué tan difíciles se pusiera la situación y en que permitiríamos que la experiencia nos uniera. Tomamos lo negativo y lo volvimos positivo al ofrecernos como voluntarios para diferentes organizaciones, al apreciar la vida y a nosotros mismos. También fuimos bendecidos con una "familia religiosa" solidaria en la sinagoga a la que pertenecemos.

—*Marsha, 41 años, 20 años de casada*

Su *kit* general de supervivencia y resistencia

Si hay una cosa que las familias me han enseñado es que sobrevivir a los malos ratos requiere algunos elementos básicos que nos mantienen fuertes y que nos permiten recuperarnos. Si usted quiere desarrollar resistencia en su familia, empaque los siguientes elementos en su *kit* de supervivencia:

Una mente y un cuerpo sólidos. Todos debemos ser un poco fuertes para enfrentar las situaciones estresantes de la vida. Mantengan sus cuerpos saludables y fuertes y sus mentes claras. Anime a todos los miembros de familia a estar abiertos a lecturas exigentes y a actividades que los hagan penar (¡saque su juego de Scrabble!), disfrute de un pasatiempo que sea difícil mentalmente (desempolve la flauta o saque sus acuarelas del closet) e involúcrese en deportes individuales y en equipo.

Habilidades de comunicación efectivas. Cambios simples en la manera como empieza una discusión y la aplicación de buenas habilidades de escucha le ayudan a empoderarse a los miembros de su familia al sentir su apoyo. Aplique las reglas de la comunicación a las que nos referimos en los Principios 2 y 6.

Empatía. Todos vemos el mundo a través de nuestros propios lentes —y eso siempre va a terminar en conflicto si no nos abrimos a la manera como los demás ven las cosas. En lugar de enfocarse en la razón por la que su pareja, sus padres o sus hijos echaron algo a perder, tómese el tiempo de imaginar la situación desde su punto de vista. Cuando lo haga, y cuando les enseñe a sus hijos a hacerlo, usted desarrollará la empatía que se requiere para tener resistencia.

Mucho amor. Las investigaciones han demostrado que para que una pareja salga adelante necesita tener cinco interacciones positivas por cada interacción negativa.[8] Estoy seguro de que la misma dinámica funciona para todos los miembros de una familia. ¡Ame sin reservas!

Aceptación. Los miembros de su familia nunca van a ser clones exactos suyos así que es importante hacer un esfuerzo por aceptar sus personalidades y temperamentos únicos. Cuando usted quiera que su hijo sea un violinista, pero él no tiene oído, o cuando quiera que sea una bailarina de ballet o un jugador de tenis, o cuando quisiera que fuera más alto, más inteligente, más gracioso, recuerde que la aceptación es un signo de respeto y una herramienta de las familias resistentes. Esto no quiere decir que usted deba aceptar un comportamiento socialmente inapropiado; esto sólo significa que usted tiene que acomodarse a las necesidades y cualidades únicas de los miembros de su familia.

Gentileza. Todos los miembros de la familia deben pensar más en el otro. Algo de esa gentileza viene de cultivar la empatía, como lo mencionamos anteriormente. Además, todos debemos aprender a pensar en las necesidades de los demás antes que en las nuestras.

Vi este ejemplo en una familia hace varios años cuando Sarah y Bill invitaron a mi familia al bar mitzvah de su primer hijo. Sabíamos qué pasaría: llegaríamos a la fiesta, disfrutaríamos y después escribiríamos un cheque, no muy pequeño, al homenajeado de 13 años. Pero en este caso, no fue el bar mitzvah regular. Mi esposa y yo estábamos agradablemente sorprendidos de enterarnos del inusual destino del dinero del cheque. Jake decidió comprar una nueva batería, a diferencia de muchos jóvenes adultos que usan sus regalos de dinero en estéreos o para la futura compra de su primer auto. Dado que Jake ya tenía una costosa batería, él tenía la opción de venderla y usar el dinero para compensar por el alto costo de su nuevo instrumento.

En cambio, con el incentivo de sus padres, Jake escogió donar su batería a una organización llamada Fundación Mr.Holland´s Opus, una entidad que da instrumentos a niños de escasos recursos. Le pregunté a Sarah por qué Jake estaba haciendo esto. "No tuvo que pensarlo. Jake quería darle algo que él tuviera la fortuna de poseer a otro niño". Tres años más tarde, Sam, el hermano de Jake, hizo lo mismo con su trompeta cuando cumplió trece —dejando el dinero recolectado en una tienda musical para asegurarse que una persona menos afortunada tuviera la misma oportunidad que él tuvo.

Expectativas realistas. Los individuos resistentes ven a los errores como oportunidades de aprendizaje. No se debe fruncir el ceño antes los errores —ellos son parte de cualquier intento. Ayude a todos los miembros de su familia a entender que nadie espera que sean perfectos y que son amados incluso cuando "cometen un error", y ayúdeles a ver que pueden aprender de sus errores. Recuerde aplicar esta filosofía en usted mismo también.

Límites y fronteras. Parte de volverse resistente es saber qué está dentro de los límites y qué es haber ido muy lejos. Los niños necesitan saber qué es "ir demasiado lejos" —antes que lleguen allá ("No puedes cruzar la calle sin la mano de un adulto"); así como su pareja ("No, no está bien que salgas a almorzar con esa linda secretaria de Contabilidad") y por supuesto sus familiares políticos ("Sí, te puedo prestar mi GPS para tu viaje, pero por favor asegúrate de devolvérmelo para el otro fin de semana"). Saber que hay límites y saber en dónde están, ayuda a mantener la vida en equilibrio, elemento necesario para desarrollar resistencia.

RELÁJESE

Encontrar el equilibrio lleva a las familias a hallar su principio final. Como verá en el próximo capítulo, después de aplicar diariamente los principios de las familias felices (respetar los valores, comprometerse y comunicarse, dar y recibir apoyo, ser buenos padres, tener peleas justas, y recuperarse), éstas toman tiempo para respirar —para reír y disfrutar, tanto de la vida como uno del otro.

Principio 8

Las familias felices...
respiran

Uno de los riesgos de escribir un libro de "principios", ya sea que tengan que ver con la construcción de una familia feliz o con armar un portafolio de un millón de dólares o con convertirse en un gran jugador de golf, es que me presente ante usted con tantas claves y consejos útiles que *no haya forma* en que usted haga todas las cosas que le estoy sugiriendo. Y si leer este libro se siente como una montaña de muchas cosas en una lista interminable de acciones, entonces usted no se sentirá mejor cuando termine de leer la última página.

Así que a usted le va a gustar este último capítulo porque este principio de las familias felices se trata de poner *menos cosas* en su lista, no más. Se trata de respirar profundo, de relajarse, de pasar momentos sosegados en familia para nutrir una conexión más feliz con el otro.

Por ejemplo, me sorprendió agradablemente cuando Mary-Jo y su esposo Richard buscaron tiempo para venir a terapia a mi consultorio porque para estos dos brillantes profesionales el tiempo es escaso. Tienen tres hijos, de entre cuatro y diez años, y con ellos, clases de música y juegos de béisbol, fútbol y hockey (dependiendo de la temporada); clases de baile, gimnasia y tutorías. Además, Mary-Jo y Richard trabajan con médicos tiempo completo. En medio de toda esta actividad, se sentaron en mi sofá, desgastados y agotados.

Mary-Jo empezó a hablar: "Siempre siento que llevo las de perder. Estamos perdiendo nuestra conexión mutua y con la familia".

213

Richard añadió: "Sí, solíamos reírnos más y divertirnos más. Ahora parece como si sólo fuera trabajo y nada de juego. Quiero volver a la época en la que disfrutábamos estar juntos. Pensamos que usted podría ayudarnos".

No le puedo echar la culpa a Mary-Jo ni a Richard por sus agitadas vidas. Ellos viven en un suburbio de Providence en donde, como dijo Garrison Keillor, "Todos los hombres son fuertes, todas las mujeres son bonitas y todos sus hijos están por encima del promedio". Como muchos otros padres del lugar en donde viven, ellos inscriben a sus hijos en una gran cantidad de actividades porque quieren lo mejor para ellos: quieren que tengan muchos amigos; quieren que sean buenos deportistas; quieren que obtengan buenas calificaciones, que sean admitidos en las mejores universidades, y en últimas, que tengan grandes profesiones en trabajos que amen con salarios altos. Y, ¿quién puede culpar a estos preocupados padres por asegurarse de pagar por estas cosas con muchas horas de trabajo extra, haciendo contactos importantes y asegurando un lugar de respeto y admiración en la comunidad?

Entonces, esta es la pregunta que todos debemos responder: ¿En qué momento el mejoramiento de los hijos y del trabajo y las exigencias de la comunidad adulta empiezan a interferir con la felicidad familiar?

Como se dieron cuenta Mary-Jo y Richard, pasa cuando usted no está mirando.

Las familias con felicidad en sus vidas se dan a los demás con generosidad, pero también saben que encontrar la felicidad no es un esquema inmodificable. De hecho, algunas veces es un esquema que hay que revisar.

Mary-Jo y Richard sabían que su familia había alcanzado el límite, y venir a verme era el primer paso para empezar a actuar. Cuando volvieron a mi consultorio al mes siguiente, me contaron sobre el progreso que hicieron. Después de unas cuantas reuniones familiares, decidieron el destino de los niños: un deporte por temporada, un arte cada uno (baile o instrumento), y el resto del tiempo juntos en familia para divertirse. Mary-Jo lo explicó de la siguiente manera: "Si mi pequeña bailarina quiere aprender a tocar la guitarra, me parece bien. Ella pueda tomar mi vieja guitarra y aprender por su cuenta, como yo lo hice. No la voy a llevar a ninguna clase. ¡Todo ese ir y venir ya era demasiado!"

EL ESTRÉS CRÓNICO DE LA SUPERVIVENCIA

La ciencia de la Biología apoya lo que muchas familias felices saben. Cuando las personas reducen la marcha, mejoran su salud física, mental y emocional –lo que tiene un efecto directo en la felicidad. Pero muchos de nosotros sufrimos, al menos algunas veces, de lo opuesto cuando bajamos el ritmo: enfrentamos el estrés de la vida diaria aumentando nuestra marcha, acelerándonos y emprendiendo acciones que nos dejan estresados y exhaustos. Una breve mirada a la fisiología del cuerpo explica el por qué.

La máquina humana fue originalmente diseñada para la supervivencia bajo circunstancias graves. Imagine por un momento cómo era la vida para las familias primitivas de las cavernas que vivían juntas sin ninguna defensa en contra de otras criaturas que podrían querer habitar en su casa durante la noche. Se pasaban los días enfrentándose a depredadores, tormentas, vecinos hostiles, robos y otras experiencias de vida o muerte. Bajo esas condiciones, los humanos emplearon mecanismos neurológicos instintivos, lo que en conjunto se denomina instinto de supervivencia, para prevenir los peligros.

Cuando se enfrentaban con una situación que llegara a poner la vida en peligro, como seguramente lo hacían a diario, el cuerpo humano empieza a funcionar a toda marcha. El primero de una serie de eventos ocurre en el cerebro humano, cuyo trabajo es percibir el peligro. Una vez el cerebro reconoce la amenaza, libera sustancias químicas que activan las pequeñas glándulas ubicadas encima de los riñones: las glándulas suprarrenales. Cuando estas glándulas se ponen en acción, liberan las hormonas cortisol y norepinefrina, que viajan por el torrente sanguíneo de todos los órganos del cuerpo humano. ¡Y créame, es una carrera contra el tiempo!

A medida que estas hormonas suprarrenales hacen su carrera por todo el cuerpo, lo preparan para cualquier amenaza inminente reforzando los recursos del cuerpo para que peleen contra la amenaza o para que se alejen de ella lo más rápido posible. La presión arterial se eleva y el corazón empieza a palpitar a toda velocidad para que las células rojas ricas en oxígeno lleguen a todos los músculos del cuerpo, los cuales se tensionan y envían temblores a través de las células nerviosas. La respiración se vuelve más superficial a medida que el cuerpo remueve el dióxido de carbono "sucio" rápidamente y lo reemplaza con oxígeno fresco. El hígado libera su reserva de azúcares para darle energía a los músculos. Luego de haberse fortalecido de esta manera, el cuerpo humano tiene una mejor oportunidad de escapar del predador o de pelear contra las hordas invasoras.

Todo bien. Pero pocas personas de las que conozco hoy en día viven en cavernas, y lo más cerca que están de un oso o de un león es en el zoológico. La vida moderna no está llena de los momentos de vida o muerte que afectaban a los humanos hace millones o incluso miles de años. Nuestro medio ambiente ha cambiado, pero nuestros cuerpos no lo han hecho. Las situaciones de estrés de hoy en día son de más bajo perfil pero más crónicas, y su presencia constante resulta en pasos en falso e inciertos a nivel fisiológico. Cuando los individuos mantienen altos niveles de estrés, la presencia de las hormonas suprarrenales empieza a desgastar la infraestructura del cuerpo. Como un barco de guerra al que le disparan constantemente y al que nunca reparan porque siempre está en guerra, el cuerpo no tiene el tiempo ni la energía para un mantenimiento de rutina.

La elevación crónica de la presión arterial empieza a ponerle una carga al corazón y a incrementar el depósito de plaquetas de colesterol peligrosas en las paredes de los vasos sanguíneos, lo que aumenta el riesgo de enfermedades del corazón o de sufrir un derrame. El sistema inmunológico del cuerpo también se desgasta, lo que no sólo resulta en tos y resfriados sino que también conllevar a una inhabilidad para atacar enfermedades inflamatorias a largo plazo o incluso a la demencia por Alzheimer. La falta de mantenimiento desgasta las articulaciones y los huesos causando artritis y osteoporosis. Los perniciosos efectos de la elevación del azúcar en la sangre aumentan las posibilidades de tener diabetes. Órgano por órgano, día a día, el estrés crónico envejece al cuerpo y acaba con la calidad de vida. La infelicidad resultante también se contagia a todos los miembros de la familia. Pronto, todos en casa sentirán los efectos del estrés diario.

VIDAS CON AGENDAS MUY OCUPADAS

¿En dónde está la fuente de este estrés crónico? No es una criatura que se esconde en el bosque, ni es un extraño que acecha en el techo esperando saltarnos encima. Es producto del resultado de nuestros estilos de vida y las presiones que nos ponemos en nosotros mismos para lograr todo lo que queremos.

Empieza con una pareja ocupada que invierte tanto tiempo y energía en sus carreras y en actividades de voluntariado, que debilitan su conexión mutua. Y sigue cuando padres como Mary-Jo y Richard tienen la intención de hacer que sus hijos sean los mejores en los deportes, las artes y en la escuela —todo al mismo tiempo.

Niños ocupados, ocupados

He pasado por épocas de estimulación intrauterina, estimulación infantil, y clases de lenguas extranjeras para niños, lenguaje de señas y música clásica. A medida que los hijos crecen, la inquietud de sus padres por llenar sus mentes de conocimiento generalmente se convierte en una maratón diaria. Tal vez la inactividad es el taller del diablo, pero sobrecargar a los niños de actividades no es la entrada a las gracias celestiales.

A menos que usted tenga una niñera de tiempo completo (y el 50% de los participantes en mi encuesta de las familias felices en línea afirmaron haber contratado a alguien para llevar a sus hijos a sus actividades), es seguro que el llenar a sus hijos de actividades diarias significa que usted también está sobrecargado y que tiene una agenda muy ocupada. Un padre que conozco contó catorce llevadas y recogidas en un sólo sábado para sus tres hijos.

No sería tan malo si el tiempo que se gasta transportando a los niños se pudiera llegar a considerar "tiempo de calidad". Pero muchos padres ya van tarde a la cita de su hijo y, en consecuencia, también van tarde a recoger a su otro hijo. Manejar entre el tráfico con paquetes de hamburguesas y jugos de cajita que se riegan en el asiento mientras se trata con la constante presión de tener que llegar a alguna parte puntualmente, no es tiempo de calidad para los niños ni para los adultos. Y ese tipo de existencia diaria desgasta a los niños hasta que sus cuerpos también empiezan a sufrir las señales físicas del colapso del estrés crónico.

Pero usted se debe estar preguntando: "¿Acaso no es bueno mantener a los niños ocupados y activos?" Sí, a veces (un tema importante al que me refiero más adelante en este capítulo). Sin embargo, he notado que las familias que se describen a sí mismas como felices, generalmente encuentran una manera de equilibrar las agendas ocupadas. Aunque estas familias están involucradas en actividades comunitarias, se aseguran de que sus hijos tengan la oportunidad de hacer actividades espontáneas al aire libre, de tener períodos inactivos o de tener tiempos de juego tranquilos.

Ocupado, ocupado, ocupado

Los adultos, como grupo, hemos logrado manejar agendas ocupadas en todos los aspectos de nuestra vida, y desafortunadamente estamos pagando el precio de nuestras ansias por alcanzar metas cada vez más altas, lo que le quita reservas a nuestra felicidad familiar.

Identifiquemos unas cuantas fuentes comunes de estrés que le quitan tiempo a nuestras familias hasta que no logramos recordar ni cómo suena la risa.

El estrés de demasiadas cosas. Nuestra sociedad estadounidense está en una encrucijada. Tenemos acceso a los mejores servicios médicos posibles, oportunidades académicas para todo el que desee aprender, una superautopista de la información que nos da información sobre cualquier tema, desde el número de teléfono de un vecino hasta un mapa de Timbuctú en un solo clic, así como una variedad de opciones de comida, ropa y vivienda.

Sin embargo, a pesar de contar con un siempre creciente número de opciones tecnológicas globales como sociedad, no somos más felices. El acceso a todos los recursos del mundo ha puesto en movimiento una cadena de necesidades y deseos que compiten con los del Rey Midas. (¿Se acuerda de la paradoja de Esterling de la que hablamos en el Capítulo 2? Tener más cosas no hace que la gente sea más feliz). Entre más increíbles sean las cosas que podamos adquirir, más increíbles serán las cosas que queramos.

Este impulso por tener más y más cosas nos hace dedicar nuestro tiempo y atención en otros proyectos que no son la familia. Imagine que usted pudiera recuperar todo el tiempo que gastó en compras en la tienda y en línea todo este mes y que en cambio pudiera dedicarlo a su familia. Simplemente imagíneselo.

El estrés de estar en contacto. Cuando era pequeño, la única manera en que las personas podían estar en contacto con otras personas cuando no estaban en casa era a través de un *beeper*. Cuando íbamos a bodas, funerales, bautizos y bar mitzvahs con mi familia, siempre supimos quién era doctor entre los asistentes porque el sonido de su *beeper* interrumpiría la ceremonia (los *beepers* no vibraban en ese entonces). Una persona promedio no tenía un *beeper*. Aparte de una auténtica crisis (cuando ja Policía desplegaba sus fuerzas para buscarlo), cuando usted no estaba en casa, no era posible contactarlo.

Parecía que no era algo tan malo. Ahora que cualquier persona puede tener un celular, más y más miembros de la familia están "disponibles" a toda hora. El valioso tiempo familiar se pierde cuando los demás demandan nuestra atención las 24 horas del día 7 días a la semana con llamadas telefónicas, mensajes de texto y correos electrónicos. El joven Jimmy dirá en medio de una conversación a la hora de la cena: "Perdón, tengo que contestar esta llamada". O justo cuando usted le está contando a su esposo sobre la reacción de su jefe a su presentación, él mirará su teléfono para ver un mensaje de texto que le acaba de llegar. E incluso cuando usted está sentado en el parque con su familia, alguien terminará perdiéndose la historia graciosa que usted está contando porque ese alguien está hablando por teléfono. (Está bien, tal vez la historia no era tan graciosa. ¡Pero quien la oía pudo haber sido educado y reírse en todo caso!)

El estrés de involucrarse demasiado. Es bueno involucrarse con la comunidad. El valor de trabajar junto a su familia por una buena causa se ha discutido en varias ocasiones en este libro. Pero involucrarse demasiado en cualquier área de su comunidad puede sobrecargar sus defensas contra el estrés.

Un reconocido y muy profesional hombre de negocios venía a terapia a mi consultorio con la esperanza de fortalecer su matrimonio. Los elementos básicos estaban ahí: amaba a su esposa y ella lo amaba a él. Aunque él había sido bastante exitoso en su trabajo, había dejado su vida familiar en el asiento de atrás. Hay que reconocerle que estaba haciendo un gran progreso al cambiar sus prioridades; su esposa se sentía amada.

Sin embargo, pasaron algunos meses de terapia y él comenzó a sentirse muy ansioso. "Debería estar feliz", dijo, anunciando que había sido nominado como miembro de la junta de una organización caritativa nacional, "es un honor".

Aunque se sintió algo presionado a aceptar el cargo, se preguntó si esto llegaría a interferir con el tiempo que ahora le dedicaba a su familia. ¿Pero cómo podría rechazar la codiciada oportunidad de estar en una cargo con tanto prestigio?

Le sugerí que fuera a casa y que hablara con su esposa sobre el asunto. Puede que él no se haya dado cuenta en ese entonces, pero yo sabía que era una decisión a ser tomada por una sola persona.

Cuando mi paciente volvió la semana siguiente, me dijo que había decidido rechazar la propuesta. "En realidad", dijo, "me quité un peso de encima. Mi esposa y yo decidimos que hay muchas cosas sucediendo en nuestra casa, y que éste no sería un buen momento. Pensamos que cuando nuestros hijos estén un poco más grandes será un momento más apropiado".

Como mi paciente terminó de darse cuenta, si no hacemos un esfuerzo consciente por liberar el estrés crónico que permea este estilo de vida al que nos hemos acostumbrado, los pilares mismos de nuestra familia feliz terminarán rompiéndose con la presión.

En el fondo de su corazón usted sabe que tengo la razón cuando le digo que busque áreas en las que pueda eliminar deberes para dejar tiempo para dedicarlo a actividades familiares espontáneas, tranquilas, o momentos de inactividad. Cuando usted baja la guardia, usted es más propenso a tener la capacidad para encontrar maneras que le permitan hallar un momento de descanso en medio de su ocupada vida.

APRENDER A RESPIRAR

Hubo un momento de mi vida en el que hice un esfuerzo real por dominar el pensamiento existencialista y las filosofías orientales. Por algún tiempo, en la universidad, caminaba por ahí con un libro sobre el taoísmo y trataba de absorber su filosofía del "no actuar" como una manera de trascender mi ser material. Pero luego me convertí en médico y, lo que es más importante, en esposo y padre. Así que aunque quisiera poder decir que podría manejar mi vida con meditación, hubo algunas duras realidades que no me permitieron caminar en un estado de feliz desdoblamiento y paz interior.

La mayoría de mis pacientes está en el mismo tren; se enfrentan a necesidades de la vida real como cubrir el costo de la hipoteca o la renta, pagar las universidades de sus hijos, y, por estos días, tener el dinero suficiente para la gasolina del auto. Así que sería muy tonto de mi parte decirle que se "relaje" en medio de esta lucha por sobrevivir en esta civilización occidental. Para muchos, ésta no es una solución realista cuando la vida en el siglo XXI es inherentemente agitada. Pero es importante reconocer que el estrés que generalmente acompaña este estilo de vida ciertamente afecta los niveles de felicidad de todos los miembros de la familia.

Si se pone creativo, estoy seguro de que pensará en muchas maneras de darse un descanso. En mi experiencia, hay tres dimensiones que nos llevan a la calma y a la relajación: la espiritual, la emocional y la física.

En las próximas páginas, hablaré sobre los aspectos de ser bueno con usted y con su familia, pero recuerde mientras lo hago que estas dimensiones se superponen considerablemente. Por ejemplo, la práctica del yoga ofrece beneficios espirituales y emocionales, y orar no sólo contribuye con su desarrollo religioso sino que disminuye su presión arterial y los latidos de su corazón.[1]

La dimensión espiritual

En el Principio 3 hablamos del poder de la fe y de las creencias religiosas para ayudar a las familias a permanecer unidas y a superar la adversidad. El sentirse parte de un plan superior ayuda a guiar el camino de algunos individuos y familias. Además, ocupar un momento cada semana para hacer el rito de la reflexión en la oración dentro de una comunidad espiritual, da un descanso del estrés diario y deja tiempo para pensar en cosas más grandes que nosotros. Se ha encontrado que este rito, junto con la oración, tiene el poder de sanar el alma.

En Providence, cerca a la Universidad de Brown, no es raro ver familias judías ortodoxas, que se reconocen por su atuendo de camino a la sinagoga los viernes en la tarde antes del anochecer. Para el Judaísmo, el Sabbat es el día más sagrado del año, ¡y eso es cada fin de semana! Desde el amanecer del viernes hasta el amanecer del sábado, los miembros de la comunidad judía ortodoxa no usan electricidad (¡lo que quiere decir que tampoco usan sus computadores portátiles!) y pasan tiempo con su familia y con su comunidad religiosa orando o estudiando. Al forzarse a sí mismos a, literalmente, desconectar el cable de sus agitadas vidas, estos individuos han hallado una manera de retomar energías para la semana siguiente.

Los principios de las familias felices

Alabar juntos a Dios

Las cosas han sido algo difíciles. Tuvimos una pérdida de dinero por diez meses en un lapso de dos años. Somos padres de un niño pequeño y otro en camino. Tenemos muchas deudas y nuestro salario no alcanza para pagarlas. Pero el factor más importante para nuestra familia feliz es cuando hacemos nuestros devocionales —orar y alabar a Dios juntos.

—Jeremy, 29 años, cuatro años de casado

Aunque algunas personas encuentran paz de esta manera a través de una adherencia estricta a una doctrina religiosa, también hay otras formas de tomar un descanso espiritual en medio de una vida agitada. Para muchos, salir a caminar por el bosque les ayuda a sentirse parte de un plan mayor; o por lo menos es relajante y reduce el estrés.

En los veinticuatro años que llevo ejerciendo mi profesión, he visto a más y más personas encontrar la calma en la tormenta de su vida a través de la espiritualidad que se logra en el yoga. Muchos encuentran que los hace sentirse relajados, más ágiles, y ahora hay estudios que muestran que en realidad contribuye a tratar trastornos de depresión y de ansiedad.[2]

La meditación, los ejercicios de respiración, los estiramientos y la consciencia de los poderes de la energía espiritual (o chacras) también actúan como fuerzas estabilizadoras para aquellos que tienden a pasar mucho tiempo corriendo de un problema a otro.

PRINCIPIOS TOMADOS DE LA INVESTIGACIÓN

Practique la respiración profunda

Cuando usted aprende a controlar su respiración, usted pasa de centrar su atención en el pánico a concentrarse en la paz. La técnica es sencilla, aunque requiere práctica.

Cuando tenga tiempo para usted, siéntese en un lugar cómodo y en silencio. Respire profundo tomando el aire por la nariz, use su diafragma (el músculo que se encuentra debajo de sus costillas), no su pecho, para mover el aire. La toma de aire debe ser deliberada y usted debe sentir cómo el aire fresco, puro y oxigenado entra por su nariz. A medida que el aire entra durante unos cuatro o seis segundos, visualice ese aire llenando sus pulmones. Sosténgalo por uno o dos segundos.

Luego, con los labios cerrados (para asegurarse de que el aire no salga muy rápido), suelte el aire lentamente, imaginando que el aire que sale lleva consigo todas las impurezas y la tensión de su cuerpo. Una vez más, tome el aire fresco y fortalecedor, sosténgalo por un momento y siga con la liberación del aire usado de los pulmones.

Si usted hace este ejercicio de respiración por varios minutos todos los días, aprenderá a controlar su respiración en momentos de estrés, y esto reducirá los efectos de las hormonas invasoras del estrés.

A menudo, realizar actividades con consciencia como familia ayuda a crear una sinergia en la respuesta de relajación. Pero hay momentos en los que la mejor manera de entrar en estado de meditación es sin la compañía de su familia. Aceptémoslo: sería inusual una familia que en realidad pudiera llevar a sus hijos pequeños a una clase de yoga o llevar a sus hijos adolescentes a una caminata de meditación y ¡poderlo ver como una manera de relajarse! Cuando se trata del crecimiento espiritual, algunas de las cosas que pueden darle mayores beneficios a su familia deben hacerse en solitario. Cuando usted está de vuelta a su casa sintiéndose más calmado y más tranquilo, su familia se beneficia de su fortaleza espiritual.

La dimensión emocional

El rejuvenecimiento emocional es algo que todos hacemos –generalmente sin saberlo. Si usted está leyendo un libro, usted está desarrollando su ser emocional. Si de manera periódica se sienta a conversar con sus hijos, sus amigos, o su pareja, entonces usted está desarrollando su ser emocional. Cuando sea que usted cuida de sí mismo en cualquier dimensión, incluso si es para comer algo saludable, usted está atendiendo sus necesidades emocionales. Pero más allá de esta forma natural de rejuvenecimiento, logramos el equilibrio emocional cuando hacemos un esfuerzo *consciente* por controlar la manera en que escogemos percibir nuestras experiencias y acciones cuando estamos despiertos. De un momento a otro, su cerebro está alertando su consciencia sobre su nivel de humor y su actitud. Lo sorprendente sobre esta comunicación es que usted desarrolla su capacidad para controlar los mensajes que le envía su cerebro –si hace un esfuerzo consciente por lograrlo.

Digamos, por ejemplo, que dos chicas están en la mesa de una biblioteca investigando para escribir un ensayo. Una de ellas ve que un ratón pasa corriendo entre sus pies y luego desaparece por una pequeña grieta en una esquina. Su corazón late a medida que la adrenalina viaja por todo su cuerpo y salta tumbando la silla en la que estaba sentada intentando sacar su voz. La otra chica, quien no se dio cuenta de la presencia del ratón, sigue con su investigación calmadamente.

El punto es que aunque la presencia del ratón fue igual de real y amenazante para la segunda joven, ella no tuvo una respuesta con estrés gracias a que no percibió al ratón. Eso demuestra el profundo rol que tiene la percepción en dictar su respuesta al estrés; no es un evento en sí mismo sino más bien su respuesta a ello lo que es estresante para el cuerpo, dependiendo por completo de las cosas que permitimos que nos molesten cada día.

Si tuviéramos una perspectiva equilibrada de todo lo que nos molesta a diario, nos daríamos cuenta con más frecuencia de que nos enojamos sin necesidad: nuestra reacción no se basa en la "realidad" externa sino en la percepción que tengamos de ella.

La mayoría de nosotros sabe esto de manera instintiva. Les pedimos a nuestros hijos que pongan las cosas en perspectiva cuando es su primer día de clase o cuando tienen una carrera de bicicletas o cuando van a salir de viaje a una ciudad nueva con sus compañeros. Les damos apoyo a nuestros amigos sugiriéndoles que no se tomen esa cita a ciegas tan en serio o que no se preocupen por no haber vendido su casa en la semana en la que la pusieron a la venta. Damos este consejo a nuestros seres queridos porque podemos ver claramente cuándo su perspectiva se sale de proporción. Deberíamos ser sabios y seguir nuestros propios consejos.

PRINCIPIOS TOMADOS DE LA INVESTIGACIÓN

Es la actitud

Cada vez estoy más convencido de que nuestra felicidad o nuestra infelicidad dependen más de la manera cómo enfrentemos los eventos que de la naturaleza misma de esos eventos.
—Karl Wilhem von Humboldt (1767-1835), estadista alemán

La dimensión física

Esto probablemente no es nuevo para todo aquel que haya examinado la forma humana cuidadosamente: el cerebro está conectado al cuerpo. Sin embargo, lo que usted no puede ver desde el exterior es que el cuerpo y el cerebro se envían mensajes constantemente a través de los sistemas circulatorio, nervioso y endocrino del cuerpo, algo como lo siguiente:

CEREBRO: "¿Cómo vas?"

CUERPO: "¿Tú cómo vas?" y así.

Cuando un individuo es activo físicamente, el intercambio es algo como:

CUERPO: "Me encanta cómo estos ejercicios de estiramiento hacen más ágiles a mis músculos, mis articulaciones y mis tendones".

CEREBRO: "Oye –no estoy recibiendo ningún mensaje de tensión en este momento. Me puedo relajar y dejar de pensar en esas hormonas del estrés; en lugar de eso, creo que voy a liberar unas cuantas de esas endorfinas ´para sentirme bien´".

Esta conexión entre la salud física del cuerpo y la percepción de salud del cerebro, es una dimensión tan importante como son las dimensiones espirituales y emocionales en reducir el estrés que interfiere con vivir una vida alegre y plena.

Reconozco que encontrar el balance perfecto entre una buena nutrición, buenos cuidados médicos y actividad física a la vez que se nutren las necesidades diarias, es algunas veces un desafío, así que enfoquémonos en uno de los elementos básicos que mayor influencia tiene en nuestra salud: la inactividad física y el exceso de comida.

Escuche, todos tenemos que comer, ¿no es así? Entonces ¿cómo es que rechazar comer una segunda dona puede llegar a afectar mi salud y la felicidad de mi familia? Bueno, si esa dona se traduce en una panza que se sale de su pantalón, usted está uniéndose a un gran grupo de personas que pone su salud, y por lo tanto la felicidad de su familia, en riesgo. La encuesta nacional de salud y nutrición conducida entre el 2.003 y el 2.004 reportó que alrededor del 66% de los adultos en Estados Unidos sufre de sobrepeso o son obesos.[3] El reporte de la Dirección Nacional de Salud Pública indica que 3.000 individuos mueren cada año por enfermedades relacionadas con la obesidad, y que los costos médicos asociados a esta enfermedad exceden los $117 mil millones de dólares.[4] Es decir muchas familias están sufriendo de una salud física pobre.

La familia es una de las fuerzas más influyentes para ayudar a los individuos a mantenerse saludables. Nosotros podemos ayudarles a nuestros hijos todos los días con la práctica, con el ejemplo, enseñándoles buenos hábitos alimenticios y advirtiéndoles sobre los peligros de las drogas, el alcohol y los cigarrillos. Y tenemos un papel especialmente importante en animar a todos los miembros de nuestra familia a ser más activos físicamente.

Los principios de las familias felices

Permanecer involucrados

El principio de nuestra familia feliz es involucrarnos en las vidas de nuestros hijos. Somos los entrenadores de sus equipos de béisbol y nos vamos a acampar con ellos varias veces al año. Montamos en motocicletas de cuatro ruedas, motocicletas normales, hacemos esquí acuático y paseamos en barco juntos.

Siempre intentamos involucrarnos en actividades nuevas para ampliar los intereses de nuestros hijos y mantener su buena forma física. Además, esto les evita estar aburridos y siempre tenemos tema de conversación mientras comemos. Ninguno de nuestros hijos ha probado las drogas, se ha escapado de casa ni ha tenido un embarazo en su adolescencia. Gracias a Dios.

—*Tracey, 38 años, vive en unión libre con su novio, seis hijos*

La protección de la salud física de todos los miembros de la familia debería estar implantada en la psiquis de todo grupo familiar. En el Principio 1 hablamos de la importancia de los valores compartidos; bien, esto se rige por el mismo principio, si usted le enseña a su familia a valorar los alimentos saludables y el ejercicio, éstos se convertirán en parte de su identidad familiar. Y adquiere particular importancia cuando hay niños en el hogar.

En uno de los estudios más grandes de este tipo, entre los años 2.000 y 2.006, los investigadores (auspiciados por el Instituto Nacional de Salud Infantil y Desarrollo Humano) evaluaron el movimiento físico a través de unos dispositivos especiales instalados en mil niños estadounidenses. Se encontró que la cantidad de actividad descendió de tres horas por día en los niños de nueve años a menos de una hora diaria para los que ya estaban en la adolescencia. Durante una semana, menos de una tercera parte de los adolescentes realizó la cantidad de actividad física recomendada, e hicieron mucho menos ejercicio durante el fin de semana.[5] Los investigadores sugirieron que el aumento en el uso del computador y de los juegos virtuales le ha quitado espacio a la actividad física de nuestros jóvenes. Estoy de acuerdo.

Muchos niños tienden a pegarse a aparatos de acero y vidrio que los aíslan de los demás. Los niños de hoy en día creen que la televisión, los videojuegos, el internet y los Ipods, son herramientas imprescindibles. Pero como todo lo demás, gran cantidad de algo bueno se puede volver malo cuando le roba tiempo precioso a otras actividades que dan salud y unión a las familias.

PRINCIPIOS TOMADOS DE LA INVESTIGACIÓN

Detenga la obsesión

Algunos aparatos electrónicos pueden elevar los niveles de estrés en los niños. John, un enfermero con el que trabajaba, describió a su hija de once años de edad quien estaba *devastada*, como realmente devastada, cuando su primo tomó su clave, entró a internet, y "vendió" todas las armas y tesoros que había ganado jugando *Warcraft*. Tan desvalida se sentía la niña que lloró por horas e hizo continuas llamadas amenazantes a sus primos y tíos. Ahora, a decir verdad, entiendo cómo, luego de pasar cientos de horas ganando esos tesoros virtuales, lo que hizo su primo fue algo horrible. Pero tanto John como yo estamos de acuerdo en que esto se había vuelto algo más que un juego: se había vuelto una obsesión. En lo que compete a John, esa fue la última vez que su hija tocó ese juego.

Todos nuestros hijos tienen juguetes electrónicos así que ¿cómo podemos saber cuándo esos aparatos están limitando su actividad física en demasía? Fácil. ¿Acaso sus hijos (o usted si es el caso) se involucran en actividades no programadas y espontáneas al aire libre? Una de las maestras de mis hijos les dio a sus estudiantes la tarea de salir y jugar por media hora todos los días después de la escuela. Tal vez todos nosotros deberíamos ponerles esa tarea –desde su más tierna infancia hasta la adolescencia. Si no tienen tiempo para hacerlo es porque su agenda está muy ocupada. Si odian hacerlo, probablemente necesiten algo de ayuda para desconectarse de sus compañeros electrónicos.

La salud –y la felicidad– de su familia requieren que cada uno de los miembros tome tiempo a diario para cuidar de sí mismo físicamen-

PRINCIPIOS TOMADOS DE LA INVESTIGACIÓN

Una disminución en el tiempo libre de los niños

Un reporte basado en una encuesta realizada entre 1981 y 1997 por un diario de circulación nacional concluye una disminución signifi-

cativa en el tiempo libre que tienen los niños entre los 3 y 12 años.[6]
Los resultados fueron los siguientes:

- En promedio se notó una disminución de 12 horas a la semana
  en tiempo libre para los niños.
- Una disminución de 3 horas a la semana en tiempo de juego.
- Una disminución de un 50% en actividades de esparcimiento al
  aire libre (incluyendo caminar, escalar y acampar).

Es el momento de hacer algo dentro de nuestras familias para cambiar ese patrón.

te. Eso quiere decir, hacer algo (preferiblemente juntos) que ¡lo levante
y lo haga moverse! Dele la orden a su cerebro de guardar esas hormonas
del estrés y envíele el mensaje a todo su cuerpo de que la vida es buena.

TIEMPO EN FAMILIA

Mi encuesta de las familias felices me enseñó mucho sobre las cosas que una variedad de personas creen que contribuyen a la felicidad
familiar. Al evaluar los factores de la lista, la resistencia tenía el primer
lugar (razón por la que tuvo el capítulo del Principio 7 para ella sola).
Muy de cerca en el segundo lugar, los encuestados dijeron que el hacer
muchas actividades como familia era un factor importante. De hecho,
aunque este factor no siempre era la primera elección, llegó a estar
dentro de los tres primeros (de seis) con más frecuencia que cualquier
otro factor –76% de quienes respondieron sintieron que hacer cosas
juntos como familia era importante.

Los principios de las familias felices

El tiempo es lo más importante

Éste es el segundo matrimonio tanto para mi esposo como para
mí. Él tienen dos hijos de su primer matrimonio y ambos tenemos un hijo juntos. En su encuesta escogí "hacer muchas actividades" como un factor importante, pero estas actividades no

tienen que ser grandes actividades. Puede ser algo tan sencillo como una cena en familia. Yo pienso que el tiempo es lo más importante que uno tiene para darle a alguien, a un esposo, a una madre, a un padre o a un hermano. Cuando hacemos cosas en familia creamos tiempo para comunicarnos. En consecuencia, tenemos una comunicación muy abierta y sincera en nuestra casa, y eso es realmente importante para todos nosotros.

—Jodi, 36 años, nueve años de casada

Cuando usted pasa tiempo con su familia, usted les está diciendo que ellos son importantes para usted y que el estar con ellos le da alegría. Sí, yo sé, pasar la noche jugando póquer con sus amigos o leer una novela en su habitación le dan gran alegría también, y, créame, también tendrá tiempo para esas cosas. Pero las familias que pasan tiempo juntas son más felices. De hecho, el simple acto de comer juntos ha probado reducir las relaciones sexuales entre adolescentes, el consumo de alcohol y el abuso de drogas, las peleas o suspensiones en la escuela y las ideas suicidas.[7] Ese es un poderoso antídoto contra muchas de las fuerzas que separan a los miembros de una familia.

Ese tiempo juntos no se debe dar con toda la familia todas las veces, todos al tiempo. Juan, de 40 años y quien lleva 13 años de casado, escribió lo siguiente en mi encuesta de las familias felices: "El factor más importante de felicidad es pasar tiempo con mi familia y hacer de ellos mi prioridad. Mi esposa y yo salimos en una cita una vez a la semana, y tenemos días especiales con nuestro hijo y con nuestra hija individualmente una vez a la semana". Bien, ¡a *eso* es a lo que me refiero!

Los principios de las familias felices

Para nosotros no hay juegos electrónicos

¡Enfrentar la vida es la única manera de vivirla! Apagar el televisor y restringir los videojuegos, salir, y jugar al aire libre —incluso actividades tan simples como caminar en familia— importan. Compartir juegos de mesa dentro de la casa y ser creativo es esencial para la vida familiar. Mi hermana Lana y yo hemos estado jugando Scrabble por treinta y ocho años juntas, y hemos pasado la tradición a nuestras familias. Cuando mis sobrinos y sobrinas me visitan, van directo a la impresora, toman una hoja de papel y hacen un dibujo de alguna festividad por venir o de algo especial. Tengo el infame "Muro creativo de la tía Bárbara" en el que orgullosamente muestro sus dibujos y creaciones. Horneo tortas con mi sobrina, o juego cartas con mi sobrino. Hay tantas cosas que son mejores que sentarse pasivamente frente al televisor.

—*Bárbara, 49 años, 20 años de casada.*

Mi hijo de dieciocho años intentó enseñarme a jugar NCAA Football en su PlayStation 3, ¡y yo era pésimo jugándolo! También jugamos raquetbol —¡y soy igualmente pésimo jugándolo! Pero ambas actividades nos dieron un tiempo precioso a ambos. Estos momentos se han vuelto parte de la estructura que fortalece nuestra conexión y que nos permite construir una experiencia sobre otra. Éste es ese factor equis de una familia sólida.

Podría gastarme varias páginas haciendo una lista de las actividades divertidas que usted tiene para hacer con su familia, desde volar cometas hasta producir su propia película para los abuelos. Lo importante es que encuentre una actividad que sea significativa para usted, que comparta con otros miembros de sus familia, y también que esté abierto a hacer lo que ellos quieran compartir con usted.

Hoy, esa actividad es algo tan sencillo como mostrarles a sus hijos cómo hacer gelatina mientras que ellos le muestran cómo tejer un brazalete de la amistad o cómo patear una pelota de fútbol. Al final del camino, a medida que su familia crece, usted será bendecido con la oportunidad de mostrarles cómo aliviar el salpullido de sus bebés mientras que ellos le muestran cómo invertir su fondo de pensión.

Eso es lo maravilloso de las familias felices. Crecen con más fuerza con el paso de los años, cambiando juntos en cada etapa de la vida. Lo que nos lleva, apreciado lector, al siguiente y último mensaje de este libro: las familias felices no son estáticas —evolucionan.

Epílogo

Las familias felices...
evolucionan

Por muchas horas durante los últimos meses, mi esposa me veía con mi nariz hundida en mi MacBook y se preguntaba qué retenía mi interés tan atentamente. Muchas veces tuvo que gritar "ya está lista la comida" hasta tres veces antes que yo escuchara.

¿Qué desvió mi atención hacia la pantalla de mi computador y lejos de ella? Eran las reflexiones, comentarios e historias extraordinarias de quienes contribuyeron con mi encuesta de las familias felices.

A nivel profesional, he trabajado por casi veinticinco años ayudando a individuos y familias con problemas de salud mental. Durante ese tiempo, he aprendido que cuando se trata de los principios de las familias, a menos que usted pregunte, no se enterará. Al preguntar de manera específica cómo ven las personas a sus familias y cuáles son los elementos de las familias felices, aprendí más de lo que alguna vez pensé.

Hubo momentos en los que alcancé a llorar con las historias que la gente compartía conmigo –y no soy de los que llora con facilidad. No lloraba por las dificultades que algunos han enfrentado, aunque hay quienes han tenido que soportar situaciones realmente difíciles. Mis ojos se llenaban de lágrimas cuando leía historia tras historia de la manera cómo muchos triunfaban antes las desgracias y mantenían la esperanza, la fortaleza y una visión del futuro.

Me compartieron historias de separación o divorcio; hablaron de este cambio en su estatus familiar como una oportunidad para formar lazos más fuertes con sus propios padres, para redefinirse a sí mismos como padres solteros o para hacer borrón y cuenta nueva y empezar una nueva familia. Otros contaron la historia de cuando perdieron su casa y cómo emprendieron la tarea de empezar desde cero. Hablaron de recoger los pedazos cuando perdían sus trabajos o su fortuna. Y, más a fondo, algunos me contaron sobre su lenta recuperación después de perder a sus padres, esposos o hijos.

Ninguno de los encuestados sugirió que sanar las heridas de una familia herida fuera fácil; todos reconocieron los retos que se involucran cuando los patrones esperados de la vida familiar evolucionan y cambian en nuevas direcciones. Pero todas estas personas tenían un tipo especial de fuerza, una que combinaba el valor de resistir cuando las cosas no van bien, con el sentido apasionado de la conexión humana para unirse a los demás miembros de su familia.

¿Qué hacía que estas personas no se rindieran? ¿Cómo se mantuvieron a flote? Una maestra de secundaria probablemente querría hacernos creer que eso se debe a una buena educación. Un médico nos sugeriría que se debe a una buena salud. Un sacerdote o un rabino le darían crédito a la relación de la persona con Dios. Estoy seguro de que todos estos aspectos ayudaban. Pero el único tema que resonaba con fuerza en mi cabeza era cómo la familia, sí, la familia misma, impulsaba a los individuos a través de situaciones tan devastadoras como el huracán Katrina o el 9/11, a través de ejecuciones hipotecarias y enfermedades trágicas, y los dejaba en pie, heridos pero no destrozados, con la pasión de seguir adelante. Sus historias me mostraron en detalle, de una manera vívida y real, que son los hermanos, las hermanas, los padres, las parejas y los hijos los que se tejen para formar nuestra más valiosa red de apoyo en tiempos de cambio.

Toda esta charla acerca de sobrevivir a los elementos puede sonar a que todo lo que tiene que ver con la familia es sólo trabajo y nada de diversión, pero ese no es el cuadro que pintan estas familias. Ellas dejaron claro que parte de ser una familia feliz era aprender a evolucionar a medida que la vida cambiaba para ellas, siempre sosteniéndose fuerte del otro –por el simple placer de estar en su compañía. Encontrarse en reuniones familiares, enviar correos electrónicos con fotos de los niños (o de las vacaciones o del perro) o pasar tardes enteras jugando cartas en la sala, eran todas cosas pequeñas pero importantes que hicieron estas familias para mejorar sus lazos y asegurarse de tener esa muy importante red de apoyo.

Esta capacidad para adaptarse y cambiar mientras se deja tiempo para la diversión ilustra para mí un mensaje subyacente importante de este libro: todos los principios compartidos por estas familias no son verdades absolutas. Ellos no ofrecen reflexiones estáticas, inalterables, finitas. En verdad, como lo discutimos en los dos primeros capítulos, las palabras mismas, familia y felicidad, no pueden definirse fácilmente para aplicarlas con todos de una forma exacta. Lo que hace que una familia sea feliz, unidad y amorosa hoy, puede no ser lo mismo mañana. Los niños crecen, nuestra relación con nuestra pareja cambia, nuestros intereses y pasiones evolucionan. Esa es la vida. Mientras cambiemos y la vida alrededor de nosotros cambie, nuestra relación con cada miembro de la familia también cambia, así como las cosas que nos dan felicidad igualmente cambiarán.

Nada de esto representa un problema si nosotros sabemos aceptar y acoger estos cambios y regirnos por esa única constante que es el núcleo de todos los principios familiares compartidos en este libro. Como bien lo expresó Norman MacEwan (1881-1953), Vicemariscal de La Fuerza Aérea de Su Majestad, quien dijo en una ocasión: "La felicidad no está tanto en tener como en compartir. Vivimos la vida con lo que ganamos, pero ganamos una vida con lo que damos".

Espero que con el tiempo que usted le dedique a leer este libro y a aprender la manera en la que los individuos en una familia se dan felicidad mutua, se sienta inspirado a hacer un esfuerzo consciente por dar felicidad a todos los miembros de su familia, y a su vez disfrute la felicidad que recibe a cambio por el resto de su vida.

A medida que su familia cambie y evolucione con los años, espero que usted y aquellos que han participado en mi encuesta en línea me mantengan informado a través de mi página web DrScott.com sobre las cosas que le dan alegría a su familia. Puede llamarme un sentimental o puede llamarme un médico preocupado, pero si su familia es feliz, ¡entonces yo soy feliz!

Apéndice

Resultados totales de la encuesta de las familias felices

La información que se encuentra a continuación representa las respuestas recolectadas de los participantes en una encuesta en línea (opcional) anónima conducida desde el 1 de febrero de 2.008 hasta el 5 de diciembre de 2.008. La encuesta incluyó grupos poblacionales (edad, nacionalidad y otras categorías similares), preguntas de opción múltiple y comentarios. Para las preguntas de opción múltiple (como en las secciones sobre valores o roles), el programa alteraba automáticamente el orden de las posibles respuestas para evitar que la selección estuviera sesgada. Este apéndice sólo incluye las respuestas a las preguntas para grupos poblacionales o a las preguntas de opción múltiple. Algunos encuestados no contestaron todas las preguntas, por lo tanto, las respuestas totales pueden variar en distintas partes de la encuesta.

Información de grupos poblacionales

Número total de encuestados: 1266
Están representados 34 países, principalmente los Estados Unidos

Género:
314 hombres / 829 mujeres

Promedio de personas por familia:
3.74

Edad (en años):
Promedio (media): 41
Moda: 42
Mediana: 44
Rango: 14-76

Estado civil:
Casados o en "unión libre": 1049
Duración promedio del matrimonio:
16.5 años

¿CÓMO ESTÁ CONFORMADA UNA FAMILIA?

1. ¿Quién conforma su familia actualmente?

	Porcentaje de respuesta	Conteo de respuestas
¿Quiénes son los adultos de su familia?		
Cónyuge (del sexo opuesto)	81.4%	1.015
Compañero soltero (del sexo opuesto)	8.5%	106
Compañero o cónyuge romántico del mismo sexo	1.7%	21
¿Quiénes son los hijos en su familia?		
Hijo(s) biológicos de su cónyuge/compañero actual	56.3%	702
Hijastro(s)	20.9%	261
Hijo(s) de acogida	0.7%	9
¿Quiénes son los "demás" en su familia?		
Padre(s) u otro(s) familiar(es)	9.6%	120
Mascotas	39.5%	493
Otros	8.7%	108

Total de personas que contestaron esta pregunta   1.247

2. ¿Qué tan feliz es usted con su familia actual?

	Porcentaje de respuesta	Conteo de respuestas
Extremadamente feliz	30.2%	381
Moderadamente feliz	28.0%	353
Algo feliz	13.3%	167
Neutral	5.6%	70
Algo infeliz	6.0%	75
Moderadamente infeliz	3.3%	41
Extremadamente infeliz	2.1%	27

Total de personas que contestaron esta pregunta 1.260

3. ¿Qué tan felices cree que son los miembros de su familia con su vida familiar?

	Porcentaje de respuestas	Conteo de respuestas
Extremadamente feliz	27.1%	338
Moderadamente feliz	41.8%	521
Algo feliz	16.3%	203
Neutral	4.3%	54
Algo infeliz	6.3%	79
Moderadamente infeliz	2.4%	30
Extremadamente infeliz	1.8%	22
Total de personas que contestaron esta pregunta		1.247

4. De todos los factores encontrados en la lista, ¿qué tan importante cree que es cada uno de estos para hacer una familia feliz?

	El más importante	Segundo más importante	Tercero más importante	Cuarto más importante	Quinto más importante	El menos importante	Conteo de respuestas
Resistencia (habilidad para recuperarse de experiencias adversas	29.1% (343)	23.0% (271)	19.4% (228)	16.0% (189)	9.8% (115)	2.7% (32)	1.178
Hacer muchas actividades en familia	26.1% (306)	26.9% (316)	23.3% (274)	16.0% (188)	6.3% (74)	1.4% (16)	1.174
Que los hijos crezcan con sus padres biológicos	26.2% (304)	19.6% (228)	14.1% (164)	14.2% (165)	14.5% (169)	11.4% (132)	1.162
Atender a servicios religiosos con regularidad	15.8% (186)	11.6% (137)	9.5% (112)	12.8% (150)	18.5% (218)	31.7% (373)	1.176
Estar de acuerdo en cuestiones de dinero	6.7% (790)	17.5% (206)	28.4% (333)	24.5% (288)	16.8% (197)	6.0% (71)	1.174
Vivir a una hora de distancia de los abuelos de los niños	0.7% (8)	2.8% (33)	6.2% (73)	14.9% (175)	30.7% (359)	44.7% (523)	1.171

Total de personas que contestaron esta pregunta   1.238

5. A continuación encuentra muchos "valores" por los que las personas se rigen. Indique, de entre los que se encuentran en la lista, los que usted cree que son los tres valores principales por los que se rige su familia.

	Conteo de respuestas	El más importante	Segundo más importante	Tercero más importante
Crecimiento personal y emocional	595	240	208	147
Comodidad en el hogar	461	192	153	116
Salud	419	162	155	102
Realización espiritual	403	260	68	75
Seguridad económica	375	75	126	174
Aprendizaje	224	45	98	81
Hacer una contribución a la sociedad	218	37	72	109
Trabajo/empleo	198	40	85	73
Amigos	170	18	74	78
Generosidad	146	33	47	66

	Conteo de respuestas	El más importante	Segundo más importante	Tercero más importante
Educación formal	125	18	61	46
Serenidad	92	25	26	41
Otro	59	42	9	8
Diversidad	33	7	6	20
Viajes	33	2	7	24
Guardar secretos familiares	26	9	7	10
Justicia	26	7	5	14
Apariencia personal	19	2	6	11
Posesiones materiales	15	2	4	9
Fama	9	2	1	6
Elegancia	6	1	2	3
Total de personas que contestaron esta pregunta	**1.231**			

6. ¿Quién trabaja fuera de la casa? (marque todas las que correspondan)

	Porcentaje de respuesta	Conteo de respuestas
El hombre de la casa tiene un trabajo de tiempo completo	71.0%	882
La mujer de la casa tiene un trabajo de tiempo completo	45.4%	564
La mujer de la casa trabaja medio tiempo	19.2%	239
El hombre de la casa tiene un trabajo de tiempo completo y un trabajo de medio tiempo	15.6%	194
La mujer de la casa escoge no trabajar fuera de casa	13.7%	170
Los hijos que viven en casa trabajan	12.1%	151
La mujer de la casa tiene un trabajo de tiempo completo y un trabajo de medio tiempo	8.4%	104

	Porcentaje de respuesta	Conteo de respuestas
El hombre de la casa trabaja medio tiempo	4.3%	53
El (los) adulto(s) de la casa está(n) jubilado(s)	3.8%	47
El (los) adulto(s) de la casa está(n) desempleado(s) y está(n) buscando trabajo	3.1%	38
Ningun hombre adulto vive en la casa	3.1%	38
El hombre de la casa escoge no trabajar fuera de casa	1.4%	17
Ninguna mujer adulta vive en casa	1.0%	13
Total de personas que contestaron esta pregunta		**1.243**

7. ¿Cómo se dividen los tareas en su hogar? (marque todas las que correspondan)

	Adulto masculino	Adulto Femenino	Niños	Niñero/a	No aplica	Conteo de respuestas
Cuidado del césped	67% (830)	25.2% (311)	13.8% (170)	12.9% (159)	12.2% (150)	1.233
Lavandería	42.7% (530)	91.1% (1.131)	19.6% (243)	2.7% (33)	0.6% (7)	1.242
Llevar a los niños a citas médicas	36.3% (444)	74.1% (905)	3.3% (40)	0.5% (6)	20.5% (251)	1.222
Cocinar	49.2% (611)	90.7% (1.127)	11.6% (144)	1.0% (12)	0.5% (6)	1.242
Aspirar	42.0% (520)	74.7% (925)	23.7% (293)	10.7% (132)	2.4% 30%	1.238

						Total de personas que contestaron esta pregunta
Lavar los platos	56.8% (706)	85.9% (1.069)	28.5% (354)	1.8% (23)	0.7% (9)	1.244
Pagar las cuentas	54.0% (673)	72.3% (901)	1.5% (19)	0.1% (1)	0.4% (5)	1.247
Toma la iniciativa en el sexo	83.2% (1.013)	62.0% (755)	0.0% (0)	0.0% (0)	7.8% (95)	1.214
Llama/escribe a familia y amigos	44.4% (547)	93.2% (1.148)	14.8% (182)	0.0% (0)	2.7% (33)	1.232
Arreglar elementos rotos en la casa	84.2% (1.044)	35.7% (443)	5.7% (71)	9.8% (121)	0.8% (10)	1.240
Comprar libros de superación	21.6% (261)	64.9% (783)	0.4% (5)	0.0% (0)	25.2% (304)	1.206
						1.253

8. ¿Cuál de las siguientes afirmaciones define mejor sus creencias sobre métodos de disciplina?

	Porcentaje de respuesta	Conteo de respuestas
Los niños deberían seguir estrictamente las reglas establecidas por sus padres	22.5%	273
Se debe animar a los niños a cuestionar la autoridad para promover el pensamiento independiente, incluso si esto significa que ellos desafíen a sus padres	38.3%	464
Ninguna de las anteriores	40.6%	493
Total de personas que contestaron esta pregunta		**1.213**

Notas

Introducción

1. U.S. Census Bureau. "Living Arrangements of Children." 2004 Household Economic Studies (P70-114), Feb. 2008. www, census.gov/prod/2008pubs/p70-114.pdf

Capítulo 1: ¿Qué es la familia?

1. "Family." *Webster´s Third New International Dictionary of English Language Unabridged*. Springfield, Mass.: Merriam-Webster, 2002.

2. Hughes, Rachael. "Family *Versus* Familia, Historical Definitions of the Family."Suite 101, July 1, 2000.

3. "Family". *Encyclopaedia Britannical Online*, 2008.www.britannica.com/EB-checked/topic/201237/family.

4. Henderson, Bruce. True North: Perry, Cook, and the Race to the Pole. New York: Norton, 2005.

Capítulo 2: ¿Qué es la felicidad?

1. McGowan, Kathleen. "The Pleasure Paradox." *Psychology Today*, Jan. Feb.2008.www.psychologytoday.com/articles/pto-20050119-000005.html.

2. Seligman, Martin. *Authentic Happiness: Using the New Positive Psychology to Realize Your Potential for Lasting Fulfillment*. New York: Free Press, 2004.

3. Dunn, Elizabeth W., Aknin, Lara B., and Norton, Michael I. "Speding Money on Others Promotes Happiness." *Science*, Mar.21, 2008, 319, 1687-1688.

4. Gilbert, Daniel. *Stumbling on Happiness*. New York: Knopf, 2006.

5. Leonhardt, David. "Maybe Money Does Buy Happiness After All." *New York Times*, Apr. 16, 2008. www.nytimes.com/2008/04/16/business/16leonhardt.html?scp=6&sq=happiness%20and%20income&st=cse.

6. Foltz-Gray, Dorothy. "What Makes Us Happy?" *Depression Forums*, Mar. 28, 2008. www.depressionforums.org/articles/1009/1/What-Makes-Us-Happy/Page1.html.

7. Mill, John Stuart. *The Autobiography of John Stuart Mill*. New York: Cosimo Classics, 2007.

Principio 1: Las familias felices...permanecen unidas

1. Orecklin, Michele. "Stress and the Superdad." *Time*, Aug. 16, 2004, pp.38-39.

2. Feynman, Richard, and Leighton, Ralph. *Surely You're Joking*, Mr. Feynman! New York: Norton, 1997.

3. Lundberg, Rose. "The Effects of Sons and Daughters on Men's Labor Supply and Wages." *Review of Economics and Statistics*, 2002, 84(2), 251-268.

Principio 2: Las familias felices... se comprometen y comunican

1. Waite, Linda, and Gallagher, Maggie. *The Case for Marriage: Why Married People Are Happier, Healthier, and Better Off Financially*. New York: Broadway Books, 2001.

2. Shrider, Marylee. "Not All of Our Youth Find Marriage Outdated." *Bakersfield Californian*, Jan. 4, 2008. www.bakersfield.com/opinion/columnists/marylee_shrider/story/326562.html.

3. U.S. Census Bureau. "Number, Timing and Duration of Marriages and Divorces: 2001 Household." *Economic Studies* (p70-97), Feb. 2005. www.census.gov/prod/2005pubs/p70-97.pdf

4. Parker-Pope, Tara. "Reinventing Date Night for Long-Married Couples." *New York Times*, Deb. 12, 2008, p. F5.

5. Kaplan, Robert M., and Kronick, Richard G. "Marital Status and Longevity in the United States Population." *Journal of Epidemiology and Community Health*, 2006, 60, 760-765.

6. Oliwenstein, Lor. "Marry Me." *Time*, Jan. 28, 2008, p.76

7. Oliwenstein, 2008.

8. Gottman, John M., and DeClaire, Joan. *The Relationship Cure: A 5 Step Guide to Strenghtening Your Marriage, Family and Friendships*. New York: Three Rivers Press, 2002.

9. Sullivan, Julie. "Same-Sex Couples Tend to Go Along, Get Along." *Oregonian*, Apr. 10, 2008.

10. Farrell, Waverly, and Doolittle, Vicki. "Accidental Prophets." Paper presented at the 12th, annual conference of the Coalition for Marriage, Family and Couples, Education, San Francisco, July 4, 2008.

Principio 3: Las familias felices... se apoyan

1. Mahoney, David, and Restak, Richard. *The Longevity Strategy: How to Live to 100 Using the Brain-Body Connection*. Hoboken, N.J.: Wiley, 1999, p. 84.

2. Putnam, Robert. Bowling Alone: *The Collapse and Revival of American Community.* New York: Simon & Schuster, 2001, p. 327.

3. Putnam, 2001.

4. Hutter, Mark. *The Changing Family.* (3rd ed.) Boston: Allyn & Bacon, 1998.

Principio 4: Las familias felices… enseñan y aprenden de sus hijos

1. Paul, Pamela. *Parenting,* Inc. New York: Times Books, 2008.

2. Committee on Public Education, American Academy of Pediatrics. "Children, Adolescents, and Television." *Pediatrics,* Feb. 2001, 107(2), 423-426.

3. Anderson, Daniel, and Pempek, Tiffany. "Television and Very Young Children." *American Behavioral Scientist,* Jan. 2005, 48(5), 505-552.

4. Wood, Mark D., Read, Jennifer P., Mitchell, Roger E., and Brand, Nancy H. "Do parents still matter? Parent and Peer Influences on Alcohol Involvement Among Recent High School Graduate." *Psychology of Addictive Behavior,* 2004, 18(1), 19-30.

5. Moore, Kristin A., and others. "Parent ¿—Teen Relationships and Interactions: Far More Positive Than Not." Childe Trends Research Brief (Pub. No. 2004-25). Washington, D.C.: *Child Trends,* Dec. 2004. www.childrentrends.org/Filed/Parent_TeenRB.pdf.

6. Mogel, Wendy. *The Blessing of the Skinned Knee.* New York: Penguin Books, 2001, p.32.

7. Marano, Hara. *A Nation of Wimps.* New York: Broadway Books, 2008.

8. University of Oxford. "Grandma and Grandpa Are Good for Children." *Science Daily,* June 7, 2008. www.sciencedaily.com-/releases/2008/06/080605091358.htm.

9. Gurian, Michael, and Stevens, Kathy. *The Minds of Boys: Saving Our Sons from Falling Behind in School and Life.* San Francisco: Jossey-Bass, 2007.

10. Gottman, John M., and Katz, Lynn Fainsilber. "Effects of Marital Discord on Young Children´s Peer Interactions and Health." *Developmental Psychology,* 1989, 25(3), 373-381.

Principio 5: Las familias felices… ceden

1. Stanley, Scott M. *The Power of Commitment: A Guide to Active, Lifelong Love.* San Francisco: Jossey-Bass, 2005.

2. Newman, David M., and Grauerholz, Elizabeth. *Sociology of Families.* (2nd ed.) Thousand Oaks, Calif.: Pine Forge Press, 2002.

3. U.S. Census Bureau. "Living Arrangements of Children." 2004, *Household Economic Studies*(págs. 70-114), Feb. 2008. www.census.gov/prod/2008pubs/p70-114.pdf.

4. Newman and Grauerholz, 2002.

5. Einstein, Elizabeth. "The Stepfamily Journey: Not for Wimps." Paper presented at the 12th annual conference of the Coalition for Marriage, Family and Couples Education, San Francisco, July 3, 2008.

6. U.S. Census Bureau. "Number, Timing and Duration of Marriages and Divorces: 2001 Household." *Economic Studies* (págs. 70-97), Feb. 2005. www.census.gov/prod/2005pubs/p70-97.pdf.

7. "U.S. Divorce Statistics." *Divorce Magazine,* 2008. www.divorcemag.com/statistics/statsUS.shtml.

8. Popkin, Michael, and Einstein, Elizabeth. "Active Parenting in Stepfamilies." Paper presented at the 12th anual conference of the Coalition for Marriage, Family and Couples Education, San Francisco, July 3, 2008.

Principio 6: Las familias felices... manejan los conflictos

1. Gottman, John., and Silver, Nan. *The Seven Principles for Making Marriage Work*. New York: Crown, 1999.

2. Eaker, Elaine D., and others. "Marital Status, Marital Strain, and Risk of Coronary Heart Disease or Total Mortality: The Framingham Offspring Study." *Psychosomatic Medicine*, July 18, 2007, 69, 509-513.

3. Gottman, John M., and others. "Correlates of Gay and Lesbian Couples´Relationship Satisfaction and Relationship Dissolution." *Journal of Homosexuality*, 2003, 45(1), 23-43.

4. Gottman and Silver, 1999.

5. Gottman and Silver, 1999.

6. Gottman and Silver, 1999.

7. Eaker and others, 2007.

Principio 7: Las familias felices...se recuperan

1. Southwick, Steven. "Psychosocial and Biological Factors Associated with Resilience to Stress." *Yale Psychiatry*, Summer 2007, 10, 6-8.

2. Caspi, Avshalom, and others. "Influence of Life Stress on Depression: Moderation by a Polymorphism in the 5-HTT Gene." *Science*, July 18, 2003, 9, 302, 386.

3. Hughes, Debra. "Do Genetics and Childhood Combine to Pose Risk for Adult PTSD?" *Neuropsychiatry Review*, Apr. 2008,9,1.

4. Werner, Emmy, and Smith, Ruth S. *Overcoming the Odds: High Risk Children from Birth to Adulthood*. New York: Cornell University Press, 1992.

5. Southwick, 2007.

6. McCubbin, Hamilton I., and others. "Families Under Stress: What Makes Them Resilient". Article bases on the 1997 American Association of Family and Consumer Sciences Commemorative Lecture, Washington, D.C., June 22, 1997. www.cyfernet.org/research/resilient.html.

7. Robinson, Jean. "What Makes Families Resilient?". TSBVI, Spring 1999. Texas School for the Blind and Visually Impaired. www.tsbvi.edu/Outreach/seehear/spring99/resilient.htm.

8. Gottman, and Silver, 1999.

Principio 8: Las familias felices... respiran

1. Benson, Herbert. Beyond the Relaxation Response. New York: Times Books, 1984.

2. Streeter, Chris C., and others. "Yoga Asana Sessions Increase Brain GABA Levels: A Pilot Study." *Journal of Alternative and Complementary Medicine*, 2007, 13(4), 419-426.

3. National Center for Health Statistics. "Prevalence of Overweight and Obesity Among Adults: United States, 2003-2004", Apr. 2006. www.cdcd.gov/nchs/products/pubs/pubd/hestasts/overweight/overwght_adult_03.htm.

4. U.S. Department of Health and Human Services. "Overweight and Obesity: At a Glance,". Jan.2007. www.surgeongeneral.gov/topics/obesity/calltoaction/fact_glance.htm.

5. Nader, Philip R., and others. "Moderate-to-Vigorous Physical Activity from Ages 9 to 15 Years." *Journal of the American Medical Association*, 2008, 300(3), 295-305.

6. Doherty, William. "Overscheduled Kids, Underconnected Families: The Research Evidence." http://www.extension.umn.edu/parenteducation/research.pdf. Hofferth, Sandra L. "How American Children Spend Their Time." *Journal of Marriage and the Family*, 2001, 63, 295-308.

7. National Center on Addiction and Substance Abuse. "Family Day –A Day to Eat Dinner with Your Children." Sept. 25, 2004. www.casafamilyday.org.

Sobre los autores

Scott Haltzman, Médico, es profesor auxiliar clínico de Siquiatría y Comportamiento Humano en la Facultad de Medicina Warren Alpert de la Universidad de Brown, y Director Médico del Servicio Comunitario NRI de Rhode Island. Escribió *Los secretos de los hombres felizmente casados* y *Los secretos de las mujeres felizmente casadas.* Es miembro de la "Red del amor" de Redbook. Sus reflexiones sobre las familias y las relaciones lo han llevado a ser invitado por programas de televisión como *Today Show, 20/20, Good Morning America,* además de apariciones en el revista *Time, New York Times, Washington Post,* y otras publicaciones. Usted puede contactar al Doctor Halztman en su página web DrHaltzman@happilymarriedwomen.com.

Theresa Foy DiGeronimo, Especialista en Educación, es autora de cincuenta libros en temas de crianza, Educación y Medicina. Es la coautora de libros como *Raising Baby Green, College of the Overwhelmed, Launching Our Black Children for Success,* y *How to Talk to Your Kids about Really Important Things* así como de los dos primeros libros de Scott Haltzman, *Secrets of Happily Married Men* y *Secrets of Happily Married Women,* de la editorial Jossey-Bass. Es profesora adjunta de inglés en la Universidad William Paterson de New Jersey y también es maestra de escuela en su ciudad natal Hawthorne en New Jersey, en donde vive con su esposo, tres hijos y su perro llamado Snowball.